MAX OPHÜ

Spiel im Dasein

Eine Rückblende

Mit einem Nachwort von Hilde Ophüls und einer Einführung von Friedrich Luft, erweitert durch Texte von Max Ophüls:

Der Dimitroff-Film »Kämpfer«
Kunst findet immer Wege
Der letzte Drehtag
Notwendigkeit, Qual und Unfug des Drehbuchs
Gedanken über den Film,

sowie Anmerkungen zu den Filmen von Max Ophüls
»Der Traum — ein Leben«
von Michael Beckert und Siegmund Grewenig,
einer Filmographie und einer Bibliographie
von Burckhard Schmidt.

ISBN 3-921-815-14-2

Unveränderter Nachdruck der Ausgabe 1959
mit freundlicher Genehmigung des
S. Fischer-Verlages, Frankfurt

Die Bilder wurden uns freundlicherweise von der
Stiftung Deutsche Kinemathek Berlin für diese
Ausgabe zur Verfügung gestellt.

Herstellung: Offsetdruckerei H.J. Wünsche, St. Ingbert
Printed in Germany

Vorwort

Er war so agil, so alert, so angefüllt von einer federnden Lebendigkeit. Max Ophüls beherrschte jeden Raum, den er betrat, sofort. Er war hellwach, von einer nervösen Grazie, gestrafft und gesegnet mit einer explosiven Lustigkeit.

Er lachte so gern. Wann immer ich ihn traf, überlegte ich sofort, wie man seinem hungrigen Sinn für Humor Futter geben könne. Ich erzählte ihm Theateranekdoten aus Berlin. Ich kolportierte ihm Geschichten, imitierte gemeinsame Bekannte, Stars oder Freunde. Ophüls tat das, was man sonst nur redensartlich kennenlernt: er schüttelte sich aus vor Lachen. Auch wenn das Erzählte kaum immer sehr komisch war, er genoß es. Er tat sich so gern am Menschlichen gütlich. Er lachte so gern. Er lebte so gern.

Dabei war er eher schüchtern. Der große Kreis, die volle Gesellschaft behagten ihm nicht. Er zog sich die Leute, die ihn interessierten, beiseite. Es war, als wollte er sein Interesse für den Menschen nicht in der Masse vertun. Er pickte sich heraus, worauf er hungrig war. Und er war hungrig auf Menschen.

Max Ophüls war mittelgroß, ein intelligenter Rundkopf, kompakt, straff und sehr männlich. Eine eigene Eleganz zeichnete ihn aus, eine spielerische Beweglichkeit. Seine Stimme hatte eine ganz eigene, sonderbar sonore Intensität. Er liebte Gesten, wenn er sprach. Ich hatte ihn in Verdacht, daß er die dicke Hornbrille, die er immer wieder aus der Tasche zog, nur bei sich

trug, damit seine Hände beim Sprechen zu tun hätten. Er hatte sie mehr in den Händen als vor den Augen.

Bei ihm war zu merken, wie ein Regisseur immer Regisseur ist, wenn er wirklich ein Regisseur ist. Er überzog alles mit jener spezifischen Ophüls-Atmosphäre. Seine Umgebung war sofort geprägt. Er schien das Zufällige aus einer inneren Notwendigkeit sofort zu »arrangieren«. Ein Café bekam, wenn er sich darin eine Weile nur als Gast aufgehalten hatte, jene verhangene Interessantheit, die man aus seinen Filmen kennt. Ein Zimmer und die Menschen darin waren nach kurzer Zeit wie von ihm verwandelt und auf seinen persönlichen Nenner gebracht, obgleich er sichtbar überhaupt nichts tat, diesen Effekt zu erzeugen.

Aber jeder Raum, jede Ansammlung von Menschen schien seiner modernen Magie ausgesetzt, solange er dazu gehörte. Er war auf eine sehr musische Weise immer »im Dienst«. Er schien alles, was er berührte, auf den Ton seines Stils zu bringen. Er formte seine Umwelt, wie gleichgültig und zufällig sie gerade sein mochte, immer neu.

Ich habe ihn in verschiedenen Ländern und in den verschiedenartigsten Umgebungen getroffen. Denke ich an diese Begegnungen zurück, denke ich an eine Einheit. Wo immer ich ihn sah und sprach, in Hollywood in einem vergammelten Party-Garten, in einem schottischen Bahnhofsrestaurant, in einem Pariser Café oder einer bürgerlich ranzigen Berliner Eckkneipe —

die Dekoration war immer wie von ihm. Er färbte alles ein, stimmte es auf die Ophüls-Melodie.

Er war ein Internationalist. Filme hat er gedreht in Deutschland, Frankreich, Italien, Holland, in den USA und beinahe sogar in der Sowjetunion. Er gilt gemeinhin als der Wiener in Paris, als der Franzose, gesegnet mit jener österreichischen Musenleichtigkeit, die die Welt so gern hat und so sehr bewundert.

Dabei ist er nur wenige Monate seines Lebens in Wien gewesen. Dabei sprach er Französisch durchaus mit einem merkbar harten, deutschen Akzent. Als einer seiner französischen Filme in Deutschland synchronisiert wurde, sagte er in deutlicher Selbstironie: »Wie schön! Jetzt verstehe ich endlich jedes Wort.«

Er übertrieb, natürlich. Aber er ließ uns wissen, daß die Sprache, in der er seine größten Filmerfolge hatte, am Ende doch eine geborgte Sprache war. Seine Sehnsucht stand immer wieder nach dem Theater in Deutschland. Er hätte so gern inszeniert — einen Shakespeare in der Sprache der deutschen Romantiker, einen Klassiker. Er wollte vom Bild, vom Film gastweise wenigstens und zu seiner eigenen künstlerischen Erneuerung zurück an das Wort, an das Theater.

Er ist darüber gestorben. Als der Vorhang aufging über der Inszenierung zum »Tollen Tag« von Beaumarchais, die er nicht mehr ganz vollenden konnte, lag er schon im Krankenhaus in Hamburg. In Hamburg ist er gestorben. In Ohlsdorf wurde er eingeäschert. In Paris,, auf dem Père-Lachaise, der Ruhestätte der Genies, steht in einer hohen Wand seine Urne. Eine kleine Marmorplatte, zwei Hände hoch, zwei Hände breit, gibt nur seine Namen, den bürgerlichen: Max Oppenheimer — und den Namen, dessen Ruhm das halbe künstlerische Paris folgte, als man ihm das letzte Geleit gab: Max Ophüls.

Er war ein großer Regisseur.

Was ist das?

Auf der Bühne ist die Notwendigkeit, ist der Begriff der Regie kaum ein Jahrhundert alt. In den Epochen, die fest in einem allgemeingültigen Stil der Darstellung standen, bedurfte es des Ordners, des Spielreglers, der dritten, künstlerischen Kraft, die sozusagen von außen den Ton und die Farbe setzte, nicht.

Shakespeare und seine Schauspielerfreunde verabredeten wohl die Einzelheiten, Auftritte, Abgänge, Effekte. Jeweils einer unter ihnen wird dabei immer das große Wort geführt haben. Aber man wäre nicht darauf gekommen, extra jemanden anzustellen, der diese arrangierende Arbeit zu leisten gehabt hätte.

Der Aufbau der Bühne war gleichbleibend und klar. Für die so gebaute Bühne hatten die Stückeschreiber schon den Text zu liefern. Große Überlegungen, wie das jeweils anzuordnen und zu arrangieren sei, gab es nicht. Deshalb gab es auch den Regisseur nicht.

Es gab ihn lange Zeit später noch nicht. Es gab Theaterleiter, die gleichzeitig auch darauf sahen, daß das

Technische in Ordnung ging und keiner allzusehr aus der Reihe sprang. Das Theater der Goethezeit, das Theater der Romantiker, noch das Theater in der Mitte des vergangenen Jahrhunderts hatte seine festen, erworbenen Spielgesetze. Regie war nicht notwendig. Also war das Wort unbekannt. Also war der Beruf nicht erfunden.

Erst als die Künste stilreich und diffus wurden, bedurfte es des Mannes, der sagte und zeigte: So wollen wir es machen! Erst als die Technik, als das künstlerisch individuelle Bühnenbild übermächtig wurden, bedurfte es eines Kopfes, der mit einer festen Vorstellung an die Vorstellung heranging. Bei dem Theater, das noch Fontane gesehen hat, wurde der Vorgang wie oft gehabt gestellt und geordnet. Das Spiel stand um die Protagonisten herum. Stückeinrichtungen konnten, mit immer wechselnden Spielern, jahrzehntelang den immer gleichen Bestand haben.

Die Moden wechselten nicht, höchstens die Darsteller. Wenn zehn Darsteller im Stück standen, einigten sie sich schon, wie sie zurecht kamen. In den Drill, in die Form, in die Regie wurden sie nicht genommen. Das Auge war sekundär. Die Deklamation, die Magie des Wortes stand in der Mitte.

Dergleichen genügt schon lange nicht mehr. Heute, da fast mit jeder neuen Inszenierung ein neuer Stil getroffen werden muß — heute, da ein Wust von Technik zu bändigen ist — heute, da das Optische, da

der sichtbare Reiz der Verwandlung und Illusion übermächtig ist und vom Zuschauer füglich verlangt werden kann, heute ist der Regisseur [ob man es mag oder nicht] zum wichtigsten Mann im Theaterstaate aufgestiegen.

Wir sind über die naive Anstaunung des puren Bühnenvorganges hinaus. Wir wollen ihn geformt, gefiltert, gebändigt, zum Ganzen zusammengefaßt. Wenn Iffland auf der Bühne stand, stand Iffland dort. Das genügte, wenn der Text, den er deklamierte, nur halbwegs Hand und Fuß hatte.

Heute ist es beileibe nicht damit getan, daß Kortner oder Krauß oder die Körner zu sehen sind. Ein Regisseur hat ihre künstlerische Umwelt genau und richtig zu proportionieren. Sie sind nichts, wenn die führende Hand des Spielleiters ihnen fehlt.

Theater wird nicht mehr nur auf der Bühne hergestellt. Der eigentliche Stratege sitzt fünf Reihen vor der Rampe am matt beleuchteten Pult. Der Probenkönig, der künstlerische Koordinator, der Ton- und Ideenführer, der Regisseur leitet die Schlacht im Sakko, das Buch seiner Befehle vor sich aufgeschlagen.

Wieviel mehr noch ist er beim Film der eigentliche Herrgott! Der Regisseur — und wir sprechen hier vom Regisseur, der nicht holterdiepolter Kintopp arrangiert, sondern der mit den Bildern, die er von der Welt gibt, zugleich auch sein geformtes Welt-Bild gibt — der Filmregisseur ist ein Träumer in Realitäten.

Sein Beruf ist so reizvoll, weil er wirklich ein Herrgott auf Zeit ist, für die Dauer von rund dreitausend Metern belichteten Zelluloids. Was einen Mann wie Max Ophüls am Film so anzog, war der Umstand, daß er mit dreißig oder sechzig Schöpfungstagen eine ganz eigene Welt herstellen und ins Bild zwingen konnte.

Natürlich war diese Welt jeweils der bestehenden nachgebildet. Menschen bewegten sich darin. Vorgänge geschahen. Schicksal fand statt. Und alle trugen Kleider und Kostüme, die im Vorrat der Geschichte oder Gegenwart schon bestanden.

Gewiß! Trotzdem war es jeweils eine ganz eigene Welt, war sie spezifisch für den Mann und den Künstler Max Ophüls, dessen Traum und Arbeit sie entsprungen war.

Was macht einen Regisseur groß? Doch wohl das Wunder, daß er seine Handschrift jeder Szene einprägt. Doch wohl das Wunder, daß er Menschen, Schauspieler, künstlerische Individuen so führt und dermaßen in ihre beste Form lockt, daß am Ende in der Darstellung eines Typs, einer Bühnen- und Filmgestalt nicht nur die Kunst des Schauspielenden erkennbar ist, sondern eben auch noch als Dominante die hilfreiche, lösende und lockende Arbeit des Regisseurs, der die Einstimmung der schönen Einzelstimme in den Chor des Ganzen zuwege brachte.

Man hatte bei Ophüls, wenn er von seinen Schauspielern sprach, immer den Eindruck eines Liebenden.

Er hat in Hollywood mit James Mason gedreht. Dreimal und in weiten Zeitabständen habe ich erlebt, wie Ophüls bei der Beobachtung ganz gleichgültiger, zufälliger Menschen, die wir sahen oder hörten, sagte: »Sehen Sie, wie der Mann da eben den Kopf warf — genau wie Mason!« Oder: »Haben Sie gehört, wie der da am Nebentisch spricht? Absolut Masons Diktion! Die Art, wie er die Satzenden hochschleift, hören Sie! — auf englisch macht das Mason genau so!"

Ophüls hing den Darstellern, deren Melodie er erst gefunden hatte und die er dann liebte, mit einer eigentümlichen Treue an.

Eichberger, den er in seiner »Liebelei« eigentlich erfunden hatte, hat er noch in seinem letzten Film herangezogen. Wohlbrück, dessen nonchalanten Liebreiz er in seiner Bühnenzeit in Breslau berühmt gemacht hatte, hat er nach drei Jahrzehnten in die Mitte des »Reigen« gestellt. Peter Ustinov, dessen kabarettistischem Ingenium Ophüls fast verfallen war, hat er in »Le Plaisir« die Stimme Maupassants gegeben [Wohlbrück wieder sprach die deutsche Version], und er hat Ustinov die männliche Zentralrolle in dem ausschweifenden »Montez«-Panorama zugedacht.

Ophüls hat die Darrieux und deren zauberischen Liebreiz dreimal glorreich zum Siege geführt, in »Der Reigen«, »Le Plaisir« und »Madame de . . .«.

Er konnte sich für den skurrilen Sonderfall des Schauspielerischen begeistern und künstlerische Eigenbrötler in seine Filme so einfügen, als wären sie ein Stück von ihm. Er hat das Wunder zustande gebracht, Karl Valentin, diesen mürrischen Humoristen, in der »Verkauften Braut« genau seine Rolle spielen zu lassen und dabei doch ganz und herrlich »der Valentin« zu bleiben. Er hat Werner Fincks zerstreute Erscheinung schon in der »Liebelei« film-möglich gemacht — und dann, wieder dreißig Jahre später, in seinem letzten hochgreifenden Experiment, der »Lola Montez«.

Er hat nie gedrillt. Er hat künstlerische Individuen, die er achtete und deren Eigenton er liebte, nie vergewaltigt. Er arbeitete mit den Mitteln des Liebenden. Er streichelte, was er an Vorzügen bei den einzelnen erkannt hatte, nur hervor. Er hatte die Wünschelrute für ihre besten Möglichkeiten in der festen Hand.

Und er hatte das wahre Ingenium des Regieführenden: er konnte sagen, zeigen, kenntlich machen, was er wollte. Er war kenntnisreich und beredt. Er besaß das Vertrauen eines Vaters und die Sicherheit eines Monteurs. Diese Mischung gab denen, die ihm für einen Film unterstanden, jenes Glück des Geborgenseins, das sich Schauspieler immer ersehnen.

Er gehörte auch nicht zu jenen Regisseuren, die mit jeder neuen Arbeit sich einen neuen Stab sammeln. Er ging, wenn es nur angehen wollte, mit seinem Ophüls-Team ins Atelier.

Seine Kameraleute hießen: Eugen Schüfftan, Franz Planer, und in seinen Nachkriegsfilmen Christian Matras. Alle drei — hohe Meister ihres Fachs, eingepicht auf das Auge ihres Regisseurs, im Bild dessen Vorliebe reflektierend für die Halb- und Zwischentöne des Lichts, für die wischende, greifende Atmosphäre.

Ophüls hat seine Filme bis 1933 fast alle gemeinsam mit Hans Wilhelm und Curt Alexander geschrieben — auch noch in seiner französischen Epoche bis 1940.

Er hat sich Musiken von Theo Mackeben, später von Oskar Straus schreiben lassen. Er hat einen Masken- und Kostüm-Wundermann wie den kunstfertigen Annenkoff in seinen letzten Jahren immer wieder in seinen Stab geholt, ihn zuletzt noch die Kostüme für den »Tollen Tag«, die einzige deutsche Bühnenarbeit kurz vor seinem Tode, erfinden lassen.

Seit dem »Reigen« mußte Jean d'Eaubonne die Dekors zaubern, ein Besessener des Geschmacks, von dem Ophüls zu gern erzählte, wie er tagelang durch die Antiquitätenläden oder über die Flohmärkte wanderte, um nur ein Möbelstück, das ihm vorschwebte, aufzustöbern.

Dieses Team war eingespielt. Ophüls stand unter Freunden. Als ihm während seiner amerikanischen Epoche die Nähe der künstlerischen Freunde nicht möglich war, hat er unter der mehr fabrikartigen Herstellungsweise sehr gelitten. Es sollte spielerisch und kameradschaftlich um ihn sein, wenn man auch hart arbeitete. Den Eindruck von Grazie im Akkord herstellen zu wollen, schien ihm unmöglich und albern.

Zwei Dutzend Filme stehen in seiner Biographie. Zwischen dem ersten und dem letzten liegen sechsunddreißig Jahre.

Er begann mit einem Kurzfilm [1930] nach einem Buch von Erich Kästner, »Dann schon lieber Lebertran«. Er drehte dann gleich zwei muntere, unauffällige Konfektionsfilme »Die verliebte Firma« und »Die lachenden Erben«. Dabei war noch nichts Außergewöhnliches zu erkennen.

Seine Handschrift zeigte er erst mit der nächsten Arbeit: »Die verkaufte Braut« [1932]. Auch dieser Film, die Verbildlichung der Smetana-Oper, war durchaus noch nicht von Besonderheiten durchsetzt. Aber eins fiel auf und ist jedem unvergeßbar, der diese Umschreibung eines Musikstückes ins Optische sah: der Anfang, das geniale Präludium.

Ophüls ließ die Ouvertüre der Oper ganz ausspielen. Er ließ, solange sie lief, kein Wort sprechen. Er machte, sozusagen, Stummfilm. Aber er legte die Einleitungshandlung, die er zeigte, so raffiniert und geschmackvoll auf die Musik, er stellte eine so hinreißende Kongruenz von Bildhandlung und der treibenden Kraft der Töne her, daß die vehemente und festgefügte Einheit dieser Sequenz sofort Furore machte.

Heute ist dergleichen fast selbstverständlich, der Bildschnitt nach dem Rhythmus der gegebenen Musik, die aufpulvernde Entsprechung von Bild und Ton. Damals war das ein kleiner Geniestreich, ein früher Beweis für die musikalische Sensibilität dieses sechsundzwanzigjährigen Regisseurs.

Seinen Ruhm aber etablierte er in Deutschland, kurz bevor das Licht ausgehen sollte. 1932 drehte er, 1933 erschien »Liebelei«. Ophüls hatte seinen Eigenton mit diesem Film gefunden. Er war mit dieser zärtlichfesten Paraphrase des Schnitzler-Stückes in den kleinen Parnaß der großen Spielleiter aufgenommen.

Das war schon Meisterschaft, psychologisch exakt und von einer zärtlichen Gestrafftheit. Die Handlung, bei aller Lyrik der Zwischenstationen, mit einer gnadenlosen Sicherheit auf die Katastrophe hingeführt. Die fast durchweg neuen Spieler vorbildlich in ihre beste Form geführt. Ein Film voll Jugend — und doch erfüllt von dem Charme des sterbenden Österreich.

Hier war Sensibilität, ein fast scheues Verhalten vor den großen Gefühlen, vor dem Glockenton des Schicksals. Hier waren ganz leichte, spielerische Elemente. Die Kamera kostete immer wieder eine Stille, einen fast leeren Platz, eine liebevoll angeleuchtete Alltäglichkeit aus. Aber dieser Regisseur hatte bei aller Zärtlichkeit für das Milieu und Detail einen so sicheren Sinn für den notwendigen Fluß der Handlung, für den Lauf der argen Dinge, er hatte eine so gute Strategie in der Arbeit, daß dieser Film mit seiner schmerzlichen Süße, mit seiner herben Heiterkeit, mit dem Zugriff einer tragischen Verlorenheit noch heute unter die Klassiker gehört.

Man braucht nur die Neuverfilmung des gleichen Stoffes, die unlängst gewagt wurde, zu vergleichen: man erkennt, wie unimitierbar Geist und Hand eines genialen Regisseurs sind, wenn man auch fast jeden Zug seiner Handschrift, wenn man auch fast jede dritte Einstellung seiner Kamera zu kopieren versucht. Der Duft dieses Films, seine reine, jugendlich tragische Atmosphäre, der flirrende Wohlklang seiner aus Dur und Moll weise gemischten Melodie war nicht nachahmbar.

Männer machen Filme. Regisseure machen sie. Wenn man Erfolge dann einfach wieder abphotographieren und das »Remake« eines Meisterwerkes herstellen will, so zeigt sich nur deutlicher die Unauswechselbarkeit der Größe.

Ophüls hat auf den folgenden Seiten seiner Autobiographie erzählt, welcher Stern über diesem Film und der Arbeit an ihm stand. Zu bewundern bleibt, mit welcher Sicherheit, wie konsequent er den Entwurf, den Regieplan, den Traum dieses Filmes in die Realität zwang.

Denn das ist die Arbeit und die Qual des Regisseurs vor allem: Träume sichtbar, erdachte Dinge greifbar, in einem Gewirr von Technik, Geschäft, Geschäftigkeit und mit den sich scheinbar widersprechendsten Kräften fremder Persönlichkeit eine neue, erträumte Realität herzustellen, eine neue Welt, die klingt, spricht, atmet und ihre eigene Note und Logik hat.

Der Regisseur des Films arbeitet immer nur am kleinen Mosaikstein, Stück für Stück, Einstellung für Einstellung. Daß Hunderte dieser Steinchen dann aber aneinanderpassen, daß die Grundstimmung durchhält, die Tönung nicht nachläßt, das Gesamtbild sich aus den vielen Splittern fügt — das ist die Kunst.

Mit »Liebelei« war Ophüls' Außerordentlichkeit bewiesen. Sein Status war unantastbar. Dieser junge Mann schien durch eine glückliche Häufung von Talenten und Fähigkeiten zu dem sonst fast unerfüllbaren Gewerbe eines Filmschöpfers prädestiniert. Er hatte eine ganz deutliche Handschrift. Und er konnte so schreiben, daß die Schrift zugleich kunstvoll *und* lesbar war, will sagen: er hatte den Nachweis erbracht, daß man dem besten Geschmack Genüge tun kann — und trotzdem populär sein und die notwendigen Kinokassen füllen.

Künstlerisch erfolgreich waren viele. Das Lob der Feinschmecker hatte mancher auf sich gezogen. Aber die verdammte Filmnotwendigkeit, nämlich nicht nur Geld auszugeben, sondern es dann auch einzuspielen — dies veritable Kunststück haben in der Historie des Kinos nur zu wenige fertiggebracht. Ophüls, das hatte er bewiesen, konnte es — zu allem, das er konnte.

Aber da nun bricht, kaum daß er beginnt, der steile Aufstieg vorläufig schon ab. Er muß emigrieren.

Er arbeitet in Frankreich [wo er »Liebelei« selber repetiert]. Er ist in Italien, in Holland und wieder in

Frankreich. Es gelingt ihm der Sprung nach Amerika. Aber nun folgen lange Jahre der Beschäftigungslosigkeit.

Man kennt ihn wohl. Seine Vorzüge sind in Hollywood nicht unbekannt. Aber er kommt nicht zum Zuge. In jenen Jahren der Frustration, des Hungers nach künstlerischer Betätigung, hat er die Aufzeichnungen niedergeschrieben, die dieses Buch ausmachen. Sie sind, wird man merken, durchweg amüsant zu lesen.

Ophüls hat die bedeutungsvolle Rolle der scheinbar leichten Anekdote, des genau gesetzten Farbtupfers auch als Schreibender gemeistert. Wie er erzählt, scheint leichthin, in Nebensächliches verspielt, impressionistisch, pointenfroh.

Aber doch ist bemerkenswert, wie sicher er mit der Feder, die doch das Medium seines eigentlichen Talents gar nicht war, Menschen, Begebenheiten, Milieus, Hintergründe sichtbar zu machen versteht. Wie seine pointillisierende Art des Schilderns wie von ungefähr eine ganze Epoche, ihr Glück, ihren Genius und ihre Tragik uns geradezu schmecken läßt.

Und bemerkenswert scheint mir vor allem, daß ihn keine Bitternis überkommt. Man bedenke: der dies schreibt, sitzt in der unerfreulichsten Emigration. Er ist um seine Sprache, seine Wirkungsmöglichkeit, sein Talent, seine Arbeit gebracht. Er hätte allen Grund, der Heimat, die ihm das antat, zu fluchen.

Er tut es in den Blättern seiner Selbst- und Zeitdarstellung an keiner Stelle. Er blickt zurück mit Wehmut hier und da — aber vor allem mit Liebe. Melancholie wird man spüren zuweilen, aber immer ein heiteres Darüberstehen, immer jenes Goethesche »Es sei wie es wolle — es war doch so schön ...«

Ich glaube nicht, daß das nur die Disposition eines im Grunde glücklichen Talentes zum Glück ist und zur Beschwörung des Glücks in der Erinnerung. Ich meine eher, daß die Abwesenheit jedes Ressentiments, daß die Liebe zur Herkunft, mag das Land der Herkunft auch verdunkelt und bösartig geworden sein, sehr bewundernswert bleibt.

Der Tenor einer heiteren Lebensliebe macht die Aufzeichnungen, die Ophüls in der absoluten Fremde, mittellos, arbeitslos, damals wie zur eigenen Tröstung niederschrieb, sehr außergewöhnlich. Wer sie heute unter diesem Aspekt liest, wird es nicht ohne Beschämung und eine andere Art von Dankbarkeit tun können.

Er hat dann doch noch in Amerika gearbeitet. Er kriegte die Chance, einen ihm wenig passenden Historienschinken »The Exile« mit Douglas Fairbanks jr. und Maria Montez zu drehen.

Er hat zwei »Thriller« mit James Mason sehr achtbar hergestellt. In der Maschinerie, in die er eingespannt war, konnte er immerhin Ansätze seines eigenen Stils sichtbar machen. Aber auf die Ehrenliste seiner großen Filme gehören diese Nebenarbeiten kaum.

Ein einziger Film aus seiner amerikanischen Epoche, der in die Nähe seiner bedeutenden Arbeiten kommt: »Brief einer Unbekannten«. Bezeichnenderweise stammt der Stoff von Stefan Zweig. Da nähert er sich dem Milieu, für das er ein genialisches Flair in seinen letzten Jahren noch einmal beweisen sollte. Das ist europäisch. Der Autor ist Österreicher. Der Stoff hat jene Mischung von Tragik und fast frivoler Leichtigkeit, die diesem Regisseur in seinen besten Arbeiten so verblüffend gelang.

Im nächsten Jahre [1950] ist er schon in Europa. Er geht nicht nach Deutschland zurück. Er lebt und arbeitet in Frankreich. Frankreich hat ihm, als er fliehen mußte, Exil, Arbeit und einen Paß gegeben. Er zieht in seine alte Wohnung in Neuilly ein und nimmt alte, neue Verbindungen auf.

Sein erster Film — wieder in der Alten Welt — ist ein Sensationserfolg. Er knüpft an, wo er 1933 in Deutschland mitten im Aufstieg aufhören mußte. Er wählt wieder einen Schnitzler-Stoff, diesmal den heiklen »Reigen«, den der Autor selbst zu seiner Zeit für nicht aufführbar hielt. Als die Szenenfolge 1922 doch in Berlin gezeigt wurde, gab es fortdauernde Skandale und einen berühmten Prozeß.

Ophüls bringt das Wunder zustande, das Bühnenstück, diese Stafette der trivialen, leeren Liebe filmmöglich zu machen. Das Textbuch, in dem er das Theaterstück zuerst wieder durchlas, ist erhalten. Erhalten sind auch die Striche und Anmerkungen, die er sich beim ersten, flüchtigen Wiederlesen machte. Und bewundernswert: mit ein paar Strichen, mit ein paar neuen Überleitungen, ein paar Bleistiftandeutungen hat er seine geniale Umformung des prekären Stoffes schon fertig.

Der spielerische, ironisch entheikelnde Karusselleinfall ist da. Die Figur des überleitenden Sängers ist gegeben. Der ganze Film ist schon vorgeträumt und in ein paar Strichen konzipiert.

Ophüls hat das Glück, daß ihm Frankreichs glorreichste Schauspieler [für doch immerhin nur Episoden] zur Verfügung stehen. Er kann diesen Film mit lauter Vollendung garnieren: Simone Signoret, Simone Simon, Danielle Darrieux, Isa Miranda, Serge Regiani, Daniel Gélin, Jean Louis Barrault, Gérard Philipe, Adolf Wohlbrück als Bänkelsänger und Achsenfigur. Oskar Straus schreibt den »La-Ronde«-Walzer, dessen bewußt triviale Schönheit sich sofort einprägt und der zum »hit« des Jahres wird.

Ein kleines Wunder ist gelungen: jemand hat bei seiner Rückkehr die Arbeit an künstlerisch genau der Stelle wieder ansetzen können, an der er siebzehn Jahre zuvor abzubrechen gezwungen wurde ... Der Stil ist der gleiche. Das Thema, das Milieu, der dichterische Vorwurf ist vom gleichen Wiener Autor. Aber es zeigt sich, wie die Ausdrucksfähigkeit dieses Regisseurs in der Fremde gewachsen ist. Er kann jetzt Stimmungen von einer frivolen, süßen Melancholie wie im Fluge einfangen und aufs Bild drücken.

»Liebelei« war ein Handlungsstück, ein Vorgang. »Der Reigen« ist eine zärtlich monotone, leichtfertig wiederholte Szenenfolge. Es geschieht immer das gleiche in jeder der Episoden. Aber es trägt sich jedesmal in einer virtuos anders gesetzten anderen Tonart zu. Die triviale Liebe, weil sie trivial ist, als Sünde — das ist die verborgene Moral dieses vorsätzlich unmoralischen Filmes.

Ophüls steht mit dieser neuen Bewährung sofort wieder mit an der Spitze des europäischen Films. Wie bei der »Liebelei«: Die Kenner und Kritiker goutieren den Wohlgeschmack der zierlichen Sache — und das breite Publikum versteht und genießt sie auch. Wenigstens geht es hinein.

Dieser Regisseur hat sich von dem Milieu, von dem Zeitalter, in dem er mit seinen Filmen so glücklich operiert hatte, bis zu seinem frühen Ende nicht mehr entfernt.

Er hat Maupassant in seiner nächsten Arbeit gleich dreimal lebendig werden lassen. Das war wieder Jahrhundertwende. Das war wieder das Zeitalter der Rüschen, der karierten Pantalons, der moralischen Auflösung, war wieder die Sphäre einer in den zierlichen Landschaften der Lebenslust sich breitmachenden Frivolität.

Alle Menschen, die Ophüls in seine künstlerische

Mache nimmt, sind auf eine reizvolle Weise angeknackst. Alle Vorgänge, die er sich als Themen aussucht, haben ein leichtes, angenehmes Hautgout. Dieser Regisseur ist ein Meister der Oberfläche. Er zeigt es wieder.

Allein die große und kühne, umfassende Kamerafahrt, mit der er die erste Episode des »Plaisir« einleitet, ist von einer hinreißenden, hurtigen Dichtigkeit. Die Episode von der »Maske«, von dem Maupassant-Manne, der hinter jugendlicher Verstellung sich unter die goldene Jugend der Bälle und rauschenden Feste mischt und dabei sein altes, geschminktes Herz aufs Spiel setzt — die Einleitungspassage dieser Episode ist von einem hinreißenden Schwung: mit dieser großen, glorios geführten Kamerafahrt ist eine ganze, schwebende, tanzende, flatternde Welt präsent und faßbar.

Wenn auch dieser Teil des Filmes dann nicht annähernd so vorzüglich weiterläuft — die Sequenz hat ihresgleichen bisher nicht gehabt. Sie ist von Meisterhand geführt bis in den optischen Triumph.

Bezeichnend auch für diesen Regisseur, wie er sich der zweiten Episode, der Geschichte des kleinstädtischen Freudenhauses »Tellier« nähert, wie er Heikelstes entheikelt und öffentlich möglich macht.

Er läßt die Kamera das lustige, öffentliche Haus nie betreten. Er erlaubt ihr nur, in langen und kühnen Fahrten optisch zu kiebitzen. Er läßt sie die Außenfassade des fragwürdigen Etablissements nur immer abtasten und hin und wieder einen gezielten Blick durch die erleuchteten Fenster tun.

Trotzdem: eine bessere Exposition wurde nie gegeben, alle Figuren sind eingeführt. Man war Zeuge einer höchst frivolen Unternehmung. Trotzdem wurde die geistvolle Schlüssellochguckerei so taktvoll, so heiter und charmant betätigt, daß nie ein Nachgeschmack des Unerlaubten bleibt. Kein Zensor der Welt konnte dagegen etwas haben, obgleich ja im Grunde nur »Anstößiges« behandelt wurde.

Ophüls ist bezeichnenderweise nie ein Pleine-Air-Inszenator gewesen. Natur, wenn er sie brauchte, hat er sich meist im Atelier nachgebaut. Er hat sie immer stilisieren, von der flachen Realität wegholen wollen. So arrangierte er sie sich selber.

Jetzt, im »Plaisir«, finden sich zum ersten Male Aussichten auf die direkt abphotographierte Landschaft. Jean Gabins Wagenfahrt durch die blühenden Felder; hinten auf der Leiterkutsche die Fuhre voll leichter Mädchen, die zur Konfirmation einer Nichte ihrer Brotgeberin fröhlich wallen.

Oder — die rüstige Heiterkeit, mit der die altmodische, weißgestrichene Bimmelbahn durch die Ländlichkeit rattert. Ophüls nimmt sich die bare Natur. Aber er verwandelt sie, er zwingt sie so auszusehen, als hätte sie Ophüls, nicht der Herrgott, für den Zweck, für die Farbigkeit gerade dieses Filmes geschaffen.

Auch in der dritten Episode dieser Maupassant-Trilogie, in dem »Modell«, wird Landschaft sichtbar. Diesmal das Meer, wieder verwandelt und gezwungen, die Kardinalfarbe der kleinen Künstlertragödie, die erzählt wird, anzunehmen. In einer grellen, schwarzweißen Absolutheit sieht die Kamera den Ozean, einen Hintergrund von fast makabrer Herrlichkeit, während der Sprecher über die Fragwürdigkeit des Glücks mit der Stimme Maupassants melancholisch, und ein Fragezeichen setzend, philosophiert.

Den Erfolg des »Reigens« hat dieser Rahmenfilm vom »Plaisir« nicht erreichen können. Die Leute wollen wohl gemeinhin eine Handlung, die mit der ersten Minute beginnt und mit der letzten aufhört. Drei Geschichten anstatt einer sind nicht nach dem Geschmack der Menge.

Zwei Jahre später [1953] hat Ophüls die eigentliche Krönung seiner künstlerischen Laufbahn gefunden. »Madame de...«, nach dem hingetupften Roman der Louise de Vilmorin, wird als sein Chef-d'œuvre zu gelten haben. Hier steht er in seiner vollen Reife. Er experimentiert nicht mehr. Er sucht nicht mehr den bildlichen Ausdruck. Alles scheint, wie mühelos, auf ihn zuzukommen.

Die Geschichte liegt kostümlich wieder an der Jahrhundertwende. Sie spielt in feudalen Kreisen. Sie ist wieder in ihrer Tragik fast versteckt angeordnet. Ophüls spielt an der optischen Oberfläche eines Lebens

— scheinbar. Aber durch die indirekte, fast möchte man sagen, hedonistische, genießerische Darstellung einer schönen Welt macht er die Tragik nur deutlicher.

Er scheint alles nur immer kunstvoll mit Schönheit zu kaschieren. Das Wunder seiner künstlerischen Intelligenz bleibt: wie deutlich, wie unmittelbar gerade in der bewußten Undeutlichkeit das Schicksal eines Menschen, einer tragischen Herzensvergehung kenntlich wird.

In diesem Film gibt es so raffiniert aufgenommene Dinge zu sehen, daß das Auge nur immer genießt. Wie da Danielle Darrieux in ihrer herrlichsten Leistung eingeführt wird! Wie Ophüls das Mittel der indirekten Charakterisierung schon mit den ersten, zaudernden, stillen Filmmetern meistert.

Wie allein die Kamera mit einer unbändigen Lust am Schönen im Laden eines Juweliers herumturnt. Wie da eine Wendeltreppe als optisch lustige Achse gesetzt ist, und wie sich um diese exzentrische Stiege alles mit einer scheinbaren Leichtigkeit arrangiert.

Wer diesen, wie ich meine, besten Film von Ophüls sieht, soll darauf achten, wie er zweimal genau das gleiche Milieu mit genau den gleichen Mitteln ganz anders komponiert.

Charles Boyer nimmt zweimal Abschied. Einmal schickt der galante General seine Geliebte in die Verbannung. Auf dem gleichen Bahnhof, in den fast gleichen Einstellungen trennt er sich später endgültig von seiner Frau. Der Vorgang, der Ablauf ist fast in jeder Einzelheit identisch.

Trotzdem ist es ein inszenatorisches Wunder, zu sehen, wie einmal ein Hauch von Leichtigkeit, von Nebensächlichkeit über dem Bahnhof und dem dampfenden Zuge liegt — das andere Mal, obgleich die genau gleichen Requisiten mitwirken und nichts dramatisch hinzugefügt ist —, das andere Mal, wenn er seine Frau fortschickt, ist die pure Tragödie im Abschied.

Nur eine leichte Differenz in der Tonlage der Sprechenden, ein Unterschied in den winkenden Gesten — schon sind zwei ganz gleiche Vorgänge total verschieden.

Diese Arbeit, in deren Hauptrollen er die Darrieux, Charles Boyer und Vittorio de Sica einsetzte, hat eine Meisterschaft des Leichten, eine optische Mühelosigkeit, die in diesem Stil kein anderer sonst gekonnt hat. Dieser Film wird der bleiben, der den Ruhm dieses Regisseurs am sichtbarsten weitertragen wird.

Ist es tragisch, daß die letzte Filmarbeit, die er vollenden konnte, ein Mißerfolg war — oder doch das, was die Filmindustrie gemeinhin so nennt?

Ophüls wollte eigentlich schon weg von dem Milieu, das er fast mühelos beherrschte. Er wollte heraus aus dem Klischee eines Schnitzler-, Maupassant-, Jahrhundertwende-Spezialisten. Er wurde noch einmal gereizt, ein sonderliches Schicksal ins Bild zu nehmen: das skandalöse und tragische Leben der »Lola Montez«.

Seine inszenatorische Grundkonzeption war wagemutig. Lola sollte ihr Schicksal, wie sie es wirklich in Amerika im Zirkus tat am Ende ihres Lebens — sie sollte pantomimisch ihre Lebensschande darstellen vor den Augen einer feilen Menge. Von dieser Achse wollte Ophüls immer wieder in die Vergangenheit zurückspringen und das gleiche sozusagen zweimal interpretieren.

Einmal mußte Lola die pantomimische Zirkusdarstellung ihrer Lebensepisoden geben. Und dann — sozusagen simultan — blendet der Film in ihre erlebte Realität zurück.

Unter guten Sternen stand diese Arbeit nicht. Ophüls, ein Meister der Zwischentöne in Schwarz-Weiß, wurde gezwungen, die Bilder dieses Films in Farbe aufzunehmen.

Zweitens: man verlangte kurzfristig von ihm, daß er die Geschichte auf Breitwand, also in einer für ihn neuen Dimension erzählte. Ein doppeltes Handicap, unter dem die Arbeit und die Sicherheit des Regisseurs sichtbar gelitten hat.

Es ist ein absonderliches Stückwerk daraus geworden. Es gibt wieder Passagen darin, die genau und herrlich die leichte, zauberische Handschrift dieses Inszenators zeigen. Oft hebt sich das Bild wie von der Erde, erreicht Ophüls, was ihm vorschwebte. Die Kamera [wieder ist Matras der Operateur] holte sich im Zirkusmilieu oder in der bayerischen Welt des ersten Ludwig oder in den amerikanischen Stationen hinreißende Wirkungen heran.

Ophüls überlistet auch immer wieder die klobige Breitwand. Er deckt ganze Teile ab. Er läßt das Spiel nur auf Ausschnitten stattfinden.

Er experimentiert mit dem Ton. Er will eine impressionistische Wirklichkeitsnähe so weit führen, daß er oft das Wort nur als halb oder ganz unverständliche Tonkulisse erklingen läßt. Man hört, man merkt, daß geredet wird. Aber man soll gar nicht verstehen, was geredet wird.

Zuviele Versuche! Ophüls will zuviel erreichen. Die Grundkonzeption zerbröckelt ihm. Der große Bogen steht nicht, wenn darunter auch immer wieder Passagen von großer Meisterschaft erkenntlich bleiben.

Sein letzter Film ist — bei aller Hochachtung — von der Kritik scharf hergenommen worden. Das Publikum, eher von der Fülle verwirrt als angeregt, blieb fort. Die absurden Kosten der »Lola Montez« konnten nicht annähernd wieder eingespielt werden. Ophüls' überspannter, letzter Versuch war Gegenstand vieler Anfeindungen.

Ihm ist es ein großer Trost gewesen, daß sich sofort in Paris eine Solidarität der Besten erhob. Frankreichs große Regisseure, Schauspieler und Künstler, der treue Cocteau an der Spitze, gaben eine Verlautbarung heraus, darin sich die besten Köpfe des Landes für Ophüls, für seinen Wagemut und für seine künstlerische Größe erklärten. Ein Dokument, wie es die Filmgeschichte sonst nicht hervorgebracht hat.

Ophüls, durch den letzten Mißerfolg auf Zeit doch verdüstert, hat diese solidarische Huldigung sehr genossen. Er sprach von der selbstverständlichen Kameradschaft, die aus ihr klang, mit Tönen einer hellen Dankbarkeit.

Die »Lola« blieb, tragischerweise, sein letzter Film. Er hat nie wieder ein Atelier betreten. Er wurde von Gründgens, der bei ihm vor dreiundzwanzig Jahren in der »Liebelei« so fulminant gewesen war, zu einer Gastregie nach Hamburg eingeladen.

Ophüls hat sich in der Atmosphäre der Bühne noch einmal baden können. Genesen ist er nicht. Unziemlich jung, noch lange vor der Vollendung, ist er gestorben.

Was bleibt, sind seine Filme. Was bleibt, ist die liebenswerte Intelligenz, ist das heitere Darüberstehen, mit dem er die ersten rund fünfzig Jahre seines erfüllten Lebens noch selbst beschrieben hat.

Wer die folgenden Seiten liest, wird erkennen, daß die Kunst nicht ein Gewerbe ist, sondern die Beschäftigung des ganzen Menschen in seiner ganzen Liebe.

Friedrich Luft

Spiel im Dasein

Ich bin am 6. Mai 1902 geboren. Erst seit ein paar Jahren weiß ich, daß das schon lange her ist. Die Stadt, in der ich geboren bin, heißt Saarbrücken, liegt an der Saar und hat im Lauf der letzten Jahrhunderte mehrere Male die Nationalität gewechselt. Die Geschichte warf sie, ähnlich wie Elsaß-Lothringen, alle paar Generationen zwischen Frankreich und Deutschland hin und her, woraus sich meine etwas leichtfertige Einstellung zu nationalen und politischen Problemen erklärt. Meine Eltern gehörten zu einem Familientrust, der ganz Deutschland mit seinen Geschäftshäusern übersäte, und ein Vorfahre mütterlicherseits muß einmal genau so clever in den USA gewesen sein, er hieß Bamberger, brachte es verdächtigerweise bis zum Staatsgouverneur von Utah. Heute gibt es in Utah noch die Bamberger-Eisenbahngesellschaft, und ein Liberty-Schiff heißt auch Bamberger. Diese Linie hat zwei uralte taube Tanten hervorgebracht, die in New York leben und jeden neuangekommenen Emigranten einmal — und das will heißen nur einmal — zum Dinner empfangen und ihm fünfzig Dollar unter den Teller legen. Ich war nicht dort. Mein Vater heißt Oppenheimer.

Am Tag, an dem ich mich entschied, Schauspieler zu werden, das war im Jahre 1919, verbot mir mein Vater, seinen Namen zu tragen. Mein Schauspieler-Lehrer, Oberregisseur Fritz Holl am Stuttgarter Landestheater, nahm einen Bleistift und ein Stück Papier und sagte: »Vor allen Dingen muß man jetzt dafür sorgen, daß man die Wäschezeichen nicht umzuändern braucht. Sie müssen deshalb die Initialen behalten.« Und so schrieb er auf das Stück Papier statt »Max Oppenheimer« »Max Ophüls«. Viele Jahre später meldete sich in Wien ein Herr bei mir, ein Richter mit langem weißem Bart und Brille aus Düsseldorf. Er behauptete, ich gehöre zu dem Wikingerzweig seiner Familie Ophüls, und sogar mein Aussehen konnte ihn nicht vom Gegenteil überzeugen. Und viele, viele Jahre später, als ich einen Film in Italien machte, ließen sich zwei amerikanische Damen bei mir melden, Verwandte des heutigen Bürgermeisters von San Franzisko, Ophüls, aber die waren noch jung und trugen keine Brille, und ihre Unterhaltung mit mir war infolgedessen sehr kurz.

Meine Heimatstadt Saarbrücken ist eine Industriestadt, 120 000 Einwohner, die Mehrzahl sind Grubenarbeiter. Ich bin mit ihnen aufgewachsen. Meine besten Freunde waren Söhne von Bohrern, Hauern oder Steigern, und sie sind wahrscheinlich, wenn sie noch am Leben sind, Bohrer, Hauer oder Steiger geworden. Die so kleine Stadt hat viele welthistorische Stunden mit viel aristokratischem Gleichmut ertragen. Ich war zwölf Jahre, die Stadt war deutsch, da brach der Weltkrieg aus. Wir freuten uns. Es gab einen Tag schulfrei. Alle

Einwohner kamen sich wichtig vor. Die Stadt wurde im Aufmarsch gegen Frankreich das Hauptquartier der kronprinzlichen Armee. Wir Schüler liefen alle auf die Bahnhofstraße, das ist die Geschäftsstraße, und warteten in der Sommerhitze, bis der Kronprinz auf einem Rotschimmel eingeritten kam. Der Kronprinz sah aus wie der Mann beim Boxen im Hollywood-Stadion, der öfters mit dem Eimer in den Ring kommt. Ich glaube, er ist ein Manager. Er heißt von S. und ist ein Baron. Er ist vielleicht ein uneheliches Kind vom Kronprinzen, denn die Stahlindustriefamilie im Saargebiet sind die Barone von S., und wir Jungens wußten alle, daß der Kronprinz die Frau von S. verehrte und mit ihr oft spazierenritt. Der Beginn des Weltkrieges erschien uns überhaupt wie eine Serie von galanten Abenteuern des Kronprinzen, der von einer unermüdlichen Potenz behaftet schien. Jeden Morgen erzählten wir uns in der Klasse eine neue Episode von ihm. Wir jüdischen Schüler waren besonders stolz darauf, als wir erfuhren, die Tochter vom koscheren Metzger Wolf sei von dem Kronprinzen angelächelt worden, als er im Schritt mit dem Rotschimmel über den Marktplatz ritt. Es soll sich ungefähr folgendes zugetragen haben: Der Kronprinz hält an, er ruft durch die offene Tür [sehr preziös]: »Gefällt Ihnen mein Schimmel, Fräulein Wolf?« »Ja, Kaiserliche Hoheit.« Der Kronprinz: »Sie sollen ihn haben.« Er sprengt davon. Eine Stunde später reitet ein Wachtmeister von den Totenkopfhusaren den

Schimmel in die jüdische Metzgerei. Am Nachmittag begibt sich Fräulein Wolf ins Hotel zum Rheinischen Hof, um sich für das fürstliche Geschenk zu bedanken und es abzulehnen. Sie erklärt seiner Kaiserlichen Hoheit, daß in ihrer Familie niemand reiten könne, und selbst wenn das der Fall wäre, würde das in der Stadt zuviel unbescheidenes Aufsehen erregen. Der Kronprinz: »Da soll Ihr Vater doch Würste aus dem Tier machen.« Was mit dem Schimmel geschah, hat man nie erfahren. Er verschwand von der Bildfläche. Der Kronprinz ritt die nächsten Wochen ostentativ einen Rappen. Fräulein Wolf ist noch öfters in den Rheinischen Hof gegangen, um sich zu bedanken. Ihr Bruder aber wurde zur Potsdamer Garde eingezogen, was sonst nur sehr selten einem nichtarischen Bürgersohn passierte, und er ist dann als Leutnant im Jahre 1916 gefallen. . .

Wenige Wochen später rückte der Kronprinz nach Frankreich vor. Zur Abschiedsfeier für ihn und seine Stabsoffiziere spielte das Stadttheater »Wilhelm Tell« von Friedrich von Schiller. »Tell« ist ein dynamischer Klassiker, voll von temperamentgeladenen Versen, deren große Worte wie zum Beispiel »Befreiung«, »ewige Rechte des Volkes«, »Vaterland«, »Blut und Ehre« sich für alle politischen Festbegebenheiten eignen.

Mit dem Kronprinzen verschwand der erste Glanz des Krieges, und langsam wurde es düsterer in der

Stadt. Bald kamen französische Flugzeuge und begannen, Tag und Nacht zu bombardieren. Wenn Bombardements nachts waren, so freute uns Kinder das immer, denn es gab eine Verordnung, wonach wir um soundsoviel Stunden später am Morgen in die Schule zu kommen brauchten, je später das Bombardement nach Mitternacht einsetzte, und ich liebte es sehr, morgens lange zu schlafen. Ich glaube, ich war noch nicht dreizehn Jahre, als ich zum erstenmal in direkten Kontakt mit dem Krieg kam. Wir Jungen waren, was uns sehr aufregte, in Rettungskolonnen eingeteilt. Aus einem brennenden Lazarettzug, der wohl irrtümlicherweise von Fliegerbomben getroffen worden war, zogen wir Verwundete, sie wurden auf Bahren gebettet, und wir erhielten den Auftrag, sie so schnell als uns unsere Füße trugen, in die Krankenhäuser zu transportieren. Mit meinem Freund Otto Hardt, der auch noch ein Kind war, trug ich einen Mann zum katholischen Krankenhaus. Der Mann stöhnte zuerst sehr. Nachdem wir eine Weile mit ihm gelaufen waren, wurde er in der Richard-Wagner-Straße leiser. »Es geht ihm schon besser«, sagte Otto froh. Wir kamen in den Korridor des Hospitals, das überfüllt war. Eine Schwester schlug das Laken zurück. »Ihr Idioten, warum bringt ihr uns denn krepierte Leute«, schrie sie uns an. Mein Freund Otto zog mich zur Seite. »Man soll ihr nicht bös drum sein. Sie hat halt so viel zu tun.«

Um das Jahr 1917 herum war aus Saarbrücken das

Zentrum der Deserteure und der heimlichen Anti-Kriegsbewegung geworden. Statt der Fahnen und der Musikkapellen sah man schwerbewaffnete Unteroffiziere durch die Straßen rennen. Sie trugen auf der Brust ein großes Messingschild, auf dem das Wort »Feldpolizei« stand. Sie schossen auf offener Straße hinter Soldaten her, die sich schnell irgendwo verkrochen. Oft durfte man nach Dunkelheit nicht mehr auf die Straße. Belagerungszustand war erklärt.

Die Kirchenglocken, die in den ersten Jahren des Krieges beinahe jede Woche einen neuen Sieg verkündeten, läuteten immer seltener. Es gab immer weniger zu essen, fast gar nichts mehr. Zu meinem Geburtstag im Jahre 1918 war mein Wunsch ein Laib Brot für mich allein. In den Arbeiterfamilien zirkulierten handgeschriebene und handkopierte Schriften, die vom Internationalismus und vom Kommunismus erzählten.

Das Ende des Krieges sah so aus: Schon seit drei Tagen zogen durch die Bahnhofstraße hungernde, unrasierte deutsche Heereskolonnen. Die Soldaten hatten den Kopf gesenkt. Die Seile, mit denen die Pferde an die Deichseln gebunden waren, waren aus Papier und rissen oft. Es war gegen Nachmittag, als ein bayerisches Artillerie-Regiment einzog. Da hörte man die Stimmen der Zeitungsverkäufer. Ein Junge reichte einem Kanonier das Extrablatt hinauf auf seinen Gaul. Der Kanonier zieht die Zügel an, stoppt. Dann steigt er ab und sagt zu mir: »Willste 'ne Kanone?« Er geht quer über die Straße in das Hutgeschäft Korn & Sohn, kommt nach zwei Minuten raus und hat statt eines Helmes einen Filzhut auf dem Kopf.

Infolgedessen dankte der Kaiser ab, die große Stunde des deutschen Volkes hatte geschlagen, die deutsche Republik wurde ausgerufen, und zur Feier der heiligen Stunde spielte man im Stadttheater »Wilhelm Tell«. Wir aber, die Schüler der Kaiserlich-Königlichen Oberrealschule, wurden in der Aula versammelt. Vor uns stand der Direktor, Professor Meinardus, und hielt uns eine Rede. Er sagte, daß er uns verlassen müsse, die Regierung habe ihn ins Innere Deutschlands abberufen, in den nächsten Tagen übernehme der Erbfeind unsere Stadt. »Ihr aber, meine Oberrealschüler, werdet ihm nicht entgegenziehen. Hinter verschlossenen Fensterläden sehe ich euch zu Hause sitzen, die Hand in der Tasche zur Faust geballt. Und nie soll sich diese Hand dem Feind öffnen. Und ihr werdet größer werden und heranwachsen, dann soll eure Faust zum Schwert greifen und den Feind wieder hinausjagen aus unserem Land.« Wir sangen zum letztenmal »Deutschland, Deutschland über alles«, dann wurden wir hinausgeführt zum Soldatenfriedhof, wo von den Jahren 1870/71 und von 1914/18 viele tausend Tote lagen. Fünf Minuten entfernt von diesem Friedhof war die damalige deutsch-französische Grenze. Wir mußten uns in Reih und Glied aufstellen und fünf Minuten schweigend zur Grenze schauen. Viele Jungen um mich herum weinten. Und ich muß gestehen, daß auch ich, obwohl mein Verstand versuchte, gegen diese Gemütserregung anzugehen, sehr erschüttert war. Vierundzwanzig Stunden später zogen die Franzosen in die Bahnhofstraße. Sie hatten ein sehr gutes Regiment ausgewählt. Die Uniformen waren alle neu, das Lederzeug knackte, alle Soldaten waren frisch rasiert, die *clairons* klangen hell und froh. Wir Jungen waren nicht zu Hause geblieben. Aber wir trauten uns auch nicht ganz offen auf den Bürgersteig. Wir standen in Torgängen und in Ecken. Wir wollten uns wahrscheinlich nicht die Sensation entgehen lassen, dabei zu sein. Ich glaube nicht, daß es etwas anderes war, was uns herauslockte an diesem Nachmittag. Es war sicherlich keine politische Opposition gegen den Direktor Meinardus. Wir waren ganz einfach nur sechzehn Jahre alt. Zuerst dachte ich, Otto Hardt und ich wären nur allein. Dann aber sahen wir in der Nähe der Brücke auch andere Schulkameraden, halb versteckt wie wir. Jetzt bleibt das Regiment auf eine sehr elegante Degenbewegung seines jungen Hauptmanns mitten in der Straße stehen. Die Musik spielt nicht mehr. Eine dampfende Feldküche fährt bis zum Capitaine. Der läßt die Deckel öffnen, Soldaten kommen mit großen Schöpflöffeln und Metalltellern. Ein zweiter Wagen wird herangefahren, mit Brot und Schokolade. Der Capitaine geht als erster hin und nimmt einen Teller mit Suppe in die linke Hand und ein großes Stück Brot mit Schokolade in die rechte, nähert sich damit einer armen Frau und bietet es ihr mit sehr viel Würde und Höflichkeit an. Die Frau greift zu. Von dieser Sekunde an kommen mehr und mehr Menschen von den Bürgersteigen, aus den Wohnungen, auf die Mitte der Straße. Sie gruppieren sich um die Feldküche, und wahrscheinlich haben sie seit vielen Monaten zum erstenmal wieder normal gegessen. Ich weiß, daß auch wir k.u.k. Oberrealschüler die Hand nicht zur Faust geballt in der Tasche behielten. Und ich kann mich noch heute an den Genuß des ersten Stücks Schokolade und der ersten französischen Zigarette erinnern.

Wir gerieten dann durch den Vertrag von Versailles unter den Schutz der »Société des Nations« und wurden das erste »Land des Friedens« in Europa. Als der Kommissar des Völkerbundes seine Regierung antrat, spielte das Stadttheater zur Verherrlichung der neuen Ära »Wilhelm Tell«.

Alle historischen Ereignisse haben aber in meinem Leben nur eine sekundäre Rolle gespielt. Die Erinnerungen daran haben sich verwischt. Aber was in dieser Zeit in unserem kleinen Stadttheater vor sich gegangen ist, ist mir heute noch plastisch klar bis ins kleinste Detail. Ich sehe jeden Schauspieler, jeden Sänger, jeden Choristen, jeden Statisten noch vor mir. Ich höre noch ihre Stimme. Ich kann sie noch heute alle kopieren.

Mein ganzes Taschengeld habe ich für Galerieplätze an die Kasse getragen. Alle klassische und seinerzeit moderne, heute schon »veraltete« Dramatik, alle klassische und moderne Musik habe ich in mich hineingefressen. Mit Otto Hardt und Wilhelm Herzog formte sich ein sehr preußisch organisierter Kulturklub von drei Mitgliedern, und wir ließen keine Neuaufführung aus. Ich nehme an, wir haben pro Jahr ungefähr achtzig bis hundert Aufführungen gesehen. Wir waren imstande, den Rhythmus der Worte in den Shakespeare-Dialogen zu pfeifen, und konnten raten, welche Szene damit gemeint war. In der Nähe von unserem Stammplatz war die Männertoilette, und es roch immer ein bißchen. Noch viele Jahre später war ein derartiger Geruch für mich verbunden mit Tränen, Lachen und Applaus. Der Wunsch, Schauspieler zu werden, hatte ein sehr einfaches Motiv: Ich sah mit Neid nach der Vorstellung die vielen jungen Mädchen aus der höheren Töchterschule vor der Bühnentür mit verliebten Augen auf die Schauspieler warten. Und je mehr Mädchen erschienen, die für uns Schüler unerreichbar waren, um so mehr reifte auch mein Wunsch.

Der Beruf des Schauspielers wurde damals in Europa gesellschaftlich nicht sehr hochgeachtet. Gute Eltern taten deshalb alles, um ihre Kinder vor diesem Abrutsch zu bewahren, und ich mußte also alle erlaubten und unerlaubten Wege gehen, um zu meinem Ziel zu gelangen. Diese ersten Schritte zur »Bühne« waren mit sehr viel konventioneller Dramatik verbunden: Familienkräche, man rennt von zu Hause weg, dann kommt man wieder, dann werden Kompromisse gefunden, die Familie sagt: »Du kannst ja eine Fabrik übernehmen und Kunst nebenbei machen«, dann will man sich umbringen, dann gibt's wieder eine Zwischenlösung — und so landete ich vorerst mal bei der Presse als Theaterkritiker, war siebzehn Jahre alt, und stellte mich auf eigene Füße, indem ich mein Leben mit einer Jugendsünde verdiente, die manche Leute bis ins hohe Alter nicht aufgeben: Ich kritisierte das, was ich selbst nicht tun konnte... Lang hat das Vergnügen an diesem Beruf nicht gedauert. Es gefiel mir nicht, daß das, was mich vorher freute, nun nichts anderes mehr sein sollte als ein Stoff zur Beurteilung. Ich habe sicherlich nicht mehr als zehn Theaterkritiken zustande gebracht. Es war für mich schrecklich, etwas Negatives zu sagen, und ich bin ein paarmal nachts aufgestanden und habe die Worte ausgebessert an den Stellen, an denen ich mit irgend etwas nicht einverstanden war, habe es freundlicher gesagt oder weniger bestimmt. Oder manchmal habe ich meine Meinungen einfach umgelogen in ein Kompliment. Von zuviel Verantwortungsgefühl gequält, verlangte ich endlich eine Audienz beim Chefredakteur. Ich schlug ihm ein neues System vor. Ich wollte nur noch Kritiken schreiben, wenn ich sehr begeistert war, und schweigen, wenn mir etwas nicht gefiel. Er war damit nicht einverstanden. Er sagte: »Versuchen Sie es doch mal mit der Politik.«

Er wollte mir Mut machen. Er meinte, ich sei voller Möglichkeiten. Es sei schade, wenn Leute wie ich der Presse verlorengingen. Am nächsten Morgen mußte ich eine Treppe höher steigen als ins Redaktionsbüro. Ich wurde vom Chef der politischen Abteilung empfangen. Er hieß Schneider, hatte viele Pickel im Gesicht und nahm nie die Zigarre aus dem Mund, wenn er mit mir sprach. Er hielt mir eine lange Rede und sagte, in jedem Beruf müsse man von unten anfangen, wenn man je darin was leisten wolle, was ich ihm schon nicht glaubte. Dann sagte er: Eine kleine Zeitung in einer kleinen Stadt könne für das Weltgeschehen in der Politik von ungeheurer Bedeutung sein, denn die verantwortlichen Menschen wie Abgeordnete, Minister, Gesandte könnten eines Tages die Erleuchtung in einem kleinen Blättchen finden. Was ich ihm wieder nicht glaubte. Dann sagte er: Ein guter Politiker müsse sich von Kindesbeinen an daran gewöhnen, sein Ohr am Herzen des Volkes zu halten. Darunter konnte ich mir nichts vorstellen. Dann sagte er mir, für den Anfang sei es das beste, die großen Zeitungen zu lesen mit einer Schere in der rechten Hand und einem Bleistift in der linken. Und in den verschiedenen großen Zeitungen soll man sich dann mit dem Bleistift das anstreichen, was einem gefällt. Mit der Schere in der rechten Hand sollte man sich's ausschneiden. Und dann soll man all die Meinungen aus den großen Zeitungen zusammenfassen zu einem Artikel und ein paar verbindende Sätze selbst hinzufügen. Dann sei man sicher, daß man keine Meinung in der Stadt verletze, und dadurch würden der Zeitung im Inseratenteil keine Kunden verlorengehen. Und ich soll ihm mal so einen Artikel zusammenstellen, die Abrüstung zum Beispiel, bis zum Abend um sechs. Und so — bin ich kein politischer Redakteur geworden. Am Abend um sechs war ich schon ganz woanders.

Ich saß um diese Zeit in der Kellerbar des Apollo-Varietés. Dort hatten die wandernden Akrobaten, die Clowns und die Diseusen ihren Stammtisch. Ich besprach mit einem Zauberer meine neue Zukunft. Er wollte mich als seinen Assistenten unter Vertrag nehmen. Er offerierte mir drei Lehrjahre für die Rolle des Mannes, der alle Tricks verkehrt macht und alles fallen läßt. Dann würde ich aufrücken zum ersten Assistenten, das ist der elegante Mann, der die Tricks beinahe so gut macht wie der Meister und der außerdem in einem Kunstpfeiferakt auftritt. Die Aussichten schienen nicht schlecht, man könne um die ganze Welt reisen, erklärte der Meister, und später, wenn er einmal sterben wird, würde er die großen Originaltricks an mich weitervererben, als selbständige Nummer, unter der Bedingung, dreißig Prozent von allen Einnahmen an seine eventuell noch lebende Witwe abzugeben.

Eine andere Offerte schien mir verlockender. Sie kam von einem Blitzdichter. Er hieß Neumann. Er war gerade dabei, seine eigene kleine Varieté-Bühne in Freiburg im Breisgau zu eröffnen, und sein Engagement in Saarbrücken war seine letzte Tätigkeit als Artist, bevor er sich selbständig machte. Er nahm mich spät in der Nacht mit sich in sein Hotelzimmer und fing an, mit mir zu probieren. Er sagte, wenn ich Talent hätte, würde er mir seinen Akt inklusive Gedankenlesen übertragen, ich könnte mich Neumann jun. nennen und bei ihm in Freiburg anfangen. Ich sagte: »Ich besitze aber keinen Frack«, und wenn ich mich entscheiden würde, den Antrag anzunehmen, dann müßte das wohl ohne das Einverständnis meiner Eltern geschehen, und ich würde kaum Gelegenheit finden, meine Garderobe einzupacken. Er sagte: »... ausgezeichnete Idee. Da leihe ich Ihnen einen Frack aus der Kostümverleihanstalt in Freiburg, am besten einen Biedermeier-Frack, moderne Fräcke sind sehr teuer, wenn sie richtig sitzen sollen.« Seine Augen füllten sich mit Schöpferfreude. »Es könnte sogar ein farbiger Frack sein... das ist noch eine bessere Idee. Ich habe Lila sehr gern. Und dann brauche ich Sie gar nicht Neumann jun. zu nennen. Dann nennen wir Ihren Akt...« [er stützte seinen Kopf nachdenklich in die Hand]

»... dann nennen wir Ihren Akt ›Der Mann im lila Frack‹? Mit 'nem Fragezeichen dahinter«, sagte er. »Ja, das wird ausgezeichnet aussehen auf dem Plakat: ›Der Mann im lila Frack?‹« ... Ich war überzeugt.

Die Vorbereitungen zu meiner Abreise gingen sehr geheimnisvoll vor sich. Ich nahm mir vor, niemandem in meiner Umgebung was anmerken zu lassen. Ich machte also mein Abitur und hörte mir in den nächsten Wochen geduldig alle Diskussionen der Familie an über meine Ausbildung zum Advokaten, über die Universität, auf die ich gehen, über die Namen der Professoren, bei denen ich belegen sollte; und dann, zwei Stunden bevor mein geheimnisvoller Zug abgehen sollte, ging ich zu meinem Vater ins Büro — und sah ihn an —, und dann konnte ich nicht anders und erzählte ihm alles. Als ich mit der Aufdeckung meiner jugendlichen Fluchtpläne zu Ende war, ließ mein Vater mich mit meiner ganzen Dramatik ohne jede Reaktion in der Luft hängen. Er stand auf und verließ den Raum. Ich wollte ihm folgen. Die Tür war von außen zugeschlossen. Ich wartete, es muß wohl ein paar Stunden gedauert haben. Dann kam er zurück, offensichtlich gut gelaunt, und sagte: »Es ist alles erledigt.«

Herr Neumann war für mich nicht mehr zu erreichen. Er war abgereist, wie ich lange Zeit später erfuhr, mit einem ziemlich hohen Scheck aus der Hand meines Vaters.

Am nächsten Tag ließ ich mich bei einem Schauspieler melden, der für mich der beste des ganzen Stadttheaters war. Er hieß Paul Gewinner. Er spielte die Bösen, den Mephisto im »Faust«, den Wurm in »Kabale und Liebe«. Er war schon viele Jahre in der Stadt. Ich hatte ihn wohl über hundertmal gesehen. Ich konnte sprechen wie er, ich konnte gehen wie er, ich war entschlossen, ihm vorzusprechen, Monologe, Szenen, Gedichte, alles, was in mir aufgestaut war. »Der Umweg über das Varieté zum Theater war falsch; ich muß direkt zur Bühne, und wenn ich kein eigenes Geld habe zu reisen, dann muß es hier geschehen, in der Heimatstadt, wie groß auch die Deklassierung für die Familie sein mag«, dachte ich mir.

Der Schauspieler empfing mich in seiner möblierten Wohnung. Das kleine Zimmer, Arbeitskabinett, Wohnstube und Eßraum in einem, war voll von Photographien, verdorrten Lorbeerkränzen, Schleifen und anderen Trophäen seines Ruhms. Als ich eintrat, sah ich einen Frauenrock noch rasch hinter einer gegenüberliegenden Tür verschwinden. Zwei halbausgetrunkene Tassen Kaffee standen auf einem arabischen Fußschemel vor dem Sofa, und auf dem Sofa lag Herr Gewinner. Er war notdürftig mit einem Schlafrock bekleidet. Aus der halb offenstehenden Pyjamahose blinkte sein Bauch, der viel dicker war, als ich es mir vom Zuschauerraum aus vorgestellt hatte. »Er muß wohl ein Korsett tragen, wenn er spielt«, dachte ich mir. Ohne sich aufzusetzen, hörte sich der Mephisto meine Pläne an, und ohne sich aufzusetzen war er bereit, mich deklamieren zu hören. »Ich werde mir dazu eine Zigarre anzünden«, sagte er. Sie roch billig. »Das darf dich nicht stören«, dachte ich. Ich dachte auch noch: »Ob wohl die Dame, die da verschwunden ist, nebenan zuhört?« Dann machte ich meine Augen zu und sprang, wie ein Schwimmer vom Sprungbrett, mit viel Mut und Temperament in den Sturm meiner Darbietung. Es war das Liebesgeständnis des jungen Mortimer, als er sich zu Füßen der Maria Stuart wirft. Ich mußte wohl Herrn Gewinner überhört haben, denn er rief ein paarmal hintereinander »Halt-halt-halt-halt!« mit einem Ausdruck, wie wenn man sich einem bergabgleitenden Wagen in die Speichen zu werfen versucht. Ich stoppte. Er setzte sich noch immer nicht auf. Er sagte: »Herr Oppenheimer, wenn Se's mit mit dem Jelde nich machen, mit'n Talent machen Se's nich.«

Beim Abendessen zu Hause sprach ich kein Wort von meiner verlorenen Schlacht. Auch die Eltern waren, wie immer in den letzten Tagen, sehr still. Schließlich sagte Vater: »Wir haben uns das überlegt. Ich hab' mit den Onkels telefoniert, und auch mit dem Großvater. Wir denken, du sollst vorerst Schüler werden bei Professor Reinhardt und seine dramatische Hochschule in Berlin besuchen. Wenn schon ...«, lächelte er, »dann soll es genau sein wie im Geschäft. Immer nur die beste Qualität.«

Der Gedanke an eine akademische Ausbildung war

mir wie ein Alpdruck. Diesen Beruf mit Hochschule und Professoren und regelmäßigen Stunden zu verbinden, war eine traurige Vorstellung. Man ist zu soviel Lernen und materiellem Wissen gezwungen worden, zu soviel Trockenheit in diesem Familien- und Schuldasein, da darf doch die Freude und die Schönheit, nach der man sich in diesem Beruf sehnt, nicht auch wieder etwas mit Schule zu tun haben..., dachte ich mir. Und doch war ich meinem Vater sehr dankbar für seine Entscheidung, die ihn viel Überwindung gekostet haben mußte.

Auf der Reise nach Berlin stieg ich in Stuttgart aus. Stuttgart liebe ich sehr. Es ist zwischen gemütlichen Hügeln gebaut, und die Wälder und die Weinberge reichen bis in die Geschäftsstraßen. Die Häuser sind aus Sandstein und geben in bunten Farben den ganzen Tag über den Schein der Sonne zurück. Es gibt viele Biedermeierhäuser und blinkende Butzenscheiben, zufrieden laufen die Bewohner zwischen dieser ausgeglichenen, ruhigen Schönheit herum, sind trotzdem sehr tüchtig und genießen am Abend ihr Viertele. Mitten in der Stadt, zwischen Parks und Anlagen, erhebt sich am wohlabgemessenen Schloßplatz das königlich württembergische Schloß. Am Tag, an dem ich ausstieg, gab es schon lange keinen König mehr, aber die Schloßwache, bestehend aus Musik und einer

Kompanie bunter Soldaten, zog trotz der neuen Republik noch jeden Tag pünktlich zwölf Uhr auf. Ich trug meinen Koffer einen Terrassenweg hinauf zu einer Villa am Hang, von der aus man über die ganze Stadt sehen konnte; dort wohnte mein Onkel Gustav, der früher mit mir zu Hause häßliche Wandteller mit Luftpistolen in Scherben schoß, und ich dachte, er wird nun in der Zeit meiner Entscheidungen der rechte Mann sein, bei dem ich Zuspruch und Ausgeglichenheit finden kann. Er hatte auch schon für mich vorgesorgt. Er empfing mich mit einem Bündel Theaterbilletts in der Hand und sagte: »Solange du hier bist, kannst du jeden Abend ins Theater gehen.«

Die Theater in Stuttgart sind Landestheater, das heißt sie werden nicht von der Stadt, sondern vom ganzen Land subventioniert, und deshalb sind sie repräsentativ und vornehm, und es gibt ein Kleines und ein Großes Haus. Beide Häuser sehen wie wohlgefällige Tempel aus. Friedrich der Große hat über das Theater in Potsdam eine Widmung meißeln lassen: »Dem Vergnügen der Einwohner.« Dieser Spruch könnte auch über den Stuttgarter Theatern stehen. Vor dem Großen Haus liegt eingebettet zwischen hohen alten Kastanienbäumen ein See. Die Schwäne, die auf diesem See herumschwimmen, gehören gewissermaßen zum Theaterpersonal. Jedenfalls sind sie mir an Abenden, an denen eine leichte Spieloper angesetzt war, lustig vorgekommen; und ich fand sie tragisch aussehend, wenn ich zu Macbeth ging — schon eine Stunde bevor es anfing. Die Zuschauerräume der beiden Häuser sind in ihren Dimensionen und ihrer Akustik wunderbar ausgeglichen. Das Kleine Haus ist aus dunklem Kirschbaumholz, und das Große Haus grau gehalten, mit einem leichten Silberschein. Wenn Onkel Gustav mich in diese Zuschauerräume brachte, sah er ein bißchen stolz aus, so, wie wenn auch ein Teil von ihnen ihm gehörte. Diese Schwingung im Publikum — dieses Gefühl, eine vertraute Gemeinde zu sein, habe ich in Deutschland sehr oft getroffen. Ich habe es nach langen Jahren wiedergefunden, manchen Abend, in der Hollywood-Bowl. Da sitzen auch sehr viele Leute um einen herum, bescheiden, aufnahmewillig, mit viel Liebe zu dem, was sie erwartet und was ihnen gehört. Sicher war Onkel Gustav nicht ganz so idealistisch, wie ich ihn damals sah. Wenn wir uns jeden Abend auf dieselben Logensitze niederließen — er trug einen sehr guten Smoking und sah aus wie ein gutgelaunter Mussolini —, dann zog er eine feine dünne Uhr aus der weißen Weste und flüsterte [dabei gingen langsam die Lampen aus, und das vielversprechende Licht unter den Falten des roten Vorhangs begann aufzuglühen]: »Es ist jetzt sieben Uhr fünfzehn ... ›Troubadour‹, das dauert ...« [er machte eine schnelle Kalkulation] »... weck mich wieder um halb zwölf.« Dann, aufrecht im Stuhl sitzend, ohne daß es jemand anders sehen konnte, schloß er die Augen zum Schlaf.

Ich glaube, selbst wenn es in Europa keine Theater-Feuerpolizei gegeben hätte, die aus Sicherheitsgründen die Einrichtung eines eisernen Vorhangs obligatorisch gemacht hätte, ja selbst wenn es kein Feuer gäbe, wäre der eiserne Vorhang doch erfunden worden. Jeden Abend am Ende der Vorstellung, bevor die Türen geschlossen werden, senkt er sich hydraulisch herab. Er liegt vor den Stoff-Vorhängen, zwischen Orchester und Rampe, und schließt den Zuschauerraum feuersicher ab. Das ist seine technische Aufgabe. Und wenn er unten ist, dann ist es Nacht, und alles Leben ist schlafen gegangen im Theater. Aber zwei-, dreimal im Jahr kommt es vor, daß sogar dann noch immer ein paar begeisterte Besucher zwischen den Stühlen stehen, und sie hören nicht auf zu klatschen. Und sie gehen nicht nach Hause, obwohl die Programmverkäufer schon längst nach Hause gegangen sind, obwohl die Schauspieler sich schon abschminken, obwohl die Lichter im Zuschauerraum schon nicht mehr brennen. Sie hören nicht auf zu klatschen. Bis sich endlich noch einmal eine kleine Tür in dem riesenhaften eisernen Vorhang öffnet und die Hauptdarsteller, schon ohne Perücke und im Straßenanzug, sich ein letztes Mal zeigen. Ein allerletztes Mal, ein aller-allerletztes Mal. Dann schreibt der Inspizient in sein Reportbuch mit rotem Bleistift: »Eiserner«. Und ich glaube, deshalb ist der eiserne Vorhang erfunden worden.

Ich stand nach den »Räubern« unter denen, die noch

nicht nach Hause gehen konnten. Und dann sah ich, wie die Schauspieler, die sich immer noch verbeugten und denen man Blumen zuwarf, alle Dankesbezeigungen an einen einzigen Mann im blauen Anzug weitergaben, der überhaupt nicht gespielt hatte. Es war nicht der Autor, denn Schiller ist schon 1805 gestorben, und selbst wenn er noch gelebt hätte, wäre er wohl kaum in Stuttgart auf die Bühne getreten, denn der Herzog von Württemberg hatte ihn als Revolutionär aus dem Lande verbannt. Der kleine Mann, der mehr durch die Tür stolperte als ging und sich knabenhaft ungelenk und doch mit viel Eleganz verbeugte, war der Regisseur der Aufführung. Die Schauspieler hoben ihn auf die Schultern, sie umarmten ihn. Er nahm das alles mit viel ehrlicher Freude hin. Sie schüttelten ihm die Hände, sie wußten nicht was tun vor Verehrung und Dankbarkeit. »Was sie ihm auch an Ovationen erwiesen, sie täten es für mich mit...«, dachte ich. Ich hatte in meinem Leben noch nie eine so vollendete Aufführung gesehen. An diesem Abend hatte der Onkel Gustav ein sehr schönes, schwarzäugiges Mädchen namens Gretel eingeladen. Er hatte ihr ein Bukett gelber Rosen in die Loge mitgebracht. Ich nahm sie ihr weg und warf sie hinauf und traf den stolpernden Regisseur damit mitten auf seine Krawatte. Er hieß Fritz Holl... und er wurde mein Lehrer.

Er wurde es, weil unter seiner Leitung alle vier Wochen öffentliches Probesprechen stattfand für junge Leute, die zur Bühne wollten. Bedingung war: man durfte seinen Namen nicht nennen, so daß jede Protektion ausgeschlossen war. Am Morgen, an dem ich mich mit Herzklopfen diesem Talentgericht unterwarf, hatte ich die Nummer 8 unter fünfzig. Als alles überstanden war, erklärte Fritz Holl, er wolle die Nummer 8 als seinen persönlichen Schüler nehmen, und wenn ich mittellos sei, so würde es nichts ausmachen; er habe genug Vertrauen in meine Zukunft, um mich kostenlos auszubilden. Erst am nächsten Tag traf ich ihn persönlich. Er fragte mich nach meiner Abkunft, und dabei stellte sich heraus, daß er in Worms am Rhein zur Schule gegangen war, und in der Schule war meine Mutter seine Jugendliebe gewesen. Hatte er die namenlose Nummer 8 an einer Ähnlichkeit erkannt? War jede Protektion ausgeschlossen? Ich hab' es nie erfahren.

Ich weiß nicht, wer im Schauspielunterricht mehr zu beneiden ist: der Schüler oder der Lehrer. Für den Schüler ist der erste Zusammenstoß mit den Geheimnissen, den Ausdrucksmöglichkeiten und Unwirklichkeiten des Spiels so faszinierend, wie ich mir nur das Einleben in religiöse Sphären vorstellen kann. Für den Meister bedeutet es einen großen Genuß, die Jugend umsichtig und mit »Fingerspitzengefühl« in das unbekannte Land der Gestaltungskunst hineinzuführen und ihr die Erfahrung weiterzureichen, die er, mit den grauen, weißen oder gar keinen Haaren, sich angeeignet hat. Um sich herum baut er Verehrung auf, ein Gefühl, das ihm manche mit der Jugend verlorengegangene Empfindung ersetzt. Ich glaube, ich möchte bald ein Meister werden — in vielleicht dreißig bis vierzig Jahren. Dem Schüler kann es passieren, daß er sich von der blinden Begeisterung der Anfangszeit nie erholt; er wird dann ein »Verzückter«. Er gehört dann bis ins hohe Alter zu den »fanatischen Schauspielern«. Das sind die Leute, denen der »Ernst« und die »Weihe« und die »Hingabe« aus den Augen schauen, auch wenn sie auf der Bühne nur ein Glas Wasser bestellen, und die einen sehr nervös machen, wenn sie einen im Büro besuchen. Es kommt sehr auf den Lehrer an, diese Begeisterung vom Beginn an so einzudämmen, daß sie das eventuelle Talent nicht überwuchert. Ich bewundere noch heute die Klugheit meines Lehrers und seinen Sinn für Gleichgewicht. Er machte mir das Leben so hart und überbürdete mich so sehr mit den Anforderungen des Handwerks, daß es mir unmöglich gewesen wäre, mich in leichter Schwärmerei zu verlieren. Das viele Lernen hinderte mich daran. Ich hatte gedacht, es sei einfach, ein A zu sprechen oder ein O. Ich hatte unrecht. Wochen und Monate verbrachte ich damit, A, E, I, O, U, Ä, Ö, Ü, Ai, Eu, Au so zu formen, daß die Töne von der Bühne bis zur Galerie reichten. Ich mußte lernen, stundenlang laut zu sprechen, ohne heiser zu werden. Ich mußte lernen, zu flüstern und trotzdem bis in die hintersten Parterresitze gehört zu werden. Ich mußte lernen, richtig zu atmen, und ich mußte lernen, wenn ich schon richtig geatmet hatte, mit meinem Atem so lange wie möglich auszukommen. Zuerst über drei Zeilen, dann über fünf Zeilen, dann über eine halbe Seite. Ich dachte, es wird wohl zehn Jahre dauern, bis es über eine ganze Seite reicht. Ich mußte lernen zu stehen. Ich mußte lernen zu gehen. Ich mußte lernen zu fallen — auf dem Rücken eine Treppe hinunter. Ich mußte lernen, ohnmächtig zu werden und nach vorne auf die Schnauze zu purzeln. Ich lernte fechten. Ich lernte tanzen. Ich lernte Kostüme tragen von den nackten Germanen übers Mittelalter bis zum Robot-Menschen, und wenn noch Zeit übrigblieb, hörte ich dazu noch Kunstgeschichte an der Technischen Hochschule. Meine Ausbildung war härter und konzentrierter als an irgendeinem Konservatorium. Und noch heute, auch als Regisseur, bin ich meinem Lehrer dankbar dafür, und ich schaue auf ihn zurück wie ein Generalstabsoffizier auf seine jungen Soldatenjahre, in denen er gedrillt wurde. Gewehrreinigen gehört zum Handwerk. Es gibt keinen großen Pianisten ohne Fingerübungen. Ich glaube nicht, daß jemand, der alles das gelernt hat, schon ein Schauspieler ist; aber ich glaube kaum, daß es einen wirklich großen Schauspieler gibt, der das Handwerkliche unseres Berufes nicht lernen mußte. Viel Zeit habe ich später als Regisseur verloren [mehr beim Film als beim Theater], um Darstellern das beizubringen, was eigentlich nur handwerkliche Grundlage war. Ich glaube, daß der Schauspieler, wenn er Empfindungen übermitteln soll, auf sich selbst spielen muß wie auf einem Instrument. Das Erlernen der Technik ist nicht ohne Gefahr. Man kann zum Virtuosen werden, und darüber kann das Wichtigste absterben, das Gefühl für Echtheit. Daß mir das nie passiert ist, verdanke ich meinem Lehrer. Er war in der Ausbalancierung der beiden wesentlichen Kräfte, Technik und Echtheit, ein wachsamer und sicherer Führer. Ich hoffe, er lebt noch; und ich hoffe, ich kann es ihm einmal sagen.

Am Stadttheater in Aachen habe ich ein Beispiel dieser Vollkommenheit erlebt, die jeder Bühnenmensch sich erarbeiten müßte. Albert Bassermann kam als Gast. Wir, die Ensemble-Spieler der Gruppe, versammelten uns am Morgen zu einer kurzen Verständigungsprobe mit ihm, »Kollege Crampton« von Gerhart Hauptmann. Bassermann spielte den alten Schulprofessor. Er deutete die Szenen nur kurz an und zeigte uns immer mit ein paar Stichworten, wo wir zu stehen hatten und was ungefähr am Abend vor sich gehen würde. Wir waren scheu und ehrfürchtig und nahmen alle Anweisungen, so flüchtig sie auch gegeben waren, mit viel Aufmerksamkeit entgegen. Ich, damals wohl zwanzig, spielte den uralten Schuldiener. Bassermann, nachdem er sich höflich vorgestellt hatte: »Gestatten

Sie, Albert Bassermann«. »Gestatten Sie, Ophüls« ... erklärte mir: »Es kommt dann der Moment, wo ich vor der ganzen Klasse erfahre, daß ich wegen Trunksucht aus dem Dienst entlassen werde. Ich nehme diesen Moment sehr schwer, junger Mann«, sagte er zu mir. »Zuerst sieht das Publikum mein Gesicht, verstehen Sie, und dann drehe ich mich rum, verstehen Sie, ich stehe dann mit dem Rücken zum Publikum und fange an zu schluchzen. Das wirkt sehr. Dann werde ich Ihnen ein Zeichen geben, und Sie, mit Ihrem Gesicht zum Publikum, drücken mich an Ihre Brust und klopfen mit Ihrem rechten Arm auf meine rechte Schulter. Merken Sie sich das.« Der Abend kam ... der Moment kam ... Ich werde nie Bassermanns von echten Tränen überströmten Professor Crampton vergessen. Mich würgten meine Worte in der Kehle vor Rührung. Dann drehte er sich um, dann nahm ich ihn in den Arm, dann kam eine endlose Pause, in der er nur noch schluchzte, wirklich schluchzte, tief aus dem Herzen heraus. Und dann sagte er leise zu mir: »Bitte klopfen.«

Das ist Vollkommenheit ... Mir wird schwach, wenn ich an den Schauspielernachwuchs in Hollywood denke.

Eines Nachmittags standen die Stuttgarter Schwäne im Teich unter der Erregung einer herannahenden Sensation. Ich bin überzeugt, sie wußten, was geschehen würde. Sie sahen mich am Ufer entlanggehen mit dynamischen Schritten, wie ich sie wahrscheinlich nur selten später im Leben zustande gebracht habe. Die

Kanzlei des Intendanten von Kehm hatte mich am Nachmittag angerufen und mir mitgeteilt, daß ich am selben Abend meine erste Rolle spielen sollte. Ich stob am Weiher entlang und bremste erst unter der Laterne; dort war das abendliche Programm angeschlagen: »Der lebende Leichnam« von Tolstoj. Unter ungefähr vierzig Mitwirkenden fand ich mit Herzklopfen meinen Namen. »Zweiter Offizier ... Max Ophüls.« Ein Chorist, der seit Menschenaltern die Rolle spielte, war plötzlich krank geworden, und mein Lehrer hatte die Gelegenheit für einen günstigen Start gesehen. Der Zweite Offizier hatte sogar zu reden. Sein Dialog hieß: »Oh, dieser Rhythmus!« Auf dem Weg von der Wohnung zum Theater hatte ich wohl zweitausendmal »Oh, dieser Rhythmus... Oh, dieser Rhythmus!« gesagt. Jetzt steckte man mich in eine tiefblaue russische Uniform mit Gold. Man zeichnete mir in mein Kindergesicht einen mondänen Schnurrbart, man klemmte mir in mein rechtes Auge ein Monokel. Das Monokel hielt nicht, weil ich Fischaugen habe. Der Friseur fluchte und klebte es mir mit Leim fest. Es klingelte. Man schob mich auf die Szene... Ein russisches Zigeuner-Nachtlokal. Die Bühne sah rot aus. Im Wirbel des Umbaus gruppierten sich orgienhafte Chöre ins flackernde Kerzenlicht, halbnackte Mädchen legten sich schnell dorthin, wo die ausschweifende Leidenschaft und der Inspizient sie hinschickte. Ehe ich recht wußte, wo ich war, fand ich eine auf meinem rechten Knie. Sie schlang ihren Arm um meinen Uniformkragen, der mich sehr drückte; ihren Kopf preßte sie gegen die blechernen Orden auf meiner Brust. Sie flüsterte mir noch zu, daß sie Elise hieß, dann ging der Vorhang hoch. Man hatte mich instruiert, ich solle mit großen Augen in die ungewisse Ferne schauen und auf ein Stichwort: »... welche Musik!« sagen: »Oh, welcher Rhythmus!« Gitarren setzten ein, Mandolinen und Chöre; Violinen spielten — ich sah noch knapp den distinguierten Darsteller des Fedja seinen Kopf in den Schoß einer schwarzhaarigen Boheme-Schönheit wühlen; dann trug mich der allgemeine Stimmungstaumel dieser Lasterhöhle hinweg. Das nächste, woran ich mich erinnere, war die Stimme eines anderen. Sie sagte: »Oh, welcher Rhythmus!« Elise flüsterte mir in die Orden hinein: »Mensch, das hättest doch eigentlich *du* sagen sollen!« Und damit fiel der Vorhang. Im fahlen Kulissenlicht hinter der Szene wurde mir dann klar, daß ich gepatzt hatte. Als ich mich dann abschminkte, fand ich in den Blicken der Komparsen und der Choristen nur Mitleid. Die Schauspieler guckten mich sowieso nicht an. Am nächsten Tag erhielt ich von der Kanzlei der Generalintendanz einen Brief: »Als Resultat Ihres Auftretens vom ... teilen wir Ihnen mit, daß wir das Vergnügen haben, Sie von der nächsten Woche an als Volontär in unser Ensemble aufzunehmen.«

Ich hatte das dunkle Gefühl, daß meine plötzliche Karriere unter dem Segen und dem Einfluß meines

Lehrers zustande gekommen war. Ich rief ihn an. Er sagte: »Wollen Sie mich heute abend zum Theater begleiten?« Dann gingen wir schweigend zu Fuß von seiner Wohnung — immer unter Bäumen, er hatte sich seinen Weg durch kleine Nebenstraßen so zurechtgelegt, daß er immer unter Bäumen ging — zuerst schweigend zu seiner Bank — er ging immer zweimal in der Woche zur Bank, um zu sehen, ob sein Konto angewachsen war —, dann schweigend zum Zigarrenladen — er ging jeden Tag zum gleichen Zigarrenladen und kaufte zwei Zigarren, immer die gleichen —, und zwischen den Zigarren und der Bühnentür sprach er zum erstenmal, und sagte, sehr taktvoll: »Sie waren wunderbar, Max.« Dann erzählte er mir, es sei noch nicht offiziell, aber seit einer Woche sei er vom Regisseur zum Oberregisseur avanciert, und als Oberregisseur habe er das Recht, Volontäre zu »engagieren«. Ein Volontär hat nach deutschem Theatergesetz kein Recht auf Bezahlung.

Und von nun an stand ich jeden Abend sechs Monate lang im Hintergrund. Der Volontär ruft mit dem Volke Heil, wenn ein Königssohn geboren wird. Er streut mit dem Volke Rosen, wenn das Liebespaar vor den Priester tritt, um zu heiraten. Er verhüllt mit dem Volke in Trauer sein Antlitz und weint, wenn der Tod den Helden abruft aus dem Leben. Das alles spielte sich vor mir ab, mit Musik und ohne Musik, in allen Stilen und Generationen der Weltliteratur. Und ich sah davon immer nur die Rücken. Es war eine harte Zeit, denn die Ambitionen wuchsen. Am Tage studierte ich die Rollen, die am Abend irgendein Rücken vor mir spielte. Und während ich niederkniete mit dem Volke in Huldigung, dachte ich immer: »Ich könnte es doch viel besser als der Rücken.« Und als es Sommer wurde, brach ich durch. In einem großen Bier-Etablissement gastierte eine Truppe einer österreichischen Gesellschaft, »Theophil Brandt und seine Schauspieler«. Ohne daß es mein Lehrer wußte, ging ich zu Theophil Brandt und frug, ob er keinen jungen Nachwuchs brauchte. Er frug mich: »Was sind Sie denn?« Ich: »Jugendlicher Held.« Theophil Brandt: »Ich glaube, Sie sind ein Komiker; aber immerhin, sprechen Sie mal vor.« Es war am Morgen, im leeren, halbdunklen Theatersaal. Ich sprang auf die Bühne und startete den jungen Gyges, eine Sagengestalt der griechischen Mythologie, alles in Hexametern, und von Friedrich Hebbel. Lange Zeit darf man nicht atmen. Als ich meinen Monolog der Verzückung beendet hatte, sagte Theophil Brandt: »Ich habe recht gehabt.« Dann rief er seine Frau Betty, eine dicke Sechzigerin mit gefärbtem blondem Haar und einer versoffenen Stimme, und sagte: »Was meinst du?« Betty zog ihre Augen zusammen wie ein alter Zirkuslöwe und meinte: »Er soll den Rabbiner spielen.« Mir schwammen alle Felle weg; ich wandte schüchtern ein: »Für einen Rabbiner bin ich doch zu jung!« Betty tröstete mich: »Der Rabbiner ist kein Rabbiner... er heißt nur Rabbiner; er ist ein jüdischer Geschäftsreisender in einem amerikanischen Konfektionshaus, Potash and Perlmutter.«

Acht Tage später stürmte ich überelegant, eifrig und verbindlich von meiner Geschäftsreise kommend in das Büro der Firma, legte mein Order-Buch triumphierend auf den Schreibtisch. Herr Potash sah die Papiere durch, verfinsterte sein Angesicht, als er meine Spesenliste sah, und begrüßte mich mit dem Satz: »Sagen Sie mal, Rabbiner — was haben Sie gegessen auf Ihrer Tour? Haben Sie Goldfische gegessen?« Ich machte darauf ein so wirklich enttäuschtes und erschrockenes Gesicht, wie mir zumute war, und auf meine Reaktion brüllte das Publikum vor Lachen, und was ich von da an auch tat, immer lachten die Leute über mich. Ich konnte mir gar nicht erklären, warum; weil ich es so ernst meinte — denn ich war doch ein jugendlicher Held. Es ist mir dann erst viel später aufgegangen, daß es keine Helden gibt und keine Komiker; daß es nur komische Helden gibt, und heldische Komiker.

Mein Lehrer sprach nicht mehr mit mir. Er fand meinen Sprung in die Sommerkomödie ein Vergehen gegen die Kunst.

Aber eines Abends saß in der ersten Reihe ein Mann. Er konnte sich überhaupt nicht mehr halten vor Lachen. In der Pause kam er zu mir hinter die Bühne in meine Garderobe und sagte: »Ich heiße Löwenberg. Ich lade Sie zum Essen ein.«

Im Schloßgarten, bei Musik, erklärte mir Herr Löwenberg, wer er sei. »Ich bin eigentlich Weinreisender«, sagte er. »Aber ich bin nicht nur Weinreisender. Ich fahre an den ganzen deutschen Theatern herum und verkaufe Wein an die Schauspieler, die schon ein bissel Geld verdienen; auch an die, die noch nicht viel Geld verdienen, zum Beispiel, wenn ich Ihnen eine Kiste verkaufen wollte, ein oder zwei Dutzend Flaschen, können Sie sie abbezahlen in ein oder zwei Jahren. Aber durch meine Reisen komme ich viel herum, und manchmal fragen mich die Direktoren, welche Schauspieler mir besonders gut gefallen haben. Und da kann ich dann für die Karriere von einem Schauspieler sehr viel tun. Wenn dann durch meine Empfehlung — Vermittlung kann man's nicht nennen — der Schauspieler irgendwo angestellt wird, dann nehme ich dafür keine Prozente, Sie kaufen dann einfach Ihren Wein bei mir. Das ist alles.« Eine Woche später erhielt ich von der Intendanz des Stadttheaters in Aachen einen Brief: »Eine uns befreundete Persönlichkeit, die nicht genannt sein möchte, hat Sie uns empfohlen. Wir sind interessiert, mit Ihnen in Vertragsverhandlungen einzutreten, und wären bereit, damit Sie sich uns vorstellen, Ihnen die Reise von Stuttgart nach Aachen zu bezahlen.« [Die Fahrkarte kostete einen abenteuerlichen Millionenbetrag, aber in Dollarwährung wird das wohl in der damaligen Inflationszeit nicht mehr als fünfzig Mark gewesen sein.] Ich fuhr nach Aachen. Der Intendant hieß Francesco Sioli und sah auch so aus. Wieder war es Morgen, wieder war der Theatersaal leer und dunkel, und der Intendant sagte: »Spielen Sie mir doch mal diese komische Rolle vor, die Sie in Stuttgart gespielt haben.« Ich sprang auf die Bühne, und als ich fertig war, sagte der Intendant: »Sie sind kein Komiker. Ich sehe Sie mehr als jugendlichen Helden. Na, es wird sich schon herausstellen.« Und so wurde ich Schauspieler am Stadttheater in Aachen und mußte nicht mehr im Hintergrund stehen.

»Wenn Sie Schauspieler sind, das ändert natürlich alles. Dann können Sie sofort einziehen. Auch über den Preis läßt sich reden. Zwei Dollar im Monat, ein Schlafzimmer und ein gutes Zimmer, oder ist das zuviel? Und wenn Sie nicht verheiratet sind, das ist sogar noch besser. Ich habe Damenverkehr bei mir ganz gerne — besonders Damen vom Theater. Sie verstehen, ich wollte nämlich selbst Schauspieler werden, als ich jung war.«

So sprach Herr Hermann Krankowski. Er war von Beruf Setzer. Die Wohnung lag über den Druckereisälen der katholischen Zeitung »Der Volksfreund«. Herr Krankowski arbeitete da seit mindestens fünfundzwanzig Jahren. Seit fünfundzwanzig Jahren setzte er tugendhafte und religiöse Artikel, meist nachts, während Frau Krankowski schlief. Unzählige Morgen habe ich fahl durch die Fensterscheiben aufdämmern sehen mit ihm — während Frau Krankowski schlief. Er hatte ein lustiges Zwinkern in den Augen, für das in den Artikeln des »Volksfreunds« kein Raum war. Manchmal, um Frau Krankowski nicht zu wecken, zog die ganze junge Schauspielergruppe mit Herrn Krankowski in die Küche. Piano-piano sangen wir dort Operettenlieder zur Gitarre, und es wurde getanzt, Herr Krankowski saß dabei auf dem Kohlenkasten; sein Zwicker glänzte, er wiegte sich im Takt hin und her, trank Kornschnaps und schlief dann beseligt ein — und immer im rechten Augenblick. Später, gegen sieben, wenn es schon keine »Theaterdamen« in der Wohnung mehr gab und die katholischen Kirchenglocken über den »Volksfreund« zur Frühmesse läuteten, rüttelte ich ihn wach. Auf Zehenspitzen schlich er die Treppe hinunter in den Hof, und dann, wie wenn er gerade aus dem Setzersaal von der Nachtarbeit käme, stellte er sich unter das Fenster der Frau Krankowski und pfiff auf beiden Fingern. »Guten Morgen, Emma!« rief er. »Das war mal wieder eine lange Arbeit heute.« Frau Krankowski zeigte ahnungsloses hausfrauliches Mitleid, aber als ich nach zwei Jahren auszog, bedankte sie sich bei mir für die »amüsanten Nächte, mit denen Sie meinem Hermann so viel Freude gemacht haben«.

Im Schauspieler-Idiom gibt es den Ausdruck: »Eine

Rolle hinlegen«. Auf der Bühne in Aachen habe ich ein paar Rollen »hingelegt«, die liegen jetzt noch dort; und so leicht kehrt sie keiner weg von der Bühne. Dort liegen im hellen Durcheinander meine Liebhaber und Komiker und Helden, und sogar Operettenbuffos. Ihre Geburt ging nicht immer friedlich vor sich. In der damaligen Zeit war das Bühnenschaffen in einen heftigen Krieg der Stile verwickelt. Durch ganz Mitteleuropa bekämpften sich vendettagleich zwei »Darstellungsauffassungen«, der Naturalismus und der Expressionismus. Der Expressionismus, rückschauend gesehen wie eine fieberhafte Pubertätskrankheit, wollte, wie alle Moden, seine Zeit ausdrücken. Die Zeit gebärdete sich revolutionär. Alle bürgerliche Überlieferung galt es niederzureißen. Der Weg sollte freigemacht werden für eine neue Zukunft, eine von den vielen Zukünften, die man während der ganzen Vergangenheit der Menschheit versprach. So standen wir schwitzend mit geballten Fäusten vor blauen Dreiecken in orangefarbenen Scheinwerfern, knickten den Körper in der Hüfte schief, warfen den Kopf eckig in die Höhe, stampften über die Bühne, wie fünfundzwanzig Jahre später Orson Welles, wurden auf rollenden Bändern nach vorne und rückwärts geschoben. Eine überdimensionale rote Kugel stellte einen Bahnhof dar, ein Quadrat aus Eisenschienen konnte ein Gebirge sein, und wenn es plötzlich ganz dunkel wurde und aus der Versenkung Beckenschläge und Pauken hörbar wurden, behauptete irgend jemand, es sei Ostern. Diese bekennerisch verkrampfte Bewegung lag in den Händen unseres jungen Oberregisseurs. Die verstaubte altväterliche Tradition wurde vom schon alternden Intendanten verwaltet. Wenn da jemand einen Spazierstock trug, dann war das ein Spazierstock. Um sich als Schauspieler zwischen den Dreiecken und den Spazierstöcken durchzumogeln, ohne es mit der einen oder der anderen Richtung zu verderben, verlangte eine diplomatische Geschicklichkeit und Überzeugungslosigkeit, die mir später bei politischen oder sozialen Wirren sehr zustatten kam. Ich war ein perfekter Kollaborateur nach beiden Seiten. Freitags bellte ich als Erneuerer meine Da-da-Dialoge in »Gas« von Georg Kaiser, und samstags spielte ich den Gefängniswärter Frosch in der »Fledermaus«, der im Suff in den Schrank geht statt durch die Tür.

In der Stadt, auf den Straßen, die man als junger Schauspieler nur durch Schleier sieht, denn man schwebt eigentlich ein paar Zentimeter über dem Pflaster von der Wohnung bis zur Bühnentür — sah es ähnlich aus wie im Theater. Nur bösartiger. Durch den Dunst der Erinnerung sehe ich französische Kavalleristen mit gezogenem Degen in die Bevölkerung reiten, höre ich Clairons schneidend und gefährlich, klingen die Hupen der Polizeiautomobile und die grellen, aufgeregten Glocken der Feuerwehr. Das störte einen, wenn man gerade eine Rolle im Kopf hatte. Man erkundigte sich bei der Bevölkerung, die für einen nur »Publikum unterwegs« bedeutete, und bekam erklärt, das sei die Separatistenregierung gegen die Besatzung oder die Besatzung gegen die Kommunisten oder die Sozialisten gegen die Separatisten oder die Schmetterlingssammler gegen die Briefmarkensammler. Manchmal wurde es so ernst, daß die Abendvorstellung ausfiel. Das nannten die Leute Belagerungszustand. In all dem Wirrwarr wurden langsam die Zigaretten teurer, und das Bier stieg im Preis. Man hatte gehofft, nach dem Kriege gebe es wieder zu essen. Jetzt sah man, daß das, was es immer noch nicht zu essen gab, nur viel mehr Geld kostete. Wir aßen in einer Stammkneipe. Sie hieß: »Hinter dem Herrgottsarsch«. Sie wurde so genannt, weil vor dem Wirtshaus eine große Christusstatue stand, mit der Rückseite zur Eingangstür. Dort habe ich manche Monate zum Abendessen nur Brötchen mit Senf bekommen und sehr dünnes Bier getrunken. Aber noch heute, wenn ich sehr guter Laune bin, esse ich Brötchen mit viel Senf und verziehe dazu keine Miene. Denn der Senf schmeckt noch wie Butter, und es erinnert mich an die poetischen lustigen Komödiantengespräche, an all den Zauber unseres Berufes, der besonders dann in der Stube herumging, wenn die Alten sprachen, die noch von Dorf zu Dorf gezogen waren in ihrer Jugend und die noch mit dem großen Soundso und der noch größeren Soundso gespielt hatten. Um uns herum saßen die von der Kunst magnetisch angezogenen »Halbbürger« der Stadt, die eigentlich um diese Zeit ins Bett gehörten, und die wahrscheinlich zu Hause ihren Frauen vorlogen, sie wären Kegeln gewesen; und zwischen uns saßen die Schauspieler-Bräute, die uns leise ins Ohr flüsterten, sie wollten mit uns fliehen — und dann später doch einen Apotheker heirateten. Das waren lange, weiße Nächte. Besonders schön war es, im Winter gegen Morgen nach Haus zu gehen, weil die klassischen Dialoge und Monologe, die wir beim Nachhausegehen zitierten und diskutierten, im Schnee so klar klangen und doch so gedämpft. Einen gab es zwischen uns, der war ein mißratener Konditorssohn der Stadt Aachen. Er wurde Paule genannt. Er versuchte schon seit zehn Jahren, es zu etwas zu bringen. Die bloße Tatsache jedoch, daß sein Vater Konditor war, ließ ihn in den Augen der Truppe als unpoetischen Menschen erscheinen, und er durfte nur sagen: »Die Pferde sind gesattelt«, oder Tabletts mit Visitenkarten auf die Szene bringen. In diesen Schneenächten aber umarmte er die Laternenpfähle und kniete in Schwärmer-Versen vor ihnen nieder: »Ich zählte zwanzig Jahre, Königin, in strengen Pflichten war ich aufjewachsen, in finsterm Haß des Papsttums aufjesäucht, als mich die unbezwingliche Bejierde hinaustrieb auf das feste Land ...« Wir ließen ihn dann allein.

Die Schönheiten unseres Berufs, die Romantik der Anfängerjahre haben mich in Aachen nicht einen einzigen Tag im Stich gelassen. Auch nicht, wenn es hart zuging. Eines Abends spielten wir die »Nibelungen« von Hebbel. Es war im zweiten Teil. Wir Burgunder kamen von unserem siegreichen Eroberungsfeldzug gegen Etzel zurück. Ich spielte den Königssohn Giselher. Mit langer blonder Perücke, einen schweren Helm mit Widderhörnern, der jeden Moment herunterzufallen drohte, auf dem Kopf; mit Spieß und Schild bewaffnet, die ich kaum schleppen konnte, die schmale Brust und die dünnen Beine auswattiert, so stürmte ich neben meinem Bruder Gernot aus der rechten Kulissengasse in den Schloßhof unserer Väter. Wir wurden freudestrahlend vom dicken Koch, dem Ersten Komiker, erwartet. Er schloß uns nach zehn Jahren Trennung freudeglucksend in die Arme und drehte sich mit uns zwei- bis dreimal im Kreis herum. Das war seine eigene Idee. An diesem Abend fiel er dabei platt aufs Gesicht. Das Publikum freute sich riesig und klatschte überraschend in die Szene hinein. Es klatschte ungewöhnlich lange, und als der Applaus zu Ende war, stand der Koch immer noch nicht auf. Wir hoben ihn hoch. Er war tot. Ich flüsterte dem Gernot irgend etwas Erschrockenes zu. Der machte ein Zeichen; der Vorhang fiel. Das Publikum dachte, es sei Aktschluß, und klatschte noch immer.

Ein paar Tage später begruben wir den Herrn Hoffmann. Es war morgens, viel zu früh für Schauspieler. Im Nebel sahen die Gesichter der Schauspieler blau aus, und die Schminke vom Abend vorher schien noch nicht ganz abgewischt. Wir froren. Die Witwe, schon eine alte Frau, weinte sehr. Neben mir stand der Zweite Komiker, der im Gegensatz zum Ersten traditionsgemäß spindeldürr war. Der Bonvivant näherte sich dem Zweiten Komiker und sagte zu ihm: »Ich glaube, du mußt eine Rede halten. Man kann doch nicht so ohne irgend etwas...« Der Sarg ging schon in die Tiefe. Der Zweite Komiker: »Aber ich kann so was nicht... solche Gelegenheiten... ich bin kein Redner...« Der Bonvivant: »Du mußt. Die Leute warten. Es wird dir schon was einfallen.« Pause. Der Zweite Komiker, nach langem Nachdenken: »Ja — jetzt fällt mir was ein!« Er stapfte auf seinen langen Operettenbeinen hinüber zum Grab, zog den Zylinder, reichte der Witwe die Hand und sagte: »Wer hätte das gedacht?« Das war alles.

Ganz langsam drang durch das Durcheinander meiner Entwicklung doch ein politischer Gedanke. Er hatte mit meiner Heimat zu tun. Die Aussöhnungsbestrebungen zwischen Deutschland und Frankreich ließen mich nicht locker. Im Elsaß war eine deutsch-französische Literatur entstanden: Zweisprachige Gedichte, Ivan Goll, René Schickele, Rainer Maria Rilke. Es gab ein Buch, das hieß: »Menschheitsdämmerung«. In meiner Freizeit begann ich mit diesen Gedichten in Versammlungen aufzutreten. Die Literatur, die das

Andenken an die ersten Friedenskämpfer wachhielt, interessierte mich mehr und mehr. Ich las Briefe von Karl Liebknecht und Rosa Luxemburg vor. Ich trat in Versammlungen der Deutschen Friedensgesellschaft auf und auf deutsch-französischen Arbeiterkongressen. Ich reiste im Lande herum, ich machte Vertragstourneen durch Gefängnisse und Zuchthäuser. Ich trug bei solchen Versammlungen ein Hemd aus schwarzer Seide, das mir sehr gefiel und wahrscheinlich meine Zuhörer sehr deprimierte. In Reimen schien mir das vereinigte Europa und der Weltfriede bereits sehr nahe. Das praktische Resultat bekümmerte mich wenig. Die Wirkung auf das Publikum war mir viel wichtiger.

Wirkung war überhaupt alles. Jetzt standen wirklich Mädchen an der Bühnentür, und die Leute in der Straßenbahn kannten einen schon, und sonntags im Stadtpark, wenn das städtische Orchester spielte, konnte man unter den Kastanienbäumen auf der Promenade seinen eigenen Namen flüstern hören, jedenfalls schien es einem so. Man bekam sogar schon zehn Prozent Künstler-Rabatt in den Geschäften, ohne danach zu fragen. Nach zwei Jahren gab es kein Weiterwachsen der Popularität mehr, der Zenit war erreicht. Aachen mit seinen 80 000 Einwohnern war nicht mehr groß genug. Ich besaß ein Buch mit dem Titel »Der Deutsche Bühnen-Almanach«. Darin waren sämtliche Theater, ungefähr 350 in ganz Deutschland, verzeichnet, dazu ihre Spielpläne, wieviel Sitze der Zuschauerraum faßt, die Einwohnerzahl. Ich wurde rastlos. Ich fing also karrierenhungrig an zu blättern in den Städten über 100 000. Ich blätterte ganze Nächte durch. 100 000 ... 150 000 ... 160 000 ...

Und so hatte ich mich eines Tages in einen Zug nach Dortmund in Westfalen geblättert. [200 000 Einwohner, Zentrum der Stahl- und Kohlenindustrie des Ruhrgebiets. Zweck der Reise: wieder mal vorsprechen.] Der Zug war ungewöhnlich. In diesen Tagen war die Ruhr besetzt, und in der ganzen Gegend wurden alle Transporte von der deutschen Widerstandsbewegung gegen die Alliierten sabotiert. Mich hätte jedoch keine Streikbewegung, ganz gleich aus welchen Motiven, von einer Reise zum Vorsprechen abhalten können. So saß ich in einem »alliierten« Zug. Er bestand aus vier Wagen I. Klasse und einem Speisewagen. Er fuhr im Schritt, auf der Lokomotive stand ein Maschinengewehr, vor der Lokomotive nur eine Draisine mit schußbereiten französischen Soldaten. Die vielen Abteile waren leer. Irgendwo hinter heruntergelassenen Vorhängen saßen ein paar englische Secret-Service-Leute, die mit belgischen Offizieren Karten spielten. Im Speisewagen trank ein französischer General allein und viel. Erst nach acht Stunden waren wir in Köln. Normal hätten wir nach einer Stunde da sein müssen. Der Riesenbahnhof in Köln war völlig verödet. Nachmittags ging ich in den Speisewagen. Das viel zu reichhaltige Essen wollte mir nicht schmecken. Irgend etwas lag in der Luft, was mich nicht schlucken ließ. Der französische General lud mich ein, an seinem Tisch Platz zu nehmen. Er sah aus, wie wenn er jeden Augenblick in die Luft gesprengt würde. Ich dachte, »es ist nicht angenehm, ein Eroberer zu sein«. Mir selbst wurde immer mulmiger, wie ich so mutig durch meine politische Gewissenlosigkeit und durch gefährliches Gebiet reiste. Hinter Düsseldorf, es war schon dunkel, stiegen ein paar rheinische Bauern ein. Sie sagten, ihnen sei alles egal, sie müßten Futter einkaufen für ihr Vieh. Das beruhigte mein Gewissen. Plötzlich, auf freier Strecke, hielt der Zug. Ein französisch-deutscher Dolmetscher kam und erklärte, das sei das Ende. Wenn ich zu Fuß dem Gleis nachginge, würde ich nach ungefähr zwei Kilometern auf unbesetztes Gebiet kommen, dort verkehrten deutsche Züge, und von da aus könnte ich weiter nach Dortmund fahren. Ich stieg aus. Die Bauern auch. Ich schleppte meinen Koffer über die spitzen Steine, die zwischen den Schienen waren, und ein riesenlanger Senegalneger mit aufgepflanztem Bajonett begleitete uns, um uns gegen fanatische Patrioten zu schützen. Die Nacht war so schwarz wie der Senegalneger. Wir wanderten und wanderten — es geschah nichts. So kamen wir zu einer kleinen Bahnstation, Herne hieß der Ort. Dort stand ein Personenzug unter Volldampf. Der Morgen graute. Ich stieg in ein überfülltes Coupé, nahm meine Rollenbücher vor, und fing an zu studieren. Der Zug fuhr aber nicht ab. Er blieb verdächtig lange stehen. Ich hörte draußen Stimmengewirr, Schritte, die näher kamen ... durch den Zug ... dann flog meine Coupé-Tür auf, zwei oder drei deutsche Freischärlersoldaten standen vor mir, einer schrie mich an: »Hände hoch — aussteigen!« Ich fand mich dann auf dem Bahnsteig, umgeben von der Patrouille und von Zivilisten, die mich lynchen wollten. Die Soldaten hielten sie fern mit der tröstenden Versicherung: »Den überlaßt uns, wir werden schon mit ihm fertig!« Ein Major in kurzem Pelzmantel mit Monokel und Reitpeitsche zwängte sich durch die Menge. »Sind Sie Ernst Toller?« fragte er mich. Ich hätte gerne ja gesagt, denn obwohl Ernst Toller in diesen Tagen ein von den Freikorps gejagter Mensch war und ein hoher Kopfpreis auf ihn gesetzt war, bewunderte ich seine Gedichte, die er im Gefängnis geschrieben hatte, und seine ekstatischen, menschheitsliebenden Stücke. Eines davon, »Die Wandlung«, hatte ich, als ich sechzehn war, einmal in meiner Heimatstadt auswendig von Anfang bis zum Schluß vorgetragen, in einer Veranstaltung für die revolutionäre Jugend des Saarlandes, und auf dem Programm hatte gestanden: »Personen über 21 Jahren ist der Eintritt verboten.« Meine Antwort an den Major war also: »Leider nein.« Er sagte: »Geben Sie mir Ihren Paß.« Inzwischen packte mich schon ein Unteroffizier beim

Kragen. Der Major, von heute aus wie als Einblendung gesehen, wahrscheinlich ein sehr humorvoller und anständiger Mensch, herrschte ihn an: »Sind Sie verrückt geworden?« Ich hatte ihm inzwischen meinen roten Saarpaß ausgehändigt, den er sich nicht ansah, sondern an dem er roch. Obwohl ich nur ein knappes Salär bezog, liebte ich Lavendelwasser. »Das riecht ja schon sehr französisch«, sagte er. »Natürlich Schauspieler... aber das kann jeder sagen. Sie können auch ein alliierter Spitzel sein. Haben Sie irgendwelche Beweise?« Ich sagte: »Herr Major, sorgen Sie, daß der Zug abfährt. Wenn ich zu spät nach Dortmund komme und nicht mehr vorsprechen kann, dann werde ich Ihr Freikorps auf Schadenersatz verklagen.« Er schmunzelte. »Sie scheinen ja wirklich Schauspieler zu sein.« Ich: »Und wenn Sie's nicht glauben, ich spreche Ihnen sofort hier vor.« Er: »'n Klassiker?« Ich: »Den Ferdinand aus ›Kabale und Liebe‹?« Er: »Los!« Ich sprang in meine Lieblingsstelle: »... Laß auch Hindernisse wie Gebirge zwischen uns treten, ich will sie für Treppen nehmen und drüber hin in Luisens Arme fliegen.« Der Major: »Kennen Sie auch die Szene mit Lady Milford?« Ich: »Sie meinen: ›Umgürte dich mit dem ganzen Stolz deines Englands, ich verwerfe dich, ein deutscher Jüngling!‹« Der Major: »Sie gehen in Ordnung. Fahren Sie — mit Gott.«

In Dortmund wurde ich Regisseur, und es kam so: Ich hatte schon eine Reihe komischer und halbkomischer Rollen gespielt, als mir im »Götz von Berlichingen« der Graf von Weislingen zugeteilt wurde, ein sehr aristokratischer, dekadenter, macchiavellihafter Fürst, der im Lauf des Stückes, an seinen eigenen Intrigen zugrunde gehend, im Kampf gegen das freie Bauerntum des Mittelalters einen einsamen Tod stirbt — Symbol des untergehenden Feudalismus. Schon auf den Proben fand ich mich nicht ganz die ideale Besetzung, jedoch schminkte ich mit Verzweiflung in mein rundes, unfürstliches Kindergesicht die vielen Falten, die ich mir im Kino bei Conrad Veidt abgesehen hatte, und hob mich in den Schuhen mit Holz- und in den Schultern mit Stoffeinlagen zu adliger Größe. Seit einigen Monaten schon hatten historische Klassiker in mir irritierende Störungen hervorgerufen. Manchmal, in welthistorischen Momenten, wenn ich Frieden erklärte oder meine Gefolgschaften zu Schlachten aufrief, passierten mir visionäre Zwischenfälle. Der Glaube bekam plötzlich einen Riß, ich blickte in das Gesicht des Kaisers von Rom und sah ihn schon abgeschminkt hinterm Bier sitzen. Und wenn eine Halbgöttin ihren Giftbecher austrank, wußte ich plötzlich, es ist Luft, was sie schluckt, und sie wird noch eine halbe Stunde später aufstoßen müssen. Es passierte mir dann, daß ich von diesen slapstickhaften Visionen verfolgt mitten in der ernstesten Szene blitzartig von Lachanfällen heimgesucht wurde. Auch die Sprechweise meiner Kollegen um mich herum schien mir in solchen Stücken wie auf Stelzen zu gehen. Die Worte schienen mir hohl und klangen oft, wie wenn einer in einem Museum anfängt zu singen. Ich kämpfte gegen diese Krise an, mit einer geradezu fanatischen Sucht zur Echtheit. Ich brach den Rhythmus der Verse und sprach völlig isoliert vom Ensemble meine Monologe so, wie wenn man ein Billett auf der Straßenbahn verlangt. Ich unterspielte, bis ich nicht mehr spielte. Und so starb ich eines Abends als Weislingen. Es war vor einem ausverkauften Haus. Ich hatte das Gefühl einer großen Gestaltung. Ich spürte auch deutlich die Teilnahme des Publikums, während ich um Atem rang und um meine letzten Worte. Ein Raunen der Ergriffenheit kam aus dem schwarzen Loch. Es trug mich wie einen Schwimmer die Welle. Ich legte mich vertrauensvoll hinein und starb den schönsten Tod. Doch als der Vorhang fiel und keine Hand sich zum Applaus rührte, wußte ich plötzlich: Das Raunen war Lachen gewesen. Und das Gelächter hielt noch an, als der Zuschauerraum schon hell wurde.

Am nächsten Morgen wurde ich zum Intendanten zitiert. Er hieß Herr Scheffer, und er sagte mir, meine Stellung sei gefährdet. Man hätte mich nicht nur für lustige, sondern auch für tragische Rollen engagiert, und ich sei im Drama eine glatte Katastrophe. Vor ihm lagen Zeitungsbesprechungen, die er mir erst gar nicht vorlas. »Die Gage, die wir Ihnen zahlen, ist infolgedessen zu hoch. Sie leisten nur die Hälfte von dem, wozu Sie eigentlich verpflichtet sind. Ich kann Ihr Salär vor dem Stadtparlament nicht verantworten; deshalb mache ich Ihnen einen Kompromißvorschlag: Entweder Sie demissionieren, oder Sie arbeiten für die Hälfte des Geldes, oder Sie werden Regisseur. Sie sehen so aus, wie wenn Sie das könnten. Ich habe das im Instinkt.« Meine Antwort war schnell und eindeutig: Ich war tief gekränkt. »Ich arbeite nicht für ein reduziertes Gehalt, und vor allen Dingen bin ich Schauspieler, und bin nicht zum Theater gegangen, um Regisseur zu werden.« »Es ist kein so ein schlechter Beruf«, sagte er. »Ich gebe Ihnen achtundvierzig Stunden – überlegen Sie es sich.« Ich liebte damals eine Sängerin. Sie meinte: »Mach's. Verlaß mich nicht.« Der Intendant Scheffer schloß am nächsten Morgen die Debatte: »Und damit Sie nichts verderben können, geb' ich Ihnen als erstes Stück eine Komödie mit nur zwei Personen zu inszenieren – da kann nicht viel passieren ... ›Tageszeiten der Liebe‹, von Dario Niccodemi.«

Am Tag der Stellproben lief ich von morgens um sechs Uhr bis um zehn, die Stunde des Probenbeginns, sinnlos in der Stadt herum, solches Lampenfieber hatte ich. Ich lief durch eine hektische Stadt, durch Tausende von streikenden Gruben- und Metallarbeitern, durch einen Regen von Flugblättern, die aus französischen

Inszenierung von ca 200 Theaterstücken

Flugzeugen niederfielen und die Poincarésche Besetzung ankündigten; an hastig gedruckten Plakaten entlang, die zu Sabotageakten aufforderten; an Menschenschlangen vorbei, die vor den Bäckerläden auf Brot warteten, das eine Million Mark pro Stück kostete. Und ich dachte dabei nur an meine Probe. »Das einzige ist, die Schauspieler so spielen zu lassen, wie *ich* die Rollen spielen würde, wenn ich sie spielen *dürfte.* Da kann ich durch die Schauspieler beweisen, daß ich die Rolle eigentlich hätte spielen *sollen,* und dann wird man einsehen, daß ich ein viel besserer Schauspieler bin, als man annahm...«, dachte ich verzweifelt.

Diese prinzipielle Einstellung zu meinem neuen Beruf hat mich nie verlassen. Viel hat sie mir nicht genützt. Ich bin immer noch Regisseur.

Bei den Proben, wenn Erklärungen nichts mehr nützen, springe ich auf die Szene und spiele sie selbst. Männer, Frauen, Kinder, Großmütter, von nichts lasse ich mich abschrecken, und von keiner Sprache. Die Schauspieler sagen dann oft: »Warum spielen Sie die Rolle nicht selbst?« Von ihrer Aufmunterung habe ich mich manchmal hinreißen lassen, und wenn immer ich gespielt habe, hat mir meine Frau gesagt: »Ich glaube, du bist ein guter Regisseur.«

Ich habe zirka zweihundert Stücke inszeniert und habe in dieser Zeit mit vielen guten Schriftstellern zu tun gehabt. Mit Goethe, Shakespeare, Molière, Schiller, Tolstoj — auch mit lebenden. Mit Pagnol, Gerhart

Hauptmann, Ben Hecht, Romain Rolland und vielen anderen. Ich habe versucht, der Übermittler ihrer Gedanken an die Schauspieler und ans Publikum zu sein. Außer ein paar ganz anfänglichen Jugendsünden habe ich dabei immer darauf gesehen, mich als Regisseur so weit wie möglich in den Hintergrund zu stellen. Ich habe mir hierfür immer einen Satz zum Vorbild genommen, den Toscanini einmal bei einer Probe in der Pariser Oper gesagt haben soll: »Meine Herren, es ist doch so einfach. Sie brauchen nur das zu spielen, was geschrieben steht.«

Tragische und komische, klassische und moderne Stücke habe ich inszeniert. Opern, Operetten und politische Zeitstücke, Possen, alles durcheinander. Von einer Art zur andern zu wechseln und nicht festgelegt zu werden auf einen Stil oder eine Spezialität, war meine einzige Ambition. Deutsche, russische, französische, italienische, amerikanische, englische, indische, chinesische Bühnenliteratur war mein Arbeitsbereich, eine internationale Welt des Geistes und der Kunst — die einzige Internationale, an die ich glaube.

Viele Stücke habe ich vergessen. Von den Werken, an die ich mich erinnere, sind mir die meisten Details entfallen. Ich glaube, sie sind durch mich hindurchgegangen wie durch ein Sieb, zurückgeblieben ist ein Sich-Auskennen in dramatischen Situationen jeder Art. Ich finde mich in ihnen wahrscheinlich mindestens so gut zurecht wie im richtigen Leben. Und weil ich mehr

Zeit mit dem *gespielten* Dasein verbracht habe als mit dem *wirklichen*, kommen mir die tatsächlichen Momente meiner Existenz und der Existenzen um mich herum oft nur vor wie nicht ganz gelungene Kopien des gespielten Daseins.

Eines Tages wurde die Dame, die mich einst gebeten hatte, sie nicht zu verlassen, an die Vereinigten Theater in Elberfeld-Barmen engagiert, als Sängerin — ich infolgedessen als Regisseur.

Dort gab es viel Abwechslung, denn der Leiter dieser Bühne, ein Doktor der Philosophie mit sehr lebenslustigen Augen hinter sehr dicken Brillengläsern, war in Düsseldorf am Rhein verliebt. Er mußte deswegen jede Woche von neuem plötzlich wegfahren und gab mir gerne die schönsten Meisterwerke der Weltliteratur ab, wenn er dafür in Düsseldorf am Rhein mit seiner Liebe Tennis spielen konnte.

Zwischen Elberfeld und Barmen, hoch über den Schornsteinen der Seiden- und Stahlfabriken, fährt eine Schwebebahn durch die Luft. Man hat das Gefühl, in einer fliegenden Straßenbahn zu sitzen. Die Schaffner behaupten stolz, es sei eine amerikanische Erfindung. Und immer wenn ich von meinem Hotelzimmer zur Probe nach Barmen flog oder von der Vorstellung in Barmen zurückflog zur Nachtprobe in Elberfeld, dann dachte ich mir: Hoffentlich hält die Liebe des Intendanten noch lange an, bis zur »Fledermaus« oder bis über »Viel Lärm um nichts« hinaus, bis zur »Heiligen Johanna« und noch weiter... und die Liebe hielt über ein ganzes Repertoire, beinahe zwei Jahre.

Ich verdanke der Düsseldorfer Dame die Erweiterung meines Betätigungsfeldes, das für einen jungen Regisseur nie weit genug sein kann. Ich verdanke es auch dem Vertrauen, das die Männer in den verantwortlichen Stellen zu einem so jungen Anfänger hatten, der mindestens so viel Fehler aufzuweisen hatte wie Talent. Wann immer ich zurückblicke, finde ich meinen beruflichen Lebensweg voll von Menschen, denen ich etwas verdanke. Da verdanke ich zum Beispiel einem alten Schauspieler in Elberfeld eine Erkenntnis. Der Mann hieß Walther Siegel, und er spielte einen Kammerdiener in Georg Kaisers »Kolportage«. Mir ging damals nichts schnell genug, ich jagte meine Schauspieler nur so über die Szene. Sie trugen alle einen unsichtbaren Propeller im Hintern und schossen atemlos wie Raketen durch die Kulissen und ihre Texte. Der alte Mann, der Erschöpfung nahe, hielt plötzlich inne, drehte sich zum leeren Zuschauerraum, wo ich hinter meiner Regielampe saß, und sagte: »Junger Mann, Hast ist noch keine Schnelligkeit, und Schnelligkeit ist noch keine Kraft.« Ich brach ab. Wir gingen nach Hause, zum viel zu späten Mittagessen. Und als ich am nächsten Morgen zurückkam, bestand ich darauf, daß alles noch viel schneller gehen müßte. Aber der Satz des alten Siegel ging mir nicht aus dem Kopf. Er fing an, in meinem künstlerischen Gewissen zu klopfen wie ein hohler Zahn. Er hat mir viel geholfen und mich später zu mancher Einsicht gebracht. Und ich schreibe ihn hier nieder, damit ich ihn nie wieder vergesse.

Der Bereitwilligkeit, dem Nachwuchs manche Jugendsünden zu verzeihen, verdanke ich manchen gelungenen Sprung über manche gefährliche Klippe. In Elberfeld mußten wir Regisseure unsere Bühnenbilder und Pläne selbst entwerfen. Ich kam mit den Dimensionen nie ganz richtig in Gang — schon in der Schule beim Zeichnen nicht. So trat ich eines Tages ins Intendantenzimmer und zeigte meine Skizzen für eine Operette vor. Der Intendant zog hinter den dicken Brillengläsern die Augen ganz dicht zusammen und sagte: »Das finde ich sehr interessant, was Sie da vorhaben. Nur im zweiten Akt — warum da der Dichter in seinem Junggesellenschlafzimmer einen Schreibtisch stehen hat? Muß denn das sein?« Ich sagte, ein bißchen eingeschüchtert: »Herr Intendant, das soll kein Schreibtisch sein, das ist ein Stiefelknecht.« Der Intendant lächelte nur. Er hieß Doktor Paul Legband.

Es blieb mir fast immer nur wenig Zeit, meine neue Arbeit vorzubereiten. In den meisten Fällen brachte einem der Kanzleidiener am Abend der Premiere das Buch zu einer neuen Inszenierung. Dann mußten nur wenige Tage und Nächte ausreichen, um sich eine Vision aufzubauen. Die einzige Hilfe in solchen Fällen war ein planvolles Regiebuch, so daß man nicht nur auf momentane Eingebung für die Proben angewiesen war. Ich legte die kleinste Kleinigkeit so weit wie möglich schon zu Hause am Schreibtisch fest. Neulich fiel mir mal wieder ein Regiebuch aus diesen Zeiten in die Hände. Es sieht aus wie ein Eisenbahn-Fahrplan. In die Worte sind Ziffern und Nummern eingeschrieben, in rote Kreise und farbige Dreiecke und Rechtecke, da steht A-1, der Schauspieler X, nimmt die Zigarette mit der linken Hand aus dem F, B-2 geht hinüber, setzt sich in C. A-3: er schlägt die Beine übereinander, A-4: er seufzt. 18: Hinter dem Fenster geht ein roter Scheinwerfer an; es schwirren einem die Parabeln und geheimnisvollen Code-Nummern nur so vor den Augen. Diese viel zu programmatische Ausarbeitung im vorhinein ließ mich bald nach mehr Freiheit sehnen, mit der sich die Phantasie ungebundener entwickeln konnte. Ich wollte mehr Proben, mehr Vorbereitung, und so formte sich in mir gegen meine natürliche Faulheit die Ambition, Karriere zu machen. Ich wollte an ein Theater mit Zeit, ein Theater mit Geld.

Ich fing also wieder an, im Bühnenalmanach zu blättern. Aber bevor ich die Seiten noch richtig aufgeschlagen hatte, kam eines Tages ein Telegramm, das mich bat, vorläufig kein Engagement für das nächste Jahr anzunehmen, und mich einlud, nach Wien zu kommen

„Virginia"

... zu Vertragsverhandlungen mit dem Burgtheater. So saß ich eines Morgens im österreichischen Kultusministerium einer liebenswürdigen Exzellenz mit Silberhaar und sehr vielen Titeln gegenüber. Der Herr sah aus wie in einer Operette von Strauß. Sein Büro in Mahagoni und kardinalrotem Leder wirkte wie ein Arbeitskabinett von Watteau gemalt. Durch die Fenster schauten die Konturen der habsburgischen Schlösser wie auf einem Gobelin. Das Vogelgezwitscher klang, wie wenn die Flötisten Mozart üben. Ich kam mir überhaupt vor, als ob ich nicht in eine Stadt gereist wäre, sondern in ein Kapitel von Schnitzler oder in einen Akt von Raimund. Alles war unwirklich. Ich habe auch in Wien geheiratet.

Die Exzellenz erklärte mir demonstrierend, wie man eine österreichische Zigarre anzündet. Eine Virginia, eine Zigarre der Hofräte. Sie ist lang, sehr lang und sehr schlank, und durch sie hindurch läuft ein dünner Strohhalm. Man nimmt die Zigarre zwischen Zeigefinger und Daumen der linken Hand, zieht mit der rechten Hand den Strohhalm heraus. Dann legt man die Zigarre über den Rand eines Aschenbechers, zündet mit der linken Hand den Strohhalm in der rechten Hand an, und wenn der Strohhalm brennt, streichelt man mit seiner Flamme kreisrund immer um die Spitze der Zigarre herum, bis der Strohhalm zu Ende gebrannt ist und an der Spitze der Zigarre ein weißer Aschenkopf entsteht. Eine Virginia wird nicht angezündet, eine Virginia wird »angeheizt«. Währenddessen sprach die Exzellenz über den Niedergang des österreichischen Theaters im einzelnen, über den Tod des Theaters auf der ganzen Welt überhaupt, über die barbarische Zerstörung, die Film und Radio der Bühne zugefügt hätten und noch zufügen würden. Und dann ließ er mich wissen, mit dem kultiviert-melancholischen Lächeln des Präsidenten einer Beerdigungsgesellschaft, das österreichische Kultusministerium habe meine Inszenierungen gesehen und bewundert, es sei eh alles zwecklos, aber der österreichische Staat wolle mich trotzdem engagieren. Er schob mir ein bereits fertiggedrucktes langjähriges und sehr hoch bezahltes Vertragsprojekt zu, bat mich, ein paar Tage in Wien zu bleiben und es durchzustudieren, inzwischen sei ich der Gast seines Ressorts, mit Hotel und Auto und Logen in der Oper und im Burgtheater, und wenn mir das alles zusagen würde, »dann wäre die österreichische Regierung sehr geehrt... es sei zwar eh alles sinnlos...«

Am Morgen nach der Unterzeichnung fuhr ich zurück nach Deutschland, meine Übersiedlung zu arrangieren. Wo ich die Nacht vor der Abfahrt verbracht habe, weiß ich nicht mehr. Das letzte, was ich sah, waren viele kleine Luftballons und Damen und Herren, die für mein Geld mit brennenden Zigaretten die Ballons zerknallten. Am Morgen weckte mich der Diener im Grand-Hotel und sagte, es sei höchste Zeit, wenn ich meinen Zug noch erwischen wollte. Ich sauste in einem rappligen Taxi durch die Wiener Stadtkulisse, kam zum Bahnhof. Der Zug war weg. Der Taxichauffeur meinte, wenn er sehr schnell fahre, könne er den Zug noch in Mödling einholen. Das ist eine kleine Vorstadt. Der Morgen war so neblig wie mein Denkvermögen. Als ich nach meiner Brieftasche griff, um den Chauffeur zu bezahlen, winkte er ab: Es sei dazu kaum noch Zeit, er wüßte, um wen und was es sich handle, und er setze sich mit dem Portier vom Grand-Hotel in Verbindung... Dann schob er mich in die nächste Waggontür. Der Zug war schon im Abfahren. Ich stand im Speisewagen. Der Zugführer lächelte, als sich herausstellte, daß ich kein Billett hatte. Er wurde ein bißchen strenger, als ich auch kein Geld hatte, um mir eins zu kaufen. Vom Tisch gegenüber erhob sich ein Herr. Er sagte, er heiße Hans Hermann und sei Chirurg in Leipzig. Es sei ihm ein Vergnügen, mir vorzuschießen, wieviel Geld mir immer fehle. Danach trank ich noch einen Kaffee und schlief ein, bis ich in Elberfeld wieder aufwachte.

Meinen Sprung zum Burgtheater habe ich nie ganz begriffen. Während meiner ganzen Wiener Zeit habe ich mich nie ganz richtig von einem gewissen Aufzugs-Gefühl erholen können. Man ist immer noch ein bißchen taumelig, wenn man hoch oben ankommt. Aber dieser Burgtheater-Aufzug trägt einen nicht nur in die Höhe, er schmeißt einen auch ein paar hundert

Jahre zurück. Denn das Burgtheater ist ein altes Theater, mit einer Vergangenheit von Jahrhunderten, überladen von der kalten Pracht einer Tradition, die so leicht nicht mit sich reden läßt. Alles ist historisch, alles ist echt, alles ist alt.

Da gibt es zum Beispiel folgende Anekdote: Seit den achtziger Jahren des neunzehnten Jahrhunderts spielt das Burgtheater regelmäßig alle paar Wochen eine Komödie, die zu den Juwelen des ererbten Familienschmuckes der deutschen Literatur zählt: »Die Journalisten« von Gustav Freytag. Es ist ein Spiel, ein meisterhaftes, um das Leben einer Provinzzeitung. Zum Stab der lebenslustigen Redakteure gehört ein blutjunger Schriftsteller namens Bellmaus. Die Rolle muß ungefähr achtzehn Jahre alt sein, und sie wird natürlich am Burgtheater von einem Herrn zwischen fünfzig und sechzig gespielt, der mit viel Verve und Elastizität und einer blonden Perücke über seinen grauen Haaren einen Abend lang über die Bühne hüpft. Es ist eine Bombenrolle, von der alle Schauspieler träumen. Während einer der Vorstellungen sitzt ein junger Anfänger von vielleicht fünfundzwanzig Jahren in der Schauspielerloge und schaut neidisch auf die Szene. Er beißt sich die Nägel. In der Pause legt ein älterer Kollege von vielleicht fünfundvierzig Jahren ihm die Hand begütigend auf die Schulter und sagt: »Junger Freund, würden Sie so liebenswürdig sein und sich ein bißchen ruhiger verhalten — vielleicht machen Sie nicht immer mit Ihren Händen so herum — mich macht das nämlich sehr nervös — verstehen Sie? Für mich ist das nämlich ein sehr wichtiger Abend, heute... Ich bin nämlich sehr an der Rolle des Bellmaus interessiert und rechne damit, sie eines Tages zu spielen.«

Ich war damals fünfundzwanzig Jahre. In der bisherigen Geschichte des Burgtheaters hatte es noch nie einen so jungen Regisseur gegeben. Meistens werden Schauspieler nach fünfzig Jahren treuer Dienste zum Ehrenmitglied ernannt, und mit dieser Würde verbunden ist dann die Position eines Regisseurs.

Ein solcher war zum Beispiel der Herr von D. Einst leitete er eine Probe. Mit frischen weißen Glacéhandschuhen saß er im Ehrenmitgliedersessel. Die Probe beginnt. Eine tiefe Glocke läßt sechs feierliche Schläge ertönen. Das bedeutet nach Hausgesetz, daß jede Privatunterhaltung verboten ist. Nur die Texte des Stückes dürfen gesprochen werden. Der Regisseur allein hat das Recht zu unterbrechen. Viel unterbricht ein solcher Ehren-Regisseur nicht. Er zeigt nur, ein würdiger alter Herr, mit der Handschuhhand an, wo ein anderer alter Herr herkommen soll und ein anderer alter Herr hingehen soll. Er stützt sein Haupt gedankenschwer. Er liest die Dialoge im ledereingebundenen Regiebuch mit, andächtig und bedeutend. In die feierliche Atmosphäre summt plötzlich eine Fliege hinein und setzt sich auf die Stirn des Herrn von D. Ohne sie anzusehen scheucht er sie weg mit der Handschuhhand. Nach einer Weile kommt die Fliege wieder und setzt sich dem Herrn von D. auf die Glatze. Er scheucht sie wieder weg, aber er blickt immer noch nicht auf. Erst als sie nach ein paar Minuten noch einmal zurückkommt und sich ihm auf die Nase setzt, hebt er ein Auge, knipst sie mit dem Handschuhfinger weg, schaut ihr indigniert nach und sagt: »Wohl wahnsinnig geworden!«

Seit das Burgtheater besteht, ist noch nie am Ende eines Aktes oder eines Stückes ein Vorhang gezogen worden. Der Applaus ist eine Anerkennung. Der Schauspieler nimmt sie stolz entgegen, ohne sich zu verbeugen. Seit das Burgtheater besteht, ist noch nie ein Name größer gedruckt worden als der andere. Die Reihenfolge der Namen richtet sich nach der Reihenfolge der Auftritte. Das Programm überschreitet nie, bei keiner Gelegenheit, eine traditionelle, bescheidene Größe. Plakate gibt es nicht, und — kein Startum. Der Heiligenschein des Ruhmes ist kein Scheinwerfer. Er leuchtet diskret. Das Burgtheater hat Würde.

Ich hatte große Mühe, mit ihr Schritt zu halten. Mein Temperament stellte mir manchmal ein Bein. Eines Tages inszenierte ich ein Lustspiel, und ein Ehrenschauspieler hatte einen »Abgang«. Das Stubenmädchen sollte dem alten Grafen durchs Fenster nachsehen, sich zum Publikum umdrehn und sagen: »Esel!« Ich hatte das Gefühl, die Pointe saß nicht richtig. Ich wollte sie ausbessern; überlegte, wie; da kam der Schauspieler durch die Kulissentür zurück und sagte: »Ich glaube, wir müssen an der Szene was ändern.« Ich war sehr froh, daß er genauso empfand wie ich, und machte einen Vorschlag: »Wissen Sie, vielleicht sitzt der ›Esel‹ nicht genug — sagen wir doch lieber ›Trottel‹. Das ist stärker.« Der ehrwürdige Greis schaute mich gläsern an, schöpfte tief Atem, drehte sich um — und ward nicht mehr gesehn. Später erklärte man mir, daß es nach dem Hausgesetz des Burgtheaters unmöglich ist, über Ehrenmitglieder auf der Bühne abfällige Bemerkungen zu machen.

Ein anderer Zwischenfall ging besser aus: Wieder in einem Lustspiel [ich war damals Spezialist für Lustspiele] protestierte mitten während einer Generalprobe eine junge Schauspielerin gegen ein Kostüm, das ich für sie hatte entwerfen lassen. Sie meinte, es sei zu schwerfällig. Sie fühle sich nicht wohl, sie könne darin nicht spielen — wenn ich darauf bestünde, so gebe sie lieber die Rolle ab, und so weiter. »Würdig« bat ich sie, in diesem Kostüm die Probe zu Ende zu spielen und später gemeinschaftlich eine Verständigung zu suchen. Die Schauspielerin mußte wohl verstanden haben, daß der junge Regisseur einsam und verloren in dem musealen Tempel der Tradition in dieser Sekunde um seine Autorität kämpfte. [Der Zuschauerraum war voll von »Kompetenz« — Kritiker, Hofräte, Intendant und ein, zwei, drei Dramaturgen.] Sie willigte ein. Ich konnte sehen, wie schwer ihr das fiel. Sie hielt durch, »mit Würde«. Aber in der lustigen Szene, wenn sie lachte, liefen ihr die Tränen aus den Augen. Nachmittags trafen wir uns im Kostüm-Fundus. Das ist ein Gebäude von vielen Etagen, vollgepfropft von wahren Schönheiten. Da hängen die historischen Kostüme, wirkliche Ableger der Geschichte. Schon seit Generationen, wann immer ein Prinz, ein Kaiser, eine Königin, ein Feldherr verstarb, vermachten sie ihre schönsten Uniformen und Kostüme dem Burgtheater. Was heutzutage kopiert wird, wird direkt vom Original kopiert. Da hängen die Gewänder der Dogen von Venedig, da gibt es noch das echte Stoffmaterial aus der damaligen Zeit, da blinken in Schatullen die Juwelen der Konkubinen. Da stehen unter Glas der Strohhut, der Spazierstock, das Frack-Cape, alles bis zum letzten Detail, was die großen Schauspieler, nun schon lange gestorben, in ihrer letzten Rolle getragen haben. Man hält den Atem an. Die Luft ist voll von »großem« Staub, durch den die Wiener Sonnenstrahlen spielen. Hier traf ich mich mit der kleinen Schauspielerin. Ganz allein. Als wir wieder auf die Straße traten, war es schon dunkel. Unsere Entscheidung war getroffen: Wir wollten heiraten — und taten es drei Monate später.

Ich habe mich in Wien nie richtig einleben können. Das Schicksal hatte mich in eine wunderschöne, vergoldete vierspännige Rokoko-Karosse gesetzt, und ich wollte eigentlich Motorrad fahren. Einmal hatte ich in einer meiner Inszenierungen einen italienischen Prinzen kreiert. Ein bedeutender Kritiker hatte ungefähr folgendermaßen über mich geschrieben: »Als Schauspieler erinnert er in tragischen Momenten an den großen Eisenbach.« Ich wußte nicht, wer der große Eisenbach war. Ich frug den Oberkellner im Caféhaus, und er klärte mich auf. Der große Eisenbach war ein berühmter jüdischer Volkskomiker, der eine Generation vor mir gelebt hatte. Ich fand die Kritik gut und war stolz darauf. Ich weiß heute, daß ich instinktiv recht hatte, denn ich glaube an die Doppelseitigkeit der dramatischen Empfindung. Damals war mir das noch nicht so klar. Die Kollegen schauten auf mich, wie wenn ich beerdigt worden wäre. Sie waren große Schauspieler. Ich habe viel von ihnen gelernt, oft, wenn ich mir in meinem Regiebuch Gestaltungen ausgedacht hatte und sie dann sah und hörte, überraschten mich diese Schauspieler mit einer Phantasie, die meine weit zurückließ. Ich machte dann erst gar nicht den Mund auf und strich schnell alles durch, was ich in meinem Gehirn notiert hatte. Aber die Phantasie dieser Schauspieler war nicht meine Phantasie. Meine war durch Maschinenstädte gegangen, ihre blühte aus dem sterbenden Wien. Ich war fasziniert von dieser melancholischen Schönheit, wo immer ich sie traf — auf den Bällen, in den Straßen, in den Caféhäusern, in Unterhaltungen... Wenn ich ein Maler gewesen wäre, hätte ich sie zusammenfassen wollen in ein Bild... Aber dann hatte ich wegreisen wollen — und zwar ganz schnell.

Ich tat es, kam nach Frankfurt und in eine bessere Position. Mir war vom dortigen Neuen Theater der Posten des Oberregisseurs angeboten worden. Heute, weit über dem Atlantischen Ozean, wenn Preston Sturges guter Laune ist, nennt er mich noch »Herr Oberregisseur«, manchmal sagt er nur »Herr Ober«. Trotzdem habe ich ihn noch nie mit weniger als »Herr Generalintendant« angeredet. Jetzt ist das nur noch ein Spiel mit Titeln, aber damals bedeutete das für mich etwas sehr Wesentliches. In der Hierarchie des deutschen Theaterlebens hatte der »Oberregisseur« Vollmachten, die dem »Ersten Regisseur« und dem »Zweiten Regisseur« nicht zukamen. Der Oberregisseur stellte, zusammen mit dem Leiter des Theaters, das Repertoire für eine Spielzeit auf, er engagierte die Mitglieder des Ensembles, er überwachte die Inszenierungen des Ersten Regisseurs und der anderen Regisseure; und wenn er Lust hatte, ein Buch an den Kopf geschmissen zu bekommen, konnte er auch mit seinen eigenen Ideen in die Inszenierungen seiner Kollegen eingreifen. Er hatte bei der Verteilung der Inszenierungen die erste Wahl — und nach jahrelanger Praxis in dieser Position wurde er reif für den Intendantenposten. Die deutsche Theaterorganisation von damals, vergleichbar nur mit der russischen Theaterorganisation von heute, hat viele derartige, scheinbar festgefahrene Amtsblüten zustande gebracht. Dadurch, daß die Städte, Provinzen, Länder und das Reich ihre Theater verwalteten und diese in die Nation eingegliedert waren wie Universitäten oder Badeanstalten, drang die amtliche Organisation bis in die kleinste Stelle. Der Charakterschauspieler, der den Othello spielte, war genauso gut ein städtischer oder staatlicher Angestellter wie der Flötist im Orchester oder die Klosettfrau. Die Schauspieler wurden zu Darstellungsbeamten. Aber das System hatte auch seine Vorteile. In einem Land von sechzig Millionen spielten allabendlich vierhundert Bühnen. Die Theater, vom Zuschuß der Steuerzahler getragen, waren nicht darauf angewiesen, Profite zu machen. Sie konnten sich Kunst, Experimente und Irrtümer erlauben. Die produzierenden Kräfte mußten nicht unbedingt an die Kasse denken und an die direkte Wirkung, die dafür Garantie leistet. Das Theater lief nicht der Masse nach. Der Geschmacksterror des Proletariats hat in Deutschland nicht stattgefunden. Auf der anderen Seite weiß ich nicht, ob dieses Publikum immer ein Publikum war. Die großen Abonnenten-Organisationen schickten ihre Mitglieder ins Theater, wie die Religionsgemeinschaften ihre Anhänger in die Kirche. Wie man sich die Hände wäscht vor dem Essen, so ging der anständige

Mensch mindestens einmal pro Woche ins Theater. In dieser stumpfen Pflichterfüllung und Ehrfurcht zur Kultur hat er wohl manches in sich hineingefressen und dazu applaudiert, was er gar nicht wollte; und wir, die wir es ihm auftischten, buchten seine Zustimmung als Erfolg. Sollte, was für mich bis heute unerforschlich geblieben ist, die deutsche, österreichische, mitteleuropäische und die heutige russische Theaterorganisation nichts anderes sein als eine Gewohnheit der Masse, so ist sie sicherlich eine der angenehmsten und der Begeisterung für Kriege oder Demagogen wahrscheinlich vorzuziehen.

Das Theater in Frankfurt am Main stand zum großen Teil außerhalb dieser Organisation, denn sein Kapital gründete sich auf Privatinitiative. Sein Publikum auch. Es bestand hauptsächlich aus den internationalen Geldaristokraten dieser reichen Handelsstadt; Leute, die sich mit dem Kunst- und Kulturprogramm der städtischen Theater allein nicht zufriedengaben und noch eine spezielle Bühne mit mondänem Einschlag brauchten. Ich habe dort die jeweiligen Erfolge der Elitetheater von Paris und London und vom Broadway inszeniert. Wir spielten vor dem verwöhntesten Publikum, das mir je begegnet ist. Die Herrschaften saßen nicht in Stühlen, sondern in Klubsesseln. Sie waren überall herumgekommen, und was sie sahen, das hatten sie alles schon gesehen, oder sie flogen am nächsten Tag in irgendeine Metropole und behaupteten, sie würden es dort sicherlich besser sehen. Trotzdem habe ich dort eine meiner besten Produktionen zustande gebracht: Meinen Sohn. Seit er geboren wurde, hat meine Frau, die eine sehr gute Schauspielerin war, nie mehr gespielt. Sie fand Muttersein unterhaltender. Außerdem war uns damals auch der Gedanke ein bißchen genant, daß ein Kind später seine Mutter Theater spielen sieht. Für mich war die Geburt des Kindes sehr leicht. Ich kam eines Nachmittags von der Probe zum Mittagessen. Da lag auf meinem Teller ein Zettel, von meiner Frau geschrieben: »Ich bin in die Klinik. Der Arzt sagt, es dauert noch einige Tage.« Am Abend ging ich aus, am nächsten Morgen bei Tagesgrauen nach Hause. Da steckte eine Visitenkarte des Chirurgen an der Tür: »Ich würde mich an Ihrer Stelle wenigstens einmal erkundigen, ob es ein Bub ist oder ein Mädel. Herzliche Grüße Prof. Marcel Traugott.« Mein Junge heißt nach ihm — Marcel.

In Frankfurt habe ich einmal sehr schlagend erlebt, worauf es in unserem Beruf ankommt. Ich bin dort an einem Abend an die Grenze zwischen Spiel und Wirklichkeit gestoßen. Ich hatte »Stallwache«. Das bedeutet, der Regisseur kontrolliert, nachdem er schon lange das Stück inszeniert hat, die Wiederholungen der Aufführung. Man hängt im Zuschauerraum herum oder hinter den Kulissen und paßt auf, ob alles richtig abläuft. Es war Winter. Wir spielten eine französische Komödie — ich habe vergessen, was es war. Ich erinnere mich nur, daß der letzte Akt — wie meistens — in einem Hotelschlafzimmer spielte. Der Inspizient, Herr Guttke, seit einem Menschenalter engagiert und ein Spezialist für Pferdegetrappel [er konnte es mit seinen Händen machen und brauchte keine Kokosnüsse], trat in diesem letzten Akt für einen Moment als Gepäckträger auf. Gewöhnlich legte er sein Buch zur Seite, stülpte sich eine Gepäckträgermütze auf den Kopf, ging durch die rechte Kulissentür in der ersten Gasse, trug das Gepäck in die Mitte des Zimmers, setzte es vor dem Bett ab und ging zur linken Kulissentür wieder hinaus. An jenem Abend aber kam er zu mir, kurz bevor der Vorhang zum dritten Akt aufging, und sagte, er fühle sich nicht wohl, seine Kinder hätten Scharlach, vielleicht hätte er sich auch angesteckt — erzählte mir eine lange Krankengeschichte [ich mag keine Krankengeschichten]. Ich schickte ihn nach Hause. Er sagte: »Es ist ja ganz einfach — lassen Sie sich doch einen Dienstmann vom Bahnhof kommen.« Der Bahnhof war zwei Minuten vom Theater. Jemand lief schnell hin, holte einen der ältesten Gepäckträger. Ich erklärte ihm die Situation. Er sagte: »Das ist gar nichts. Natürlich, ich mach es.« Es waren noch ungefähr zehn Minuten bis zu seinem Auftritt. Der Gepäckträger fing an, von einem Bein aufs andere zu trippeln. Ich nahm an, es sei Ungeduld. Aber ich sah, wie er blasser und blasser wurde. Als ihm dann der Requisiteur das Gepäck über die Schulter hängte und ihm die Mütze aufstülpte, drehte er sich plötzlich schlotternd zu mir um und sagte: »Mein Herr, ich kann's nicht. Ich habe vielleicht schon zwanzigtausendmal in meinem Leben Gepäck getragen, aber das — das kann ich nicht.« Ich versuchte ihm klarzumachen, es seien doch nur fünf Meter von einer Tür bis zur andern. Er stammelte: »... Aber keine richtige Tür... und kein richtiges Gepäck...« Es blieb nichts anderes übrig. Ich nahm ihm das Gepäck ab und stülpte mir die Mütze auf. Noch heute muß ich oft an den Dienstmann denken, wenn ich Dokumentarfilme sehe. Die Leute, die sie herstellen, stelle ich mir vor, können nur richtiges Gepäck tragen.

In Frankfurt ist einmal eine andere, ähnliche Geschichte passiert. Sie hat nichts mit mir zu tun, aber sie gehört zum Hausrat meines Denkens. Sie passierte dem jungen Wolfgang Goethe. Sie ist beinah unbekannt. Nur in wenigen Ausgaben von »Dichtung und Wahrheit« ist sie enthalten. Goethe war noch ein Kind, ich glaube, sechs oder sieben Jahre alt. Jedes Jahr zu irgendeinem fürchterlichen Festtag, es mag Weihnachten oder Ostern gewesen sein, kamen Verwandte, Tanten und Kusinen zu Besuch, und die viel zu reichlichen Kinder mußten irgend etwas vorführen. So fragte man auch den jungen Goethe, was er zeigen könne; und er, weil er schon hie und da einmal bei einer wandernden französischen Komödiantentruppe durch die Zuschauertür hatte gucken können, hatte plötzlich eine Vision. Goethe beschreibt das sehr erregend. Er sah das ganze

Leben eines Menschen vor sich, wie er als Kind ist, bis er ein alter Mann wird, und er spürte, das kann man darstellen. Da nahm er ein paar Stühle und stellte sie in die Mitte des Zimmers, und dann nahm er alle kleinen Vettern und Kusinen und stellte sie vor und zwischen die Stühle, die sollten das Leben und die Menschen um dieses Menschenleben sein. Und er sah Situationen, und er hörte sprechen, und er wollte, daß das ausgedrückt wird von den anderen Kindern und von ihm. Aber er fand keine Sprache. Und da standen diese dummen Verwandtenkinder und glotzten ihn verständnislos an, und er sah lauter Visionen des Lebens um sie, konnte sich aber nicht helfen. Und da fing er an zu weinen und war nicht mehr zu trösten, viele Stunden lang. Später noch, im hohen Alter, wenn Goethe beim Schreiben einer Szene steckenblieb, oder mit einem Gedicht, hatte er dieselbe panische Angst wie damals als Kind. Für mich ist das eine ergreifende Geschichte vom Ringen um den künstlerischen Ausdruck.

Als ich so alt war wie Goethe, oder wahrscheinlich noch jünger — vier Jahre etwa —, hatte ich auch mein Frankfurter Kindererlebnis, allerdings etwas weniger differenziert. Ich besuchte damals meinen Großvater. Er lebte dort als Präsident der Kaufhäuser, die unserer Familie gehörten. Wir summten an einem schönen Sommermorgen mit einem elektrischen Auto über den Asphalt am Opernhaus entlang, und mein Großvater, der dort immer sonntags seine Loge hatte, las mir die Inschrift über dem Eingang vor: »Dem Wahren, Schönen, Guten.« Ich verstand es nicht ganz, ich überlegte. Dann fragte ich den alten Mann: »Sag mir, ist da nicht was verkehrt? Muß es nicht heißen: ›den guten, schönen Waren‹?«

In Frankfurt habe ich auch den Weg zum Radio gefunden. Ich fing als literarischer Kolumnist an, fand einen eigenen Stil von Zwischen-Vorlesungen von Gedichten, dramatischen Szenen, Romanen, zeitgenössischer und klassischer Literatur, verbunden mit eigenen Improvisationen, Parodien, Betrachtungen, und dieses Potpourri vermengte ich manchmal mit Reportagen von Vorstellungen oder sogar manchmal Sportveranstaltungen. Ich habe Sechs-Tage-Rennen angesagt und dazu Gedichte von Klabund gesprochen. Bald nach meinen ersten Versuchen flog ich, wann immer ich Zeit hatte, in andere Städte, und so gibt es kaum einen Sender, von Königsberg bis in die Schweiz, wo ich nicht »meinem Affen Zucker gegeben habe«, wie die Schauspieler sagen.

In Frankfurt wurde ich in einen Prozeß verwickelt. Mir wurde die Inszenierung eines Stückes zugeteilt: »Die gläserne Frau«, von Wilhelm von Scholz, dem Präsidenten der Preußischen Dichterakademie. Es behandelt eine Liebesgeschichte, die sich unter dem Zwang von Trance und Hypnose abspielt. Das Stück gefiel mir nicht sehr. Die wissenschaftlich-medizinischen Voraussetzungen der dramatischen Situation waren für mich zu außergewöhnlich, um sie nachfühlen zu können. Ich bat also darum, mich von der Inszenierungsaufgabe zu dispensieren. Mein Direktor — ich weiß nicht genau weswegen, vielleicht aus Prestigegründen dem Dichterfürsten gegenüber — bestand auf meiner Regieverpflichtung. Wenn ich mich weigerte, zu inszenieren, würde er mich auf Schadenersatz verklagen. Ich war fest davon überzeugt, daß, wenn mir auch in diesem Fall kein geschriebenes Recht zur Hilfe kommen konnte, doch kein Gericht auf der Welt einen Regisseur zwingen würde, etwas zu schaffen, wozu er keinen Glauben aufbringt. Die Instanzen traten zusammen — ein Oberlandesgerichtsrat, Vertreter der Theaterdirektoren, Vertreter der Autoren, Schauspieler und Regisseure. Die Tagung dauerte acht Stunden. Ich sprach über die »Würde« unseres Berufes, über die Gefahr, daß wir Regisseure uns zu »Handwerkern« degradieren, zu »Arrangeuren«, wenn wir nicht überzeugt sind vom Autor, dem wir dienen... Der Oberlandesgerichtsrat weinte. Das spornte mich an. Meine Rede flammte höher und heftiger und ging wie ein Rennpferd durchs Ziel. Ich gewann. Erst später erfuhr ich, daß der Oberlandesgerichtsrat an einer akuten tränenden Augenkrankheit litt.

Mein Direktor gab sich nicht zufrieden. Er wandte sich an die höchste Instanz, an das Reichsgericht in Leipzig. Dort verlor er wieder, und endgültig.

Hinter der Bühne gab es ein kleines, sehr würdiges Konversationszimmer für die Schauspieler. Dort hingen die Bilder aller früher engagierten Künstler, die gestorben oder aus dem Ensemble ehrenvoll ausgeschieden waren. Als ich ein paar Tage nach dem Sieg in Leipzig zur Probe kam, fand ich dort mein Bild hängen, eingerahmt in teurem Eichenholz. Der Direktor hatte sich's was kosten lassen.

Und dann ging ich nach Breslau. Ich eröffnete die Spielzeit mit »Hokuspokus« von Curt Goetz, einer meiner Lieblingskomödien. Die weibliche Hauptrolle spielte eine besonders schöne, besonders talentierte junge Schauspielerin. Nach ein paar Tagen Probe ließ mich mein neuer Intendant zu sich bitten, um sich Informationen über sie einzuholen. »Nein, nein — privat!« sagte er. »Rein menschlich!« Ich sagte: »Ich halte sie für eine Kreuzung zwischen einer Nutte und einer Lehrerin.« Er sagte: »Danke schön — ich habe mich gestern mit ihr verlobt.« Auf diesen Zwischenfall hin wurden wir unzertrennliche Freunde, und unsere Freundschaft hat seine Ehe überdauert. Wir sind glänzend miteinander ausgekommen, drei Jahre lang. Er hieß Paul Barnay und gehörte zu der großen Barnay-Familie, die die deutschen Barrymores der neunziger Jahre waren. Er tat alles, um mich zu fördern. Er hat mich sogar ermutigt zu schreiben. Auf seine Anregung hin habe ich ein Kinderstück geschrieben, das in ganz Mitteleuropa gespielt und in verschiedene Sprachen übersetzt worden ist; ich habe drei musikalische Revuen geschrieben, Songs mit Texten versehen; manche davon wurden populäre Platten. Einer meiner Songs drang sogar bis nach Rußland, und ich habe Nachrichten, daß man ihn jetzt wieder in Deutschland verlegt. Er war 1929 geschrieben und sagte den zweiten Weltkrieg voraus. Es war ein Marschlied. Es entstand zu der Zeit, als ein kaum bekannter Fliegerhauptmann namens Göring in einer kleinen Parteizeitung behauptete: »Eines Tages werden wir die Macht übernehmen, und dann rollen Köpfe in den Sand.« Es hieß:

Sie kennen doch Murmeln.
Man nennt sie auch Klicker,
dies ist ein dünner,
und das ist ein dicker,
und der ist aus Eisen
und dieser aus Glas,
man stößt sie hin und her
zum Spaß.
Man wirft sie gegen die Wand,
die runden Köpfe roll'n in den Sand,
das kostet nicht viel,
ist nur ein Kinderspiel,
ein Kinderspiel, gespielt in jedem Land.

Das ist auch der Menschen Los auf Erden,
wir seh'n nicht, wohin wir gestoßen werden.
Man wirft uns rücksichtslos ins Spiel,
wir kullern daneben

und nur selten ins Ziel.
Und wenn wir auch in den Pott rein roll'n,
wir fallen so, wie es die Herren woll'n;
denn wir sind nur Murmeln,
wir sind wie die Klicker,
ob du ein Dünner bist
oder ein Dicker,
ob du aus Eisen bist
oder aus Glas.
Man stößt uns hin und her
zum Spaß.
Man wirft uns gegen die Wand,
und unsre Köpfe roll'n in den Sand.
Das kostet nicht viel,
ist nur ein Kinderspiel,
ein Kinderspiel, beliebt in jedem Land.

Und so kann's eines Tages noch passieren,
da wird man uns wieder mal kommandieren,
zu irgendeinem schönen Zweck
roll'n wir wieder mitten rein in den Dreck.
Und sie schreien Hurra und versprechen viel,
wir packen ein und zieh'n in den Krieg.

Wir sind ja nur Murmeln,
wir sind ja nur Klicker,
ob du ein Dünner bist
oder ein Dicker,
ob du aus Eisen bist
oder aus Glas.
Man stößt uns hin und her
zum Spaß.
Man wirft uns gegen die Wand,
und unsre Köpfe roll'n in den Sand.

Das ist nur ein Spiel,
ist nur ein Kinderspiel,
das kostet nicht viel –
nur die Toten in jedem Land.

Breslau war die politischste Zeit, die ich je als Regisseur hatte. Unsere Theater spielten in dieser immensen Industriestadt für eine feste Abonnementsorganisation der Gewerkschaften von 60 000 Mitgliedern. Demnach bestand unser Spielplan zum großen Teil aus zeitgenössischer Dramatik. Das deutsche Proletariat führte damals, vom Ausland ziemlich alleingelassen, einen verzweifelten Kampf gegen die dumpfe Gefahr des wachsenden Nationalsozialismus. Die besten Schriftsteller meiner Generation widmeten ihre Stücke dieser Idee. So habe ich zum Beispiel Friedrich Wolfs »Matrosen von Cattaro« uraufgeführt, die Jahre später New York erreichten, und so habe ich Bert Brecht inszeniert, Feuchtwanger, Peter Martin, Lampel, Gerhard Menzel. Die Zuschauerräume waren mit Spannung geladen wie mit Dynamit. Ich war noch jung genug, um mich daran zu freuen und mich wenig darum zu kümmern, ob solche Spannungen aus den Szenen entstanden oder nur aus den Leitartikeln einer vorahnend nervösen Presse. Manchmal sandte diese krisenhafte Zeit ihr Wetterleuchten bis in die Aktschlüsse. In den »Matrosen von Cattaro« zum Beispiel, das die Revolte der österreichischen Matrosen im Jahre 1917 verherrlicht, applaudierten die Leute, wenn der Rebellenführer für den Frieden der Völker sprach, die österreichische Flagge vom Mast nahm und die rote Fahne aufzog. Eines Abends begann eine Gruppe junger Studenten zu protestieren, als die rote Fahne hochging. »Runter mit dem Fetzen!« riefen sie im Chor. Eh man sich's versah, war der Zuschauerraum in ein Schlachtfeld verwandelt. Die Polizei mußte einschreiten. Es gab Verwundete.

Wenn ich mich an diese Tage erinnere, erinnere ich mich hauptsächlich an Verwirrung. Verwirrung, die einem Herzklopfen machte. Verwirrung, die mich noch heute, trotz der Wolken, die über ihr lagen, lächeln macht. Unsere Bühnenarbeiter waren alle Kommunisten. An einem Winterabend — in Breslau kann es sehr kalt sein, und der Schnee liegt sehr hoch — standen sie mit zorngeröteten Gesichtern, die Fäuste in den Hosentaschen geballt, hinter den Gittern des Bühnenhofs und schauten hinaus auf die Straße. Die Vorstellung konnte nicht anfangen, denn draußen zog, kilometerlang, der Fackelzug des ersten deutschen Stahlhelmtags entlang. Der »Stahlhelm« war der Verband der deutschen Kriegsteilnehmer aus dem ersten Weltkrieg, sein Ziel war Rache für Versailles. Er stand unter der Führung der deutschen Militärkaste und war von den Alliierten verboten. Er hatte an diesem Abend zum erstenmal alle seine Tausende von Anhängern dem Verbot zum Trotz zusammengerufen. Da zogen sie vorbei, in ihren alten Uniformen, medaillengeschmückt, im dröhnenden Paradeschritt; die Helme und Waffen blitzten im Fackelschein, Hunderte von Fahnen rauschten im Wind, und gerade vor unserem Theater geriet der Aufmarsch, der schon über acht Stunden gedauert hatte, ins Stocken. Vor den Gittern und den Proletariergesichtern stoppte die Ehrenfahnen-Kompanie. Ein Hornsignal zerriß die Luft, und eine schneidende Kommandostimme gellte: »Standarrrrrten — setzt ab!« Da drehte sich ein Kommunist, er hieß Karle, zu seinen Kameraden um und sagte nichtachtend: »Standarten — bei Fuß!«

Für eine Inszenierung von »Eros im Zuchthaus« brauchte ich Material und fuhr in ein schlesisches Männergefängnis in Jauer. Ich wollte eigentlich nur die bauliche Anlage, die Einrichtung, kennenlernen; ich dachte, ein paar Stunden zu bleiben, und blieb ein paar Tage. Ich stieß auf eine mir bis dahin unbekannte Welt. Während der Besichtigung der Zellen kam ich ins Gespräch mit ihren Insassen. Ich lernte einen Wilddieb kennen, der im Zorn einen Förster totgeschlagen hatte. Er war ein riesenhafter Mann mit einem Bart, sein Kopf stieß beinahe an die Decke. Er war zu lebenslänglichem Gefängnis verurteilt. Er sah aus wie der Wald selbst. Nun schnitzte er seit vielen Jahren mit seinen schweren, großen Händen kleine Vögel aus Holz. Ich traf den berühmten, mondänen Hoteleinbrecher, der einmal der Schreck und der Traum aller Berliner Mädchen gewesen war: den Fassadenkletterer

»Klettermaxe«. Er hatte sich besonders gut geführt, und zur Belohnung durfte er in der Gefängnisbibliothek Nummern in die Bücher schreiben. Er sah gelblich aus. Es kam keine Luft mehr an ihn heran. Ich traf einen Mann, der vierzehn Jahre Haft hinter sich hatte, eines der besten Führungszeugnisse aufwies, und acht Tage, bevor er entlassen wurde, nicht mehr warten konnte, Feuer in seiner Zelle legte und einen Gefängniswärter schwer verletzte. Es war gegen ihn ein Gerichtsverfahren eingeleitet, und es bestand die Gefahr, daß er weitere zehn Jahre sitzen mußte.

Der Mann, der mich durch die Räume und diese Leben führte, wurde einer meiner besten Freunde. Es war der Strafanstalts-Oberlehrer Kleist. Die damalige, sehr fortschrittliche preußische Justizverwaltung hatte psychologisch ausgebildete junge Menschen eingesetzt, die sich in Gefängnissen um die seelische Gesundung der Häftlinge kümmerten. Herr Kleist hatte gerade, als ich seine Bekanntschaft machte, einen Streit gegen den altmodischen Gefängnisdirektor gewonnen: Vier jugendliche Sträflinge hatten in der Gefängniswäscherei gearbeitet und plötzlich eines Tages die Wand zur Gefängnismetzgerei durchbrochen und dort Wurst und Fleisch gestohlen. Ihr Strafmaß sollte daraufhin auf zwei Jahre verlängert werden. Herr Kleist hatte herausgefunden, daß in einem Rohr, das von der Wursterei in die Wäscherei führte, ein Loch war und die

Gefangenen wochenlang während ihrer Arbeit den Wurstgeruch einatmen mußten. Er hatte nach monatelangen Interventionen beim Justizminister erreicht, daß das Loch im Rohr zugelötet wurde und die Gefangenen unbestraft blieben. Ich schrieb ein Gedicht über die Löcher in den Schicksalsröhren und bat den lieben Gott, er möge sie zustopfen, damit man weniger Kirchen und Gefängnisse brauchte. Er hat es aber noch nicht getan.

Ich saß mit Kleist drei Tage und drei Nächte zusammen, und in seiner langsamen preußischen, schwerfälligen Art zu erzählen kamen Menschenleben zu mir, wie ich sie nie erahnt hätte. Von diesen Tagen an widmete ich viel meiner Zeit der Aufgabe, Freude in Gefängnisse zu bringen. Ich reiste mit Herrn Kleist herum, ich glaube, ich habe in vielen Gefängnissen Vortragsabende gegeben. Ich habe Raubmördern und Geldschrankknackern die großen Humoristen der Literatur vorgelesen, und sie haben gelacht wie Kinder. Ich habe mehrere Orchester gegründet, und meine Breslauer Schauspieler haben mir dabei sehr geholfen. Bei der politischen Umwälzung von 1933 ist dann der Strafanstalts-Oberlehrer Kleist draufgegangen. Er wurde als Kulturbolschewist erschossen.

Sonnabend abends ging ich mit Paul Barnay immer regelmäßig zum Ringen im Zirkus Busch. Einmal wollte er eine Ausnahme machen. Er hatte Kinoplätze besorgt. Ich wollte nicht, denn außer Chaplin gefiel mir nur

anfängliches Verhältnis zum Kino

wenig im Film, und ich sah in dieser Industrie eine Bedrohung für das Theater und mochte sie nicht, so wie ein Optiker wahrscheinlich die Augenärzte nicht mag, die behaupten, man könne Sehfehler ohne Brillen kurieren. »Ja, aber das ist was Neues«, sagte Barnay. »Es wird gesprochen in diesen Filmen.« Am Abend sah ich die »Vier Teufel« mit Hans Albers und »Atlantik« mit Lederer und Fritz Kortner, von E. A. Dupont inszeniert. Es wurde nicht sehr viel gesprochen, und was gesprochen wurde, konnte man kaum verstehen; und wenn man's verstand, war der Dialog von einer solchen Qualität, daß man's besser nicht verstanden hätte. Der Haupteindruck waren Geräusche. Man hörte die Schritte der Schauspieler; die Türen auf- und zugehen; und als Hans Albers jemandem eine Zigarette anbot und lange und deutlich die Streichhölzer an der Schachtel rieb, fing das Publikum an zu applaudieren, denn das Geräusch war so wunderbar deutlich. Ein Clown in einer Garderobe wusch sich die Hände. Das Wasser, das aus den Kranen tropfte, klang mir wie der Niagarafall. Der Bühnenbildner unseres Theaters drehte sich zu mir um mit leuchtenden, zukunftsgeladenen Augen: »Wenn das einmal besser wird«, flüsterte er mir zu, »das läßt sich gar nicht absehen.« Ich aber wandte in meinen Gedanken seinen Optimismus weniger auf Geräusche als auf Dialoge, und ich sah in der Leinwand nicht mehr den Feind des Theaters, sondern die Fortsetzung des Theaters. Und von diesem Abend an wollte ich zum Film — und nach Berlin.

Ein paar Wochen später stand ich morgens auf der Probe zu Shakespeares »Wie es Euch gefällt«. Ein paar Berliner Schauspieler, die gerade auf einer Tournee durch Deutschland waren, mit »Zyankali« von Friedrich Wolf, saßen irgendwo im Dunkel des Zuschauerraums, und in der Pause kamen sie zu mir. Sie gehörten zum Direktorium der »Gruppe junger Schauspieler«, und sie sagten, sie hätten mich bei der Arbeit beobachtet, und sie fragten mich, ob ich nicht bei ihnen in Berlin ein Stück als Gast inszenieren wollte. Ich nahm an.

Ich stand mitten auf dem Potsdamer Platz. Die Schauspieler hatten mich am Bahnhof abgeholt. Sie trugen mein Gepäck und begleiteten mich zum Taxi. Ich blieb eine Weile stehen, bevor ich einstieg. Ein Mann fiel mir plötzlich ein: Rudolf Nelson. Er war Schlagerkomponist und reiste damals mit seinen eigenen Songs und einer kleinen Revuetruppe durch Deutschland. Das letztemal hatte ich ihn in Frankfurt gesehen. Er saß am Flügel, dick, schläfrig, seine kleinen Wurstfinger schoben sich über die Tasten, man konnte gar nicht sehen, ob er sie überhaupt bewegte. Er spielte wie ein Gott und näselte einen Refrain, wozu vier blonde, halbnackte Mädchen die Beine schmissen:

»... Berliner Pflaster, Berliner Pflaster,
Du bist gefährlich, aber schön.
Hier heißt et siejen oder unterjehn,
Hier heißt et siejen oder unterjehn.«

Die Zeilen summten mir durch den Schädel, und ich konnte sie nicht loswerden. Um mich herum brauste der Großstadtlärm, flackerten die Lichtreklamen, hasteten die Menschen; über mir fuhr die Hochbahn, unter mir donnerte die Untergrundbahn.

»Bist ein kleiner Provinzjunge«, dachte ich mir. »Zeig den Leuten um dich herum nicht, wie sehr dich das erstaunt. Zeig ihnen auch nicht, daß du Angst hast.« Ja, ich hatte Angst – aber auch Verlangen. Der Trubel um mich herum kam mir vor wie eine Herausforderung: Siegen oder untergehn... »Dein Name soll von den hohen Dächern leuchten – muß – und zwar sehr bald – oder ich reise wieder ab. Nur einer von den Vielen, den Vielzuvielen hier –, nein – siegen, ja – aber auf keinen Fall – hast immer noch dein gutes Breslau hinter dir, dort warten sie auf dich – auf keinen Fall untergehn.«

Im Taxi erfuhr ich in begeisterten, durcheinandergesprochenen Worten, daß die Truppe vierundzwanzig Stunden vor meiner Ankunft Pleite gemacht hatte – wir fuhren durchs Brandenburger Tor. Man habe kein Geld, mich in einem Hotel unterzubringen – macht nichts – siegen oder untergehn – [Ich schlief dann vier Wochen hinter einem Krämerladen in einer Kleinbürgerwohnung auf dem Sofa bei einem Kollegen.] Es sei auch kein Theater da — erzählten sie mir im Taxi — macht nichts — siegen oder untergehn — [Wir probierten einen Monat lang in Theaterräumen, die nichts kosteten, denn wir probierten nur nachts von eins bis um acht in der Frühe, wenn die Theater sowieso leerstanden.] Es seien auch keine Kulissen da, sagten sie — [wir malten sie selbst] — keine Kostüme — [wir schneiderten sie selbst] — kein Orchester — kein Geld für Reklame — macht nichts, siegen oder ... Und sechs Wochen später leuchtete mein Name auf den Dachgiebeln von Berlin.

Am Morgen nach der Premiere wachte ich auf und war berühmt. Die Berliner Presse, die in ihrer Grausamkeit und Begeisterungsfähigkeit sich nur mit der New Yorker vergleichen läßt, hatte mich nach vorn geschmissen. Den ganzen Tag läutete das Telefon neue Angebote durch. Das beste war eine amerikanische Komödie mit der Starbesetzung des Jahres an den Barnowsky-Bühnen. »Die Königliche Familie« von Edna Ferber, zum erstenmal in Europa. Wie so oft, lief mein Glück wieder gegen meine Pläne. »Die Königliche Familie« etablierte mich als Spezialisten für Komödien. Sie reihte mich in die Berliner Privatbühnen ein, die den Broadway-Theatern so ähnlich sind, und ich kam nicht mehr davon los. Ich wurde eine Art Gewähr für Kassenerfolge. Das faszinierte mich. Den

Film vergaß ich dabei ganz. Auch für meinen Glauben an Ensemble-Aufbau und Kunstvertiefung, wie ich es in der Provinz und in Wien gelernt hatte, blieb mir keine Zeit. Ich verfiel dem Risiko, das mit den damaligen Produktionen verbunden war. Zu einem Manager gerufen zu werden, der ächzte und weinte, weil er vor dem Zusammenbruch stand — obwohl er kein Geld hatte, die teuersten Stars für ihn zu engagieren — in nervösen sechs oder acht Wochen ein Stück zustande zu bringen, das für viele Existenzen entweder eine Rettungsaktion oder Ruin bedeutete — das reizte mich. Diese Bühnenluft war Spielerluft, und die Spieler fanden sich zusammen zu Spielerzeiten und an Spielerorten. In Nacht-Bars lasen einem die Autoren ein neues Stück vor. Im Wartesaal des Bahnhofs Friedrichstraße, der am längsten offen war, schrieb ich meine Regiebücher. Geschäftliche Verhandlungen fanden prinzipiell erst nach Mitternacht statt. Den verlorengegangenen Schlaf von damals versuche ich manchmal heute noch einzuholen. Es gab einen Zahnarzt, der fuhr tagsüber in einem weißen offenen Mercedes durch die Straßen, und nachts plombierte er die Mädchen in einer teppichüberladenen, vielgeräumigen Wohnung, wo er offen Haus hielt für Politiker, Musiker, Tänzerinnen, Devisenschieber, Päderasten, Ehepaare und solche, die es nicht werden wollten. Dort zeichnete mir mein Bühnenmaler, der im Nebenberuf eine Bar hatte, auf dem Boden liegend Entwürfe zu meiner nächsten Inszenierung. Neben uns rollte das verbotene Roulette; über unseren Köpfen wurden allerhand Drogen verschoben. Wenn die Polizei kam, tauchte von irgendwoher ein Cello auf, eine Flöte, jemand saß plötzlich am Flügel, wir alle in Sesseln und hörten einem harmlosen Hauskonzert zu. Frank Wedekind nannte einen Gedichtband »Mit allen Hunden gehetzt, in allen Wassern gewaschen«. Das damalige Berlin lebte seine Verse.

Aus den Physiognomien dieses sehr charmanten Chaos tritt in meiner Erinnerung das für mich unsterbliche Gesicht von Conrad Veidt hervor. »In allen Wassern gewaschen, mit allen Hunden gehetzt...«: bei ihm ging im eleganten Trubel seiner Laster nie die Menschlichkeit verloren. Vielleicht verdanke ich es *ihm*, daß ich, jung und aus der Provinz gekommen, nicht einfach untergegangen bin wie jemand, der nicht schwimmen kann. Er saß im »Eden« in einem unaufgeräumten Hotelzimmer; er wußte wohl kaum noch, wo in Berlin seine Wohnung war und ob er überhaupt eine besaß. Es war Tag, aber er hatte schon seit mehreren Nächten den Frack nicht mehr ausgezogen, — da erzählte er mir, daß er, die Personifikation alles Fürstlichen, aus einer Berliner Arbeiterfamilie stamme. »Weißte, Max«, sagte er, »wat det schönste Jefühl war von viel Jeld un Macht? Det war, wie meine Mutter krank wurde, un se lag in der Klinik. Un ick sagte zu dem Professor: ›Jeben Se ihr det feinste Zimmer.‹ Und immer, wenn er zu meiner Mutter reinkam, hat sich der Professor extra 'n frischen weißen Mantel anjezogen... wie wenn se ne Dame jewesen wäre, ne janz jroße Leidy...«

Viele, viele Jahre später traf ich Conny wieder in Hollywood. Ich frug ihn: »Wie ist Amerika?« Er sagte: »Ne Sommerfrische, Max.« Ich sagte: »Wie ist Hollywood?« Er sagte: »Max — 'n Dorf!« Er hatte ganz Berlin, eine Vergangenheit, deren Trubel man noch von sehr weit hörte, immer noch im Gesicht.

Je mehr ich versuche, mein Leben zu übersehen, um so mehr entdecke ich, daß es sich viel weniger aus sich selbst geformt hat, als durch die vielen Leben, denen ich begegnet bin und die mich an sich teilnehmen ließen. Ich sollte eigentlich keine von den Persönlichkeiten vergessen, denen ich meine verdanke. Da gab es Adele Sandrock. Sie war schon an die Achtzig, als sie in der »Königlichen Familie« die Urgroßmutter spielte. Von der ersten Probe an erschien sie mit völlig gelerntem Text, während zwei Monate Proben kann ich mich nicht erinnern, daß sie sich einmal versprochen hätte. Sie war einer der größten, aneiferndsten Perfektionisten, die mir je begegnet sind. Sie hatte sich die ganze Rolle mit der Hand abgeschrieben, damit sie sich ihr photographisch einprägte, und nachts lag sie unter ihrem Kopfkissen, »— damit sie sich«, wie sie mir erklärte, »von rückwärts durch den Schädel im Schlaf ins Gehirn einsaugt...« Sie war immer als erste bei den Proben da und ging als letzte nach Hause.

Adele Sandrock

Einstmals eine Tragödin, mit Pathos und rollendem R, behielt sie diesen Sprech-Stil des vergangenen Jahrhunderts bei und weigerte sich ihn zu ändern. »Wenn das für euch junge Leute heutzutage komisch ist«, donnerte sie, »dann zahlt mir Geld dafür, daß es euch amüsiert.« Wenn die Proben zu Ende waren, fuhr sie in die Filmateliers und drehte dort bis zum späten Abend. Nach Mitternacht trat sie in Kabaretts auf. Einmal aß ich mit ihr in der Kantine. Ich wollte mich setzen, tat es aber nicht, als ich entdeckte, daß sie stand, weil sie das Mittagessen als eine unliebsame Unterbrechung empfand. »Wie halten Sie das nur alles durch?« fragte ich sie. Sie kniff die Augen zusammen wie ein Tiger: »Junger Mann, ich bin ein alter Baum«, sagte sie. »Wenn man mich nicht fortwährend begießt, gehe ich ein. Die Arbeit ist mein Beguß.«

Männer schaute sie an wie Beutestücke. Es lag bei *ihr*, ob sie einen noch in ihre museenhafte Trophäensammlung einreihen wollte oder nicht. Sie lebte mit ihrer Schwester Frieda zusammen, die fünfundsechzig war. Ich wollte einmal eine Szene mit ihr privat besprechen. Sie sagte: »Dann kommen Sie doch zu mir. Kommen Sie aber nach zehn Uhr abends...« Sie schaute hinüber zu ihrer Schwester und flüsterte: »Dann liegt das Kind schon im Bett.« Sie war unberechenbar in ihren beruflichen Niederträchtigkeiten. Mit ihr spielte Rosa Valetti, dreißig Jahre jünger, eine Rivalin auf dem weiblichen Komiker-Terrain. Es ging gegen Weihnachten. Während die Sandrock nichts zu tun hatte, saß sie hinter den Kulissen und strickte: »Pulswärmer, junger Mann... Pullover, für uns alle.« »Kriegt die Valetti auch einen?« fragte ich. »Nein!« rollte sie. »Die bekommt nichts. Die Valetti, junger Mann, ist eine Hure.« — Aber sie war auch fair. Einmal, auf einer Probe, versprach sich die Valetti mehrmals. Der Direktor Barnowsky bat mich zu unterbrechen und sagte nervös: »Was ist denn das, Herrschaften — die Valetti irrt sich ja immer.« Bevor die Valetti sich noch verteidigen konnte, trat Adele an die Rampe, kniff die Tigeraugen zusammen und sagte unheildrohend leise: »Wenn die sich irrt, ist sie immer noch besser wie alle anderen Schauspieler, von denen Sie glauben, daß sie gut sind.« Der Direktor, auch schon ein sehr ergrauter und immer etwas zu eleganter Herr, der aus sehr vermögenden Kreisen kam und in kritischen Momenten mit vornehmer Zurückhaltung protzte, sagte sehr geschniegelt: »Darf ich Sie bitten, mich nicht zu unterbrechen, Frau Sandrock.« Sie trat noch einen Schritt vor, einen sehr gewichtigen, und sagte hinunter in den dunklen Zuschauerraum: »Lausejunge!« Der Direktor: »Na, das geht aber dann doch zu weit.« Die Sandrock, nach großer Pause, mit königlicher Kälte: »Knöpfchenfabrikant!« Drehte sich um, verschwand, schickte am Nachmittag ein Attest ihres Hausarztes, infolge ihrer Zuckerkrankheit sehe sie sich leider gezwungen, die Rolle abzugeben.

Für den Theaterkonzern war das ruinös. Der gesamte Etat — obwohl auch Leute wie Felix Bressart spielten und Adolf Wohlbrück, der für Berlin debütierte — war auf die Sandrock gesetzt. Barnowsky beauftragte mich, die Versöhnung herzustellen. Ich saß am Spätnachmittag der Sandrock gegenüber. Sie lag im halbdunklen Boudoir in einem mächtigen Renaissance-Bett und sah aus wie der Kaiser Franz Joseph. Bevor ich noch meine sorgfältig durchdachte Strategie entwickeln konnte, schnitt sie mir das Wort ab: »Ich werde nicht spielen. Aber richten Sie Ihrem Herrn Direktor aus, wenn ich gespielt hätte, dann hätte ich es nur Ihretwegen getan.« Ich sagte: »Ich danke Ihnen sehr«, und ein bißchen eitel fügte ich hinzu: »Hat es Ihnen also gefallen, mit mir zu arbeiten, gnädige Frau?« Sie gab mir den Tigerblick: »Was heißt zusammen arbeiten? Sie haben mich nicht *gestört*. Und das, junger Mann, ist schon sehr, sehr viel.« Dann rief sie »das Kind« herein. »Willst du dem jungen Mann zeigen, was ich alles vorbereitet habe?« Ein Vorhang wurde zur Seite gezogen; da lagen im Abenddämmerschein alle Kostüme, die sie sich selbst besorgt, zum Teil selbst geschneidert oder seit vielen Jahren für die Rolle aufgehoben hatte. Da lagen auf Sesseln und Gold-Taburetts alle Requisiten bis hin zum Fächer, zur kleinen Geldtasche, zum Taschentuch, zu den Handschuhen. Da lag der Schmuck, die Uhr, da stand der Krückstock, und eingraviert in den silbernen Griff — wo kein Zuschauer

„Die Höhe der Schauspielkunst beginnt nach meinem Glauben da, wo das Wort keine Rolle mehr spielt.“

der Welt sie erspähen kann — die Initialen der Rolle. Ich stand einfach nur noch da — wahrscheinlich sehr lange. Ich war froh, daß sie mich nicht sehen konnte, denn ich glaube, ich hatte Tränen in den Augen. Ich hörte plötzlich in meiner Andacht hinter mir ihre Stimme: »Also dann morgen früh um zehn — und seien Sie pünktlich.«

In diesen Tagen brach im Verlauf der Weltwirtschaftskrise die Berliner Amstelbank zusammen, ein holländisches Unternehmen, in das alle prominenten Schauspieler ihr Vermögen investiert hatten. Fritzi Massary, Operetten-Salondame von großen Allüren, die Frau von Max Pallenberg, traf bei einer Probe die Sandrock und erzählte ihr nervös von der Katastrophe. Sie war am Ende mit ihren Nerven und weinte: »Adele, sag mir, was soll ich nur machen — was soll ich nur machen!« Die Sandrock: »Dasselbe was ich tue, jeden Morgen!« »Was denn, Adele... Was denn, sag's mir doch!« Die Sandrock [rollend]: »Von vorne anfangen!«

Adele Sandrock ist anhänglich geblieben bis zu ihrem Tod. Sie hat mir noch in die Emigration nach Frankreich oder nach Italien, wo immer ich mich gerade aufhielt, in deutscher Schrift auf offener Postkarte zum Geburtstag gratuliert. Ich weiß nicht, wie sie ihn erfahren hat.

Die Höhe der Schauspielkunst beginnt nach meinem Glauben da, wo das Wort keine Rolle mehr spielt. Schriftsteller sind wahrscheinlich sehr schockiert über eine solche Feststellung. Ich meine nicht, daß ein Dialog in der Art, wie er geschrieben ist, vernachlässigt werden dürfte; daß man Worte willkürlich ändern oder auslassen darf. Ich meine, daß die inneren Vorgänge, die hinter den Worten stecken, manchmal stärker als die Worte sein können — und manchmal schwächer; daß sie manchmal im Gegensatz zum Wort stehen können, daß der Dialog nachschleift hinter dem Gefühl. Ich meine, daß das Erleben lange vor dem Wort beginnt und lange nach dem Wort fortdauert. Beispiel: Ein Mann fährt mit einer ganz frischen Geliebten in ein Abenteuer. Der Mann ist romantisch und galant und findet die schönsten Liebesworte in der Unterhaltung. Wenn der Zuschauer hinter seinen Worten spürt, daß, obwohl er in der Sekunde ganz an sie glaubt, das Erlebnis nur vergänglich sein wird, dann beginnt da die Höhe der Schauspielkunst. Werner Krauß hat einmal, ich glaube in Shaws »Kaiser von Amerika«, zwei seiner Sekretäre empfangen und ihnen voll nervöser Initiative, in ungeheurem Tempo und unter dem Druck einer enormen Spannkraft, sein Tagesprogramm diktiert. Von dem zweiten Satz an merkte man, daß sich unter all dieser Aktivität eine schreckenerregende persönliche Langeweile verbarg. Ich bin mit einem solchen Gipfel an Schauspielkunst in der Person von Rosa Valetti zusammengestoßen. Sie hatte sie besonders ausgeprägt im Komischen. Das, was wirklich in ihr vorging, war so stark, daß die Worte hinterhertrotteten, wie man ein Hündchen an der Leine nach sich zieht. Über die Ungeschicklichkeit, wie sie mit ihrem Ausdruck nicht fertig wurde, mußte man lachen — oder konnte man auch weinen.

In einer meiner Inszenierungen trat sie in das Zimmer eines Mannes, den sie nicht leiden mochte, uneins mit sich, ob sie ihn nicht doch leiden *sollte.* Deshalb hatte sie sich entschlossen, hinzugehen und ihn zu besuchen. Sie wollte eigentlich sehr höflich »Guten Morgen« sagen; sie sah ihn an, *konnte* nicht »Guten Morgen« sagen, vergaß, daß sie »Guten Morgen« sagen *wollte*... und als sie dann doch — endlich — »Guten Morgen« sagte, sagte sie es viel zu höflich, aber erst einen Satz später fiel ihr ein, was ihr passiert war. Sie drehte sich noch mal um nach dem »Guten Morgen« — zu spät. Es war weggewitscht. Sie spielte dann die ganze Szene zu Ende, viele Seiten Dialog, und man hatte immer das Gefühl, sie wollte immer nur das eine »Guten Morgen« noch einmal am Schwanz erwischen und reparieren. Ich habe an ihr eine Art Regie führen gelernt, die für mich den größten Genuß bedeutet. Ich brauchte mit ihr nie eine Geste, nie eine Betonung, keine Pause, nichts Äußerlich-Handwerkliches festzulegen. Wir kratzten immer nur das an die Oberfläche, was hinter den Szenen in unseren Nerven vorging.

Solche Perfektion ist an die Erlebnisfähigkeit des Schauspielers gebunden. Und ich glaube, nur Erlebnisfähigkeit sollte der Gradmesser für Talente sein. Die

Erlebnisfähigkeit

Erlebnisfähigkeit der Rosa Valetti war hauptsächlich unvorherzusehender Widerspruch zu dem, was um sie herum bestand. Sehr oft wurde das auf der Bühne in politisch-revolutionären Stücken gebraucht oder mißbraucht. So schrieb Ernst Toller ein Stück gegen den Kapitalismus: »Hoppla, wir leben!« Bevor es anfing, trat Rosa Valetti vor den Vorhang und sang — damals wird sie wohl fünfzig gewesen sein — mit versoffener Stimme, in ihrem roten Haar, ein Lied mit dem Refrain: »Hoppla, wir leben!« Von der aufpeitschenden Erregung ihrer drei Strophen, die im ganzen fünf Minuten dauerten, lebten dann noch das Stück und alle Schauspieler vier Stunden lang den ganzen Abend. Sie wußte dabei sicherlich nicht, was sie sang. Sie hatte nur das Gefühl, sie müßte etwas zertöppern. Es hätte genauso gut ein Kristallservice zu Hause in ihrer Wohnung wie eine Weltordnung sein können. Sie arbeitete in einem Kabarett, dessen Namen ich nimmer weiß, für das auch ich Chansons schrieb. Ein Chanson von einem meiner Freunde beschäftigte sich mit der damaligen deutschen Flaggenfrage. Es war die Zeit, in der die Flagge der deutschen Republik immer mehr in den Hintergrund gedrückt wurde von der alten kaiserlichen Flagge Schwarz-Weiß-Rot. Das Lied behauptete, daß, solange die beiden Flaggen Schwarz-Rot-Gold und Schwarz-Weiß-Rot miteinander kämpften und nicht die *eine* gemeinsame Farbe, nämlich *rot*, vorherrsche, daß solange Deutschland nicht in Ordnung wäre. Der Refrain hieß: »Da sitzt doch was nicht richtig... da sitzt doch was nicht richtig!« Die Valetti sang dieses Chanson monatelang vor ausverkauftem Haus jeden Abend. Sie hat niemals, und ich habe sie vielleicht fünfzigmal gehört, den Text richtig gesungen. Sie hat Gold und Weiß und Schwarz und Rot immer verkehrt und sinnlos durcheinandergemixt, und trotzdem sind die Leute auf die Stühle gesprungen, war die Straße schwarz von Menschen und hat die Polizei ein paarmal wegen staatsgefährlicher Umtriebe eingreifen müssen.

Ihr Temperament war natürlich auch in ihrem Privatleben dasselbe. Sie führte einen Haushalt mit ihrem früheren Gatten, von dem sie geschieden war; einem jetzigen Freund, den sie nicht heiraten wollte; einer siebzehnjährigen Tochter, über deren bürgerliche Lebensformen sie mit grotesker, eiserner mütterlicher Strenge wachte. Sie hielt offenes Haus für jedermann, der im Berliner Theaterleben eine Rolle spielte, war aber eigentlich absolut dagegen. Im Bauernzimmer saßen Leute, die sie nicht kannten und die sie nicht kannte, und aßen Gulasch zu spät zu Mittag. Im Spielzimmer nebenan trank jemand zu früh Champagner. Auf dem Gang zwischen Küche und Salon standen zwei unbekannte Gestalten und nahmen völlig zeitlos ihr Frühstück ein. Der Freund und der geschiedene Mann im Bücherzimmer, in dem es immer nach Karlsbader Kaffee roch, waren über die Erziehung der

Tochter, von der man schon seit zwei Tagen nichts mehr gehört hatte, in Streit geraten. Eine lesbische Dame schrie vom Klavier aus dazwischen, die Tochter sei weder des Freundes noch des geschiedenen Mannes Kind — ihr wirklicher Vater sei längst in Wien gestorben. Die Valetti kam aus ihrem Schlafzimmer, suchte nach Tee gegen einen Gallenanfall, weil jemand im Büro von Max Reinhardt über das Telefon ihre langjährige Köchin beleidigt hatte. Im Schaukelstuhl saß ihr Bruder, Hermann Valentin, ein berühmter Berliner Komiker, tief beleidigt, weil ihr Name in den neuesten Zeitungsausgaben größer gedruckt war als seiner; er wippte hin und her und sagte kampfbereit: »Ich hab mit dir ernsthaft zu sprechen.« Sie blickte über das ganze Gewimmel von Menschen und Problemen hinweg, schlug einen Augenblick die Hand vor die Augen und seufzte: »Mein Gott — wenn's nur schon acht wäre — wenn der Vorhang aufgeht, ist man wenigstens allein.«

Ein oder zwei Jahre später zeigte ich im Atrium-Kino zum erstenmal ein paar Freunden meinen rohgeschnittenen Film »Liebelei«. Als es hell wurde, kam die Valetti, schlug ihre Arme um mich und weinte bitterlich. Ich tröstete: »Aber Rosel, so tragisch kann's doch gar nicht gewesen sein!« »Ich wein' ja nur, weil es so schön war und weil es mit all den schönen Sachen jetzt zu Ende gehen wird in Deutschland. So was kommt nie, nie mehr wieder...« Acht Tage später brannte der Reichstag.

Im Jahre 1934 traf ich auf einer Reise nach Moskau in Wien die Valetti wieder. »Hier ist alles viel zu nett«, sagte sie. »Und die Menschen essen zuviel süße Sachen. An so was geh ich drauf.« Sie stand in Abwehr zu der Liebenswürdigkeit des Wiener Publikums. Schließlich gelang es ihr doch, eine Bresche in diese Verbindlichkeit zu schlagen. In einem Stück von Sudermann hatte sie Erfolg, der krachte wie Blitz und Donner. In der zweiten Vorstellung, in ihrer großen Szene, traf sie ein Herzschlag. Das Stück hieß: »... Es lebe das Leben!«

Wenn man zu Ingrid Bergman Bettie Davis, Elisabeth Bergner und Irene Dunne addiert, erhält man als Endsumme ungefähr [aber nicht ganz] das Talent der damals in Deutschland führenden Schauspielerin Käthe Dorsch. Sie saß an einem frischen Frühlingsmorgen im Theater. Ich entdeckte sie erst, als die Probe zu Ende ging und es wieder hell wurde im Zuschauerraum. Wenn ich gewußt hätte, daß sie anwesend war, hätte ich wahrscheinlich vor Lampenfieber nicht arbeiten können. Sie wurde mir vorgestellt. Sie sagte, sie sei nur gekommen, um Rosa Valetti abzuholen. Die beiden Frauen gingen zum Ausgang. In der Tür flüsterten sie ein paar Momente miteinander, dann kam die

Dorsch zu mir zurück: »Ich mache einen Film«, sagte sie. »Wenn Sie ihn inszenieren wollten, wäre ich froh.« Da fiel mir plötzlich wieder ein, warum ich eigentlich nach Berlin gekommen war. Ich hatte meine ursprüngliche Absicht seit Monaten vergessen gehabt, so sehr hatte mich das Bühnenleben in seine Fänge bekommen.

Ich wurde also im Büro des Herrn empfangen, der den Käthe-Dorsch-Film produzierte. Er hieß Fellner, war ein hünenhafter süddeutscher jüdischer Onkel, fing an zu reden und hörte nicht mehr auf: »Eichentlich will isch nur immer ganz große Geschichte mache. Wissen Se, wenn's mir nach geht, da muß die Erd' zusammestoße mit'm Mond ... nehme Se Zigarre? Ach, Sie rauchen nischt Zigarre? Än richtiger Regisseur muß Zigarre rauche. – Und alle Mensche sterbe, und man sieht dausend Luftschiffe herumflieche, weil, es muß natürlich eine ganz moderne Geschicht sein ... Sage Sie mal, schrein Sie eichentlich, wenn Sie Ihre Schauspieler kommandiere? Ich hab Regisseure, die schreien, die hab ich furchtbar gern. Aber mein Compagnon, der Herr Schomloh, der hat immer Angsd. Und deshalb machemer nit die Sach mit der Welt – deshalb machemer e Film ausm Lewe vonneme Dienstmädchen. Er had Angsd, der Schomloh. Awer wisse Se, wenn die Dorsch des Dienstmädche spielt, da kann des genau so großartich werde, wie wenn die Erd mit der Sonn – oder hawich Mond gesacht? – Fräulein Weber, verbinde Sie mich mal mit London! – Unser Geschäft ist international — Weltgeschäfte, anners geht's nich. — Ich hab auch so angefange. Ich war in Manchester un hab für meine Vatter Anzugstoff eikaufe müsse. Abends — ich war noch e kleiner Bub — hab ich inne Kaffe gesesse, un da hawe zwei Necher gesunge. Un wie ich in Hamburch widder angekomme bin, bin ich in e Kaffe gegange un hab zu dem Eichentümer gesacht: ›Sie müsse Necher hier singe lasse. Ich kann Ihne Necher bringe‹ — aber net zwei — ich hab gesagt: *fünfzehn* Necher. Ich hätt' *zwei* gesagt, wenn ich der Schomloh gewesen wär. Un er hat *ja* gesagt. Da bin ich wieder nach Manchester zurückgefahre — mei Vatter hat inzwischen immer auf de Stoff gewart — hab ich zu denne zwei Necher gesagt: ›Ihr habt doch sicher Freund, die auch singe könne.‹ Un damals hab ich den Herrn Schomloh kennegelernt. Un wie ich ihn gefragt hab, ob er mir das Geld leihe kann, hat er gefragt: ›Ist fünfzehn Necher net ein bissel viel?‹ Er hat scho damals Angsd gehabt. Un sehn Se, wenn ich jetzt rüber gehe würd und würd'm sage, ich will, daß ein Mann, der noch nie'n Film gemacht hat — ich persönlich möcht's ja — der soll den Dorsch-Film mache... Mir genügt's ja, wenn die Dorsch sagt, Sie solle ihn mache, dann wird der Schomloh — Awer was soll ich mache — er iss mei Compagnon.« Und damit war mein Kontakt mit der Filmwelt abgebrochen.

Ich hatte inzwischen langsam begriffen, daß mein Leben besser verlief, wenn ich keine Pläne machte,

erste Arbeit beim Film als Dialogregisseur

sondern die Tür eine Spalte weit offen ließ für das Schicksal, und ich kümmerte mich nicht mehr um Film.

Es schien mir auch zu kompliziert. Ich hörte, man müsse schrecklich viel lernen, Kamera und Schneiden und differenzierte Technik — alles sei ganz anders, man müsse von unten mit viel Geduld sich heraufarbeiten. Jedoch das Mädchen hieß Ina, sie war zart und blond und war Komparsin bei der Ufa; und ich wartete auf sie [und sie ließ mich manchmal weiß Gott lange warten] in der Studiokantine. Dort, während einer Pause zu Nachtaufnahmen, geschah es: Ein etwas angetrunkener Herr, der mit dem Rücken zu mir an der Theke saß, sagte zu einem anderen angetrunkenen Herrn: »Verflucht noch mal, ich weiß nicht, wie ich das schaffen soll. Er braucht jemand, weil er halt Russe ist, der den Schauspielern die Sätze immer erst mal deutsch vorkaut, weil er doch keene Ahnung hat, der Kerl, von Deutsch. Aber der Mann, der det macht, der muß'n Regisseur sein, sonst hören die Schauspieler gar nicht erst hin. Unn en guter Regisseur, der scheißt dir was, der macht doch so was nich.« Ina meinte, wir könnten dann auch immer jeden Tag zusammen zu Mittag essen. Und so übernahm ich die Dialogregie in einem Film von Anatole Litvak: »Nie wieder Liebe«.

Ich fuhr am ersten Drehtag über die Avus in meinem kleinen roten DKW-Rennwagen, den Peter Lorre »das entfesselte Bidet« nannte, und ich versuchte mich an den ersten Film zu erinnern, den ich in meinem Leben gesehen hatte. Ich fand ihn sehr weit zurück, tief hinten versteckt in der Rumpelkammer meiner Eindrücke.

1906! Ich war vier Jahre alt und ging mit meiner Großmutter in Worms am Rhein auf dem Jahrmarkt in ein Zelt, vor dem eine dicke Frau großen Lärm machte. Drinnen im Zelt war es dunkel, und ich sah etwas, was genauso lang dauerte, wie man braucht, es zu erzählen: Ein dicker Mann mit wilden Augen war sehr aufgeregt. Er zappelte mit den Armen in der Luft, er schlug sich gegen die Brust. Er rannte auf mich zu, wie wenn er mir was tun wollte. Ich hielt mich an meiner Großmutter fest. Er tat aber nichts. Er hielt inne. Er schaute nach unten. Er sah auf einem Schreibtisch ein riesengroßes Tintenglas. Es war sicher ein Liter Tinte drin. Er nahm eine Gänsefeder aus dem Tintenglas und warf sie weg. Er packte mit beiden Händen das Glas. Er soff es aus. Er lief von unten her langsam blau an. Er erschrak fürchterlich. Wie sein Gesicht ganz blau war, wurde es hell im Zelt — und der Film war zu Ende. Ich hatte währenddessen mich gefürchtet, geweint und gelacht. Nach den wissenschaftlich anerkannten dramaturgischen Regeln von Friedrich Schiller, niedergelegt in der Denkschrift: »Die Schaubühne als eine moralische Anstalt betrachtet« war das alles, was eine dramatische Schöpfung an Gefühlen im Zuschauer auslösen kann.

Mein »entfesseltes Bidet« rollte durch die feierlichen Barrieren der UFA-Portale... »Da strenge ich mich nun so an seit bald zehn Jahren, dafür stehen hier die Hallen, die Türme, die Laboratorien, die ganze Riesenfabrik, um dasselbe zu erreichen, was der Mann mit der Tinte in Worms am Rhein zustande gebracht hat...«, dachte ich. Im Hauptverwaltungsgebäude nahm mich ein Ingenieur unter seine Fittiche und zeigte mir im Auftrag der Generaldirektion einen ganzen Tag lang den Betrieb. Er fuhr und spazierte mit mir durch lauter Technik, die mein Hirn mit unbarmherziger Präzision in unzählige Erstauntheiten zerschnitt. Sie machten mich seh-krank. Nur *ein* überragendes Bild dieses ersten Tages ist mir klargeblieben. Wir starteten im großen Glashaus, morgens um sieben Uhr dreißig. Ich sah, wie eine bis zur Unlebendigkeit schöne Frau in einem schönen Abendkleid eine schöne Treppe herunterkam. Die Scheinwerfer gaben ein so schönes Licht, daß verglichen mit ihnen das Sonnenlicht wie ein Bettler neben einem Kriegsgewinnler gewirkt hätte. Die schöne Dame sagte zu jemandem, der nicht da war: »Ich sehe Sie dann also Donnerstagabend um acht, mein Lieber.« Als wir am Abend aus dem Gestrüpp von Kabeln, Eisenbrücken, Mikrophonen und vielen anderen Maschinen wieder zurückkehrten ins Glashaus, kam diese schöne Dame immer noch dieselbe schöne Treppe herunter und sagte immer noch zu jemandem, der nicht da war: »Ich sehe Sie also dann Donnerstagabend um acht, mein Lieber.« ... So wird Film gemacht, aha! dachte ich.

Wie ich so etwas mit Leben füllen sollte, war mir vorläufig unvorstellbar. Noch nachts darauf fing ich an. Stundenlang hämmerten und schrien scheinbar sinnlos viele Leute herum, brannten Lichter, wurden ausgemacht, schob man geheimnisvolle übergroße Maschinen hin und her, nagelte sie definitiv auf Riesengerüste, um sie fünf Minuten später unter Geschrei, Geschiebe und Gehämmere wieder definitiv herunterzuholen; immer war nach meinem Dafürhalten noch nichts geschehen; und dann — dann sprang ein zerbrechlicher, puppenhafter weiblicher Weltstar ins Wasser. Eine Stange fiel auf sie zu, sie griff nach der Stange, wurde herausgehoben auf ein Gerüst und sagte: »Hu, ich friere!« Und nicht ein einziges Mal sagte sie es so, daß mir kalt wurde dabei. Ich dachte: »Wozu dieser überdimensionale Betrieb und die überdimensionale Anstrengung dieser vielen Menschen, wenn sie nicht imstande ist zu sagen »Hu, ich friere!« Ich ging also hin zu der Puppe. Sie war schon am Rande der völligen Erschöpfung, so oft war sie gesprungen. Man mußte sie aufwärmen mit Kognak und sie in heiße Tücher einschlagen; ich hatte einen großen Respekt vor ihrem Fleiß und ihrer Courage. Wahrscheinlich hörte sie mir deswegen auch zu, als ich ihr sagte, sie solle ihren Satz nicht eher sprechen, bis es ihr wirklich kalt wäre und ihr im Herzen und im Hirn die Zähne klapperten. Und ich sah ihr in die Augen und sagte: »Sehen Sie, ich habe einen Mantel an, mir ist warm... aber innen, in meiner Phantasie, da ist mir jetzt furchtbar kalt, wenn ich sage: »Hu, ich friere!« Und ich sagte es ihr vor, ganz leise. Sie nahm meine Hand, flüsterte dankbar: »Wundervoll!« sprang zum sechsundsechzigsten Male ins Wasser und sagte: »Hu, ich friere!« — genauso wie vorher.

Trotzdem wurde ich nach ein paar Tagen ins Verwaltungsgebäude gerufen, und dort erklärte mir der Herr vom Podehl als Vertreter und im Auftrage des Herrn von Corell, und hinter ihm standen noch zwei andere Adlige, daß die Schauspieler noch selten so lebensecht ihre Dialoge gesprochen hätten, und wenn ich Filmregisseur werden wolle — ich hielt die Luft an —, so wäre die UFA bereit, mir einen Kurzfilm anzuvertrauen.

Ich möchte an diesem Kreuzweg meiner Karriere nicht vorbeigehen, ohne noch einmal meinen Hut zu ziehen vor dem Unternehmungsgeist der deutschen UFA, vor ihrer Bereitschaft, jungen Talenten eine Chance zu gewähren. Viele europäische Kameraleute, Regisseure, Schriftsteller, Musiker, die heute in Hollywood leben, gehen in ihrer Erinnerung am selben Wegstein vorbei und machen die Augen zu. Sie wollen's nicht mehr wissen. Ich ziehe hiermit für sie alle meinen Hut.

Verglichen mit dem Bestand der Metro Goldwyn Meyer wird wohl der Vorrat an Stories, den die UFA hatte, mikroskopisch klein sein. Immerhin, ich stand

erste Regiearbeit:
„Dann schon lieber Lebertran"

in der Krausestraße vor beinah haushohen Bücherregalen, vollgepfropft mit Manuskripten. Man hatte mir erlaubt, eine Geschichte nach meinem Geschmack herauszusuchen. »Für jeden einzelnen von diesen Papierstößen gibt's einen einzigen besten Regisseur«, dachte ich mir. »Wo ist mein Papierstoß?« Irgendwo im Labyrinth kramte ein anderer junger Mann. Es hieß von ihm, er sei ein hoffnungsvolles Schriftsteller-Talent. Er sah gar nicht wie ein Schriftsteller aus, sondern wie ein Steptänzer, und war sehr gut gelaunt. Er fragte mich, was ich hier tue. Ich sagte es ihm. Er sagte: »Wenn Sie genau wissen, was Sie wollen, dann werden Sie's schon finden.« Er hieß Billy Wilder. Ich fand es. Ich fand auf zwei Seiten ein Dichtwerk. Es war eine Idee von Erich Kästner. Es hieß: »Dann schon lieber Lebertran«. Die Kinder, die abends vor dem Schlafengehen gequält werden, der Gesundheit zuliebe Lebertran einzunehmen, bitten den lieben Gott, einmal die Weltordnung umzuändern. Die Eltern sollen gehorchen, und die Kinder können befehlen. Der liebe Gott schläft schon, und Petrus hört statt seiner den Stoßseufzer. Er dreht an einer der vielen ewigen Schrauben, und für 24 Stunden ist auf der Erde alles umgekehrt wie bisher. Nach einem einzigen Tag Erwachsensein bitten die Kinder den lieben Gott, wieder alles so einzurichten, wie es vorher war — so sehr haben sie die Nase voll.

Ich traf mich mit Kästner im Café. Er brachte einen

von Duday
Produktionsleiter (bei der UFA)

Herrn mit, der das Drehbuch schreiben sollte. Er hieß Emmerich Preßburger, heute führender Produzent bei Rank in London. Nach acht Caféhaus-Nächten war das Buch fertig.

In zwei Wochen stand ich im Atelier. Mein Produktionsleiter hieß von Duday. Er war ehemaliger Kürassier-Oberst. Ich mußte zu ihm immer hoch, hoch hinaufblicken, wenn ich mit ihm sprechen wollte. Er war gute drei Köpfe größer als ich. Er hatte die Augen nie ganz offen. Ich habe ihn durch den ganzen Film nicht ein einziges Mal nüchtern gesehen. Meine erste Dekoration war der Himmel. Ich kannte bisher Himmel nur auf einer kleinen Kulisse gemalt. Das war der richtige Himmel. Als ich ihn sah, hatte ich das Gefühl, der, in den ich einst kommen werde, kann nur kleiner sein. Die Engel, von Kästner ausgedacht als Berliner Möbelpacker mit Flügeln, standen da und wollten gedreht werden. Petrus war einer der Urväter des deutschen Rundfunks, der Radio-Kommentator Alfred Braun. Er wollte gedreht werden. Der Erzengel Michael war einer der besten Komiker, die mir je unter die Finger gekommen sind — Paul Kemp. Er wollte gedreht werden. Und der liebe Gott, der das alles drehen und gestalten sollte, war ich selbst. Mir war vor meiner Gottähnlichkeit bange, und mir fiel das Herz in die Hosen. Das tut es heute immer noch am ersten Drehtag. Um mich herum wimmelten zwei Gruppen von Kameraleuten. Der Erste Kameramann hieß Eugen Schüfftan, der

Meister und Patriarch der damaligen deutschen Operateure. Ich wußte gar nicht, woher ich das Recht hatte, soviel Können unter meine Führung zu bringen. Während ich meine erste Szene formte, kam Schüfftan zu mir und sagte leise: »Sind Sie gar nicht nervös. Ich kann's Ihnen schon jetzt sagen, Sie sind in Ordnung.« Nachdem ich die ersten beiden Male gedreht hatte, kam er wieder zu mir und sagte, wieder sehr leise, so daß es niemand hören konnte: »Sie müssen sich mal was merken: wenn der Mann, der Kleine da, die Klappe geschlagen hat, dann dürfen Sie nicht mehr mit den Schauspielern reden. Das kommt sonst in den Film.« Ich wußte das, aber in der Aufregung hatte ich es ganz vergessen. »Die zweimal, die wir schon aufgenommen haben«, sagte Schüfftan, »habe ich kein Material laufen lassen, damit die Leute Sie abends in der Vorführung nicht auslachen.« Ich erfuhr Jahre danach, daß Eugen Schüfftan mir zugeteilt war mit der Order, sofort den Film als Regisseur zu übernehmen, für den Fall, daß ich straucheln sollte. Ich erfuhr auch, daß Schüfftan damals seit Jahren auf die Chance gewartet hatte, Regisseur zu werden. Aus Dankbarkeit für das, was er für mich getan hat, ziehe ich auch vor ihm jeden Tag den Hut. Aber nicht in Erinnerung, sondern im Garten, wenn ich ihn sehe, denn er ist mein Nachbar in Hollywood. Daß er nicht in die Gewerkschaft der Kameraleute hier aufgenommen wird und deswegen nicht arbeiten darf, tut mir weh.

»Man soll wirklich keine Pläne machen. Da geht man zum Film, weil einen das Sprechen interessiert, und kaum ist man drin, da paßt man nicht mehr drauf auf. Da interessiert einen nur noch das Bild«, dachte ich mir, als ich in meiner ersten Vorführung saß. Mir gefiel meine Wortregie gar nicht. Ich spürte deutlich, daß ich sie vernachlässigte. Der neue Ausdruck, den ich plötzlich in die Hände bekam, die Kamera, schleppte mich nur so weg, wie eine Geliebte einen verheirateten Mann ablenkt von der Ehefrau. Und ich war sehr verliebt. Ich fing an, Dialoge wegzustreichen, weil ich empfand, es war alles schon ausgedrückt durch das Bild. Jemand ging aus einem Raum und sagte: »Ich bin müde…« Ich strich den Satz weg, und die Kamera blieb auf der Tür stehen, die hinter ihm nicht mehr ins Schloß fiel, so müde war er. »Also braucht er es nicht mehr zu sagen«, dachte ich. »Sie sind noch voller Fehler«, meinte einer der höchsten UFA-Direktoren. »Aber das Schönste an Ihnen ist, und wir beobachten das haargenau, wie Sie die Kamera dem Dialog opfern. Nie ist bei Ihnen das Bild die Hauptsache.« Da stand ich vor der Kritik wie der alte Schauspieler nach der Premiere am Wintermorgen im Schnee. Er hat zwei Zeitungen, die »BZ am Mittag« in der linken und das BT in der rechten Manteltasche. Die BZ beweist in einer vier Spalten langen Kritik, warum er der beste Faust sei, den es je gegeben habe. Das »Berliner Tageblatt« beweist in einem ebensolangen Artikel, warum er der schlechteste Faust sei, den je die deutsche Bühne gesehen hat. »Was denkst du dir denn?« fragt ihn sein Kollege. »Ich denk gar nix. Ich spiel.« So spielte ich auch.

Meine Beziehung zur Filmtechnik ist wissentlich von so wenig Sachkenntnis getrübt als möglich. Ich habe nur immer das verlangt, was mir als Ausdruck für die Szene als das Beste erschien. Sehr oft haben mir die Techniker zunächst bewiesen, daß mein Anspruch undurchführbar sei. Und dann [generös wie sie sind] haben sie es doch gemacht. Ich glaube, wenn ich das Detail ihrer Mühen verstünde, würde ich es nicht von ihnen verlangen. Die UFA hat alles getan, um mir das Spielen leicht zu machen. Als mein Film fertig war, offerierten sie mir einen Kursus in Architektur, in Kamera-Technik, Laboratorium und Schneiden. Ich schaute in alles hinein und gleich wieder weg. Nur Schneiden nahm ich auf, und das gründlich. Ich habe bei Herrn Professor Nick, einem kleinen Weißrussen, der immer sang, und das falsch, monatelang geklebt und geschnitten, Bild und Ton; und es hat mir besonders Spaß gemacht, eine Gruppe von Komparsen, die als Engel im Studio eines Abends nicht zehn Minuten länger bleiben und die Wolken nicht mehr schieben wollten, auf dem Schneidetisch tausendmal hin und her rennen zu lassen. Ich lernte gleich zu Anfang, mich von dem zu trennen, was ich als Regisseur selbst gestaltet hatte. »Das ist das Härteste«, sagte der Professor Nick und sang falsch. »Da gibt's eine eiserne Regel«, fuhr er fort, »was nicht drin ist im Film, kann nicht durchfallen.«

Jedoch, als der Film fertig war und die Zeit herankam, wo er aufgeführt werden sollte, schien noch viel zuviel drin zu sein. Ich wartete vor der Tür zu einem Vorführungsraum, wie ich es als werdender Vater bei der Geburt meines Kindes im Hospital *nicht* getan hatte. Vor der Tür hing ein Schild: »Nicht stören – Eintritt verboten.« Drinnen saßen die Generaldirektoren der UFA. Ich hörte draußen nur das unbarmherzige Summen der Vorführungsmaschine, die man nicht mehr aufhalten kann. »Theater ist doch besser...«, ging es mir durch den Kopf. »Noch bevor der Vorhang hochgeht, kann man den Schauspieler an den Schultern packen, in eine dunkle Ecke ziehen, ihm was einreden, was ausreden, was vormachen, was ändern... aber in der Maschine ist alles unwiderruflich, da fahren deine Fehler unaufhaltsam weiter auf der Leinwand, wie Züge übers Land...«

Ich habe noch nie so lange Gesichter gesehen, als die Tür aufging und die Herren an mir vorbeigingen, wie wenn sie von einem erschütternden Begräbnis kämen. Nur Erich Kästner klopfte mir auf die Schulter. Er führte eine alte Frau am Arm. »Meiner Mutter hat's gefallen«, sagte er. Muttchen strahlte. »Wissen Sie, ich hab nämlich noch nie einen Film gesehn«, sagte sie.

Es gab zwei bedeutende Uraufführungstheater in

Berlin, an erster Stelle den UFA-Palast am Zoo, und dann das Capitol. »Er wird halt ins Capitol müssen«, dachte ich. Ein paar Wochen später rief mich von Duday an. Seine Kürassier-Oberstenstimme klang eisern. »Ihr Film wird eben gezeigt.« »Wo?« fragte ich bang. Er nannte mir eines der abgelegensten Quetschentheater am Wedding. Ich ließ mir nichts anmerken und sagte: »Na, das ist ja schön.« Er: »Das ist es auch. Er läuft schon zum zweitenmal. Das Publikum klatscht durch vom Anfang bis zum Ende. Und heute abend kommt er schon in den UFA-Palast am Zoo.«

Ich habe aus diesen hektischen Tagen eins gelernt: Ich bin nie bei der Erstaufführung einer meiner Filme dabei. Das bringt Glück.

Es war in einem Landhausgarten am Stölpchensee. Tief unter uns fuhren viele saubere, stolz geputzte kleine Segelboote in gemütlicher Sonntagnachmittagsruhe über die Wellen. Wir saßen, ein Bündel gutgelaunter Freunde, um den Hausherrn, einen der Chefredakteure der »BZ am Mittag«. Er erzählte uns von einem Preisausschreiben, das ganz privat zwischen den Redakteuren der Berliner Zeitung stattgefunden hatte. Es war eine Belohnung ausgesetzt worden für die beste fiktive Schlagzeile. Er hatte gewonnen. Die Überschrift seiner ersten Seite hieß: »Der Thronfolger Franz Ferdinand lebt — Der Weltkrieg war umsonst!« Mitten in das Gelächter schoß mir ein Wasserstrahl in die Kaffeetasse. Ich sprang auf. Der Nachbar, ein dicker, gemütlicher Herr mit Monokel, hatte seinen Rasen gespritzt. Er entschuldigte sich. »Das kann ich nur gutmachen, wenn ich Sie für unsere Gesellschaft einen Film inszenieren lasse.« Ich schloß tags darauf für das deutsche Lichtspiel-Syndikat einen Lustspielfilm ab, mit einem der besten jungen Komiker, den es damals gab, in der Hauptrolle: Heinz Rühmann. Es war eine Militärkomödie. Ich fing mit den Autoren das Drehbuch an. Es gefiel mir von Tag zu Tag weniger. Nach acht Wochen bat ich um meine Demission. »Hätte ich man nur meine Blumen vorsichtiger gespritzt!« sagte der Präsident. Er fragte mich, ob ich statt dessen einen anderen Film machen wolle, gab mir aber dabei zu verstehen, daß es dann nur ein sehr billiger sein könne, damit so der Schaden, der der Gesellschaft durch meine Unschlüssigkeit entstanden war, wieder wettgemacht werden könne. Ich meinte, am besten wäre es dann wohl, man würde eine Geschichte finden, die in einem leeren Studio spielt, ganz ohne Dekorationen. Und so entstand meine erste abendfüllende Arbeit, eine Filmoperette: »Die verliebte Firma«. Sie spielte mit Gesang und Tanz hinter den Kulissen in den Büros und Laboratorien eines Studios, und ich wurde darin alle meine neuen Eindrücke über meinen neuen Beruf los. Es war der billigste Film, den ich in meinem Leben zustande gebracht habe, und er hat nach mathematischem Kausalgesetz sehr viel Geld eingebracht. Er wurde in einer solchen Eile hergestellt, daß meinem Aufnahmeleiter ein seltsames Versehen passierte. In einer Szene lief eine Komparsin, die eine Sekretärin spielte, zum Fenster und winkte ihren unten im Hof vorbeigehenden Kolleginnen zu. Als der Film fertig geschnitten war, sah man sie oben winken, und unten im Hof winkte sie sich selber zu.

Der Film wurde auch privat zu einer »verliebten Firma«. Der Aufnahmeleiter heiratete ein halbes Jahr später die doppelt gedrehte Komparsin. Der männliche Hauptdarsteller, Gustav Fröhlich, heiratete während der Aufnahmen Gitta Alpar. Der Architekt, Helmut von Neppach, wurde zum Produktionsleiter befördert und heiratete meine Assistentin, Gretel Walter, die Tochter von Bruno Walter; Anni Ahlers, die Sängerin, verlobte sich mit einem Theater-Impresario, der immer zu Besuch kam und mich störte, weil er herumwimmelte, sie rastlos anstarrte und deswegen über die Kabel stolperte.

In der Emigration haben sich Gretel Walter und von Neppach in der Schweiz im Doppelselbstmord erschossen.

Der nächste Film war »Die verkaufte Braut«.

Er wurde hergestellt von der »Vereinigung der Deut-

„Die verkaufte Braut“ →

schen Lichtspieltheaterbesitzer«. Ihr Präsident bat mich, nach München zu kommen. Er sagte mir, er habe sehr viel Kapital zur Verfügung und er wolle die erste Filmoper der Welt herstellen. Meine Experimentiersucht wurde aufs äußerste angeregt. Wie Preston Sturges zu mir sagte: »You arouse the artist in me.« Der Präsident teilte mir seinen Plan mit: »Wir fangen modern an. Zwei Freunde im Smoking sitzen zu Hause und trinken Wein ... Rheinwein, den besten. Aus ihrer Unterhaltung erfährt man, daß sie beide in ein und dieselbe Frau verliebt sind, und der Ältere möchte sich morgen mit ihr verloben. Der Jüngere kriegt einen roten Kopf und sagt: ›Ist das nicht ein bißchen schnell? Wollen wir nicht heute abend erst noch ein bißchen drüber nachdenken? Vielleicht gehen wir sogar zusammen in die Oper, dort gibt's zufällig die ‚Verkaufte Braut'‹ ... Dann sieht man die beiden in der Oper — und dann photographieren wir halt die ganze Oper«, sagte der Geheimrat. Er schaute mich einen Moment an. Ich muß wohl etwas enttäuscht ausgesehen haben, denn er fügte hinzu: »Wenn Sie's aber anders machen wollen, können Sie's auch anders machen.« Als ich sein Arbeitszimmer verließ, kam ein junger Mensch hinter mir her, der die Unterredung mit angehört hatte. Er hieß Karl Ritter und sollte zum erstenmal in meinem Film Produzent sein. Er nahm mich beim Arm und sagte: »Sie müssen den Geheimrat verstehn. Er ist ein sehr gemütlicher Mann. Sie werden ihn erst wiedersehen, wenn der Film ganz fertig ist. In der Zwischenzeit möchte er so wenig wie möglich damit zu tun haben.« Karl Ritter aber hatte um so mehr damit zu tun. Ihm verdanke ich, daß der Film so zustande kam, wie er gemacht wurde. Ihm und einem Chanson-Schreiber, den ich sehr oft in der Rosa-Valetti-Wohnung auf dem Sofa liegen sah, und dessen Verse ich besonders musikalisch fand. Er hieß Kurt Alexander und ist von diesen Tagen an fünfzehn Jahre lang mein engster Freund gewesen.

Die Aufnahmen fanden in Geiselgasteig bei München statt. Wir bauten im Freien ein tschechisches Dorf in der Architektur des vorigen Jahrhunderts auf und wohnten sogar ein halbes Jahr darin. Alle Chöre, Sologesänge, Orchesteruntermalungen wurden im Freien aufgenommen und gaben auch klanglich dem Film frische Luft. Eine große Sequenz des Films spielte auf einem Jahrmarkt. Ich reiste durch Deutschland und engagierte mir richtige Jahrmarktsleute, die mit ihren Familien nach Geiselgasteig zogen: Feuerschlucker, Akrobaten, Clowns, Zigeuner mit ihren Tanzbären, Wahrsager. Richtige Bauernjungen und Bauernmädchen, die aus den Bergen kamen, wurden zu Komparsen. Amateure spielten große und kleine Rollen. In Bayern hat das Amateur-Theater eine jahrhundertealte Tradition. Es gibt nicht nur die weltberühmten Oberammergauer Passionsspiele, man findet unzählige Liebhabertruppen, in denen es ausgesprochene Talente gibt, ausgesprochen tragische und ausgesprochen komische. Sie spielen nicht selbstverständlich; sie spielen wie Holzschnittfiguren. Ich fand für einen Stadtpolizisten einen Würstchenkoch in einer Münchner Kneipe. Er lebte sich so in seine Rolle ein, daß er, auch wenn er nicht drehte, am Gelände spazierenging und den Leuten Protokolle aushändigte. Er wurde ganz gut bezahlt. Das stieg ihm leider zu Kopf. Eines Abends, in einer Mondnacht, ließ er ein Taxi kommen, setzte sich hinein in seiner vollen Biedermeier-Uniform und verlangte vom Chauffeur: »Fahren Sie mich so weit, bis keine Zahl mehr in den Taxameter geht.« Die Irrsinnsreise endete in einem abgelegenen Gebirgsdorf. Dort weckte er den Bürgermeister aus dem Schlaf, behauptete, er sei aus einem anderen Jahrhundert und ergreife hiermit die polizeiliche Gewalt. Der Bürgermeister rief die Landesirrenanstalt an. Als man kam, um ihn einzufangen, sagte der Schauspieler-Koch: »Ham denn die Leut keine Phantasie mehr, heutzutag?« Dann kehrte er harmlos nach München zurück.

Über dem Film lagen manche Zartheiten. Die weibliche Hauptrolle wurde von Jarmila Novotna von der Berliner Staatsoper, die dann an die Metropolitan kam, gespielt und gesungen. Sie erwartete ein Baby, und da der Film viel später anfing, als ursprünglich geplant war, konnte man das schon nach drei Drehwochen zwar nur wenig sehen, aber spüren. Das Baby war sehr unruhig und machte der Novotna viel zu schaffen. Das einzige Mittel, dieses kleine Wesen im Mutterleibe ruhig zu halten, fand mein Freund, der Drehbuchautor Kurt Alexander. Er setzte sich in den Arbeitspausen vor Jarmila und erzählte Kindermärchen in den Bauch. Er hat die schönsten Geschichten diesem noch nicht geborenen Baby erzählt. Er hat sie auch aufgeschrieben, und es entstand ein reizendes Buch: »Märchen an ein noch nicht geborenes Kind«. Leider ist das Buch im Trubel der nächsten Jahre nie veröffentlicht worden. Die Zeiten wurden zu laut.

Einer der größten Volksdarsteller, Karl Valentin, der zu Bayern gehört wie Bier, Rettich und Brezeln, spielte eine große Rolle. »I mag net«, sagte er, als ich mit ihm in Verhandlungen eintrat. »Im Kino — i hab amal dös g'sehn, da muß einer durch den Schornstein krabbeln oder ins Wasser springen — dös mag i net. I unterschreib Ihnen nur was, wenn's das hineinschreiben, daß i net ins Wasser springen oder durch ein Schornstein muß. Außerdem — dös Photographiern mag i aa net. Diese Apparate... Un wenn S' wollen, daß i spiel, i kann net sag'n, was gedruckt is; dös müssen S' mir immer vorher sag'n, was i sag'n soll. Un allein sag'n kann i's aa net, da bleib i steck'n. Das Fräulein muß es mit mir sag'n.« Das Fräulein war eine dicke Mamsell, die immer seit Jahr und Tag mit ihm auftrat und die ihm immer einhalf, wenn er nicht mehr weiter wußte in seinen kleinen Szenen, die er sich alle selbst ausgedacht hatte. Aus seiner Gedächtnisnot entstanden

Karl Valentin

diese Dialoge. Sie heißt Liesl Karlstadt. Er lebte mit ihr wohl schon dreißig Jahre zusammen, aber weil sie nicht verheiratet waren, nannte er sie immer noch respektvoll »das Fräulein«. Aus seiner Verdöstheit und bauernhaften Melancholie fielen dem Karl Valentin groteske Lustigkeiten ein, voller Philosophie und Tiefsinn. Er spielte in meinem Film den Inhaber eines kleinen Wanderzirkus. Er nahm das sehr echt. Als der wirkliche Zirkus auf dem Gelände in der Vorbereitungszeit aufgebaut wurde, half er bei den Arbeiten mit. Er hatte das Gefühl, er gehörte ihm. An einem Morgen stand er da im Nebel, eine traumhafte Sancho-Pansa-Gestalt, und malte auf das Zelt: »Wer diese Leinwand zerschneidet und wird dabei erwischt, wird bestraft.«

Als wir über die Gage mit ihm sprachen, meinte er: »Viel Geld brauch i net, weil i net weiß, was i damit anfangen soll. Das Fräulein hab i eh, der Doktor hat mir verboten, mehr Bier zu trinken als drei Glas pro Tag — einen Sohn hab i im Gefängnis. I mag ihn net, un hinterlassen will i ihm nix.«

Beim Drehen führte ich mit ihm so Regie, wie er es vorgeschlagen hatte. Ich erklärte ihm die Situation der Szene. Zum Beispiel: »Jetzt kommt der Dorfschulze und will von Ihnen Steuer haben. Die haben Sie nicht bezahlt, als im letzten Jahr Ihr Zirkus hier war, und jetzt haben Sie Angst, wenn Sie sie nicht bezahlen, daß Sie nicht spielen dürfen. Aber Sie haben kein

Karl Valentin

„Die verkaufte Braut"

Geld.« Währenddessen kam der Dorfschulze herein, der Valentin rief das Fräulein und sagte, was ihm gerade einfiel. Auf alle Fragen, die an ihn gerichtet wurden, fand er seine eigenen Antworten. Als es ihm zu bunt wurde und zu lange dauerte, haute er dem Dorfschulzen eins über den Kopf. Verborgen hinter den Wänden der Dekoration standen in vier verschiedenen Richtungen vier Kameras und drehten, was vor sich ging. So kam etwas zustande, was wohl Ähnlichkeit hatte mit den improvisierten Spielen der herumreisenden Komödianten des Mittelalters.

Valentin war ein Hypochonder. Wenn er nicht spielte, saß er im Gras und pumpte Kräutersäfte mit einer überkomplizierten gläsernen Maschine in seinen Hals. »Sind Sie krank?« fragte ich ihn. »Ja.« »Haben Sie einen guten Doktor?« »Nein.« »Warum denn nicht?« »Er wird mir beweisen, daß i g'sund bin, und dös mag i net.«

Viele Abende nach der Arbeit habe ich mit Valentin zusammengesessen. Er hat mir oft von seinen Wanderjahren und von seinem Jahrmarktsleben erzählt. »Ang'fangen hab i als ein Einmann-Orchester. A Mundharmonika und a Trompeten und a Trommel und a Violine und a Schellenband ... Dös hab i alles g'spielt, ganz allein. Und auf dem Bauch hab i a Plakat g'habt: ›100 Mark demjenigen, der alle diese Instrumente gleichzeitig spielen kann!‹ – und dann, wann's einer versucht hat und er hat's beinah können, dann hab i

Karl Valentin

in der Nacht g'sessen, und weil i an Angst g'habt hab, hundert Mark zu verlieren, hab i noch ein anderes Instrument dazu erfunden, und so ist sie immer größer geworden, die Maschin', immer größer... Und an einem Tag, in einem Wirtshaus, da hab i mi selber nimmer auskennt und hab einen Hammer g'nommen und hab alles kaputt g'schlagen. Und sehn S', so wird's auch amal g'schehn mit der Welt, eines Tags...«

Das Fräulein hat er sehr geliebt, aber er war immer grob zu ihr und hat kaum mit ihr gesprochen. Eines Tages wurde sie krank während der Aufnahmen; sie hatte Lungenentzündung. Sie hatte nur noch eine einzige Einstellung zu drehen, und ich nahm ein Double. Als der Film im nächsten Jahr fertig war, zeigte ich ihn als ersten weder der Kritik noch den Aufsichtsräten, sondern ganz allein dem Karl Valentin und dem Fräulein. Es war mir sehr wichtig, ihre Reaktion zu kennen. Als es hell wurde, saß Karl Valentin da, und die Tränen liefen ihm übers Gesicht. »Wie hat's Ihnen gefallen?« fragte ich. »Traurig!« sagte er. »Sehr traurig! Von dem einen Bild an, wo jemand Fremdes das Fräulein war, wie mir da vor dem Karren über die Landstraß gehn, hab i weinen müssen. I hab die ganze Zeit dran gedacht, wie das Fräulein so krank war.«

Mich hat er wohl gern gemocht. Ich kaute einmal, wohl aus Nervosität, bei den Freilichtaufnahmen an einem Grashalm. »Machen S' dös net«, sagte er. »Dös kann schlimm ausgehen.« Lange Zeit später erhielt ich

Karl Valentin

nach Berlin eine Postkarte. Auf der Postkarte war eine Zeitungsnachricht aus einem landwirtschaftlichen Käseblättchen aufgeklebt: »Heute wurde der Knecht Hermann G. im Spital von Ingolstadt auf *Tod und Leben* operiert. Man mußte ihm die Zunge herausschneiden, weil er einen Grashalm gekaut hatte, in dem Strahlenpilz enthalten war.« Drunter stand mit Bleistift, in kindlicher Handschrift: »Viele herzliche Grüße, Karl Valentin.«

Sein grausamer Witz traf unheimliche Wahrheiten. Bert Brecht inszenierte einmal eines seiner eigenen Stücke, »Leben Eduard des Zweiten von England«, eine elisabethanische Tragikomödie, an den Münchener Kammerspielen. Darin kommt eine Schlacht vor. Brecht, ein außerordentlicher Poet, aber damals kein durch und durch erfahrener Regisseur, wußte einen Augenblick nicht, was er mit den Komparsen anfangen sollte. Hinter ihm saß beobachtend Karl Valentin. Brecht drehte sich zu ihm um und fragte: »Wissen Sie, Valentin, wie Soldaten sind in der Schlacht?« Valentin schaute melancholisch an ihm vorbei: »Weiß schaun's aus, und a Furcht ham's.«

Er spielte einen Sketch »Bürgerwehr«. Neben sich hatte er einen kleinen, kugelrunden Soldaten stehen, dessen Gesicht so groß war wie sein Kropf. Eines Tages riefen die Kammerspiele bei Valentin an und wollten sich für eine Nestroy-Posse den Mann ausborgen. »Nein — den können S' net kriegen!« sagte Valentin.

Karl Valentin
„Sein grausamer Witz traf unheimliche Wahrheiten."

»Das ist mein Dicker, den hab i selbst gefunden, und den geb i net her.« Der Dramaturg der Kammerspiele versuchte es mit allen Überredungskünsten. Valentin blieb hart. Ein paar Monate darauf klingelte das Telefon in den Kammerspielen. Valentin am Apparat. »Sie — Sie wollten doch immer meinen kleinen Dicken haben. Den können S' abholen lassen. Der ist heut nacht gestorben.«

Nach meinem Film wandte sich die UFA an Valentin und wollte ihn für einen neuen Film mit mir nach Berlin kommen lassen. Die Verhandlungen schienen sich zunächst äußerst schwierig zu gestalten. Valentin erklärte: »I bin a Hypochonder, und i mag net reisen. Wann i in einem Zug sitz, da weiß i net, ob der Lokomotivführer wirklich aufpaßt. I reis' nur, wann i in der Lokomotiv sitzen kann.« Die UFA war dazu bereit. Kurz vor der Abfahrt kam ein Telegramm: »Mag net. Ich möcht in München sterben.« Er ist nicht gefahren.

Als in der UFA meinem lieben alten Kürassier-Oberst von Duday die »Verkaufte Braut« vorgeführt wurde, raunzte er: »Nicht schlecht. Nur das linke Pferd vor der Postkutsche war falsch gesattelt. In *meinem* nächsten Film mit Ihnen wird das nicht vorkommen.«

Es kam auch nicht vor. Es kam aber leider auch nicht viel anderes vor. Der Film hieß »Die lachenden Erben«.

Er wimmelte von Stars. Ich habe ihn nie ganz bis zu Ende gesehen. Er hat viel Geld gebracht, aber ich als Besucher hätte wohl kaum ein Billett dafür ausgegeben. Ich machte ihn mit reiner Routine. Die Anteilnahme, die ich in ihn investierte, entsprach der Anekdote, die man in Künstlerkreisen über den Präsidenten der Deutschen Malerakademie, Max Liebermann, erzählte. Während des ersten Weltkrieges wurde er ins Hauptquartier berufen und mußte den Generalfeldmarschall von Hindenburg porträtieren. Irgendwer fragte ihn: »Sagen Sie mal, ist der schwer zu zeichnen, der Hindenburg?« »Der? Der is gar nicht. Den piß ick in den Sand.« Dieser Liebermann hat auch einmal etwas über die Arbeitszeit der Künstler gesagt, was mir wichtig scheint. Jemand kam in seine Galerie und wollte eine kleine Skizze kaufen. Der Preis von tausend Mark schien ihm unverhältnismäßig hoch. »Wie lange haben Sie da dran gearbeitet, Herr Professor — sicher nur ein paar Minuten.« Liebermann: »Wie lange hab ick daran jearbeitet? Det kann ick ausrechnen, warten Se mal. Jetzt bin ick siebzig. Ick war zwölf Jahre, wie ick Maler werden wollte. Et sint also achtundfünfzig Jahre.«

Mit den »Lachenden Erben« saßen wir am Rhein, siebzig Leute in Aßmannshausen in der »Krone«. Das Wetter wurde schlecht, und wir waren eingeregnet. Nach fünf Wochen hatte ich erst zehn Einstellungen gedreht. Es kriselte. Die Arbeitsbegeisterung fing an zu zerbröckeln in böse Gerüchte und Empfindlichkeiten, und die Budget-Experten, wie das meist der Fall ist, glaubten, der Regisseur sei mit der Sonne, die nie richtig zum Vorschein kam, im Bunde. Man sprach davon, der Herr von Duday, der mich mit der Produktion des Filmes ziemlich allein gelassen hatte, sei im Anmarsch, und er komme, um »aufzuräumen«. Eines Morgens stand er mit grimmiger Miene im Frühstückssaal. »Guten Morgen«, brummelte er. »Wir fahren spazieren.« Er stieg mit mir in einen schweren Wagen, und wir fuhren hinauf in die Hochwälder über dem Rhein. Es war neblig. Schon zwei Stunden hatte er den Mund nicht aufgemacht, und ich sprach auch kein Wort. Plötzlich legte er seine Hand auf meine Schulter: »Sehn Se mal!« er deutete hinaus. »Kommen Sie mit.« Wir stiegen aus. Pause. Er starrte zum Himmel. Pause. Dort flog ein Vogel, klein wie ein Punkt. Duday hielt den Atem an. »Det is'n Fasan, Mensch. Im April. Unjlaublich. Un et is'n Männchen; det seh ick am Flug. Wenn mer nu janz still sind, paar Minuten warten, denn kommt auch det Weibchen.« Wir warteten, der zweite Punkt kam. Pause. Wir stiegen in die Limousine, fuhren wieder zurück zum Hotel, stiegen aus. Duday gab mir die Hand: »Also dann ist alles in Ordnung«, sagte er. Und fuhr nach Paris weiter.

Auf der Durchreise hielt er in Saarbrücken an. Dort erschien er im Geschäft meines Vaters, ließ sich bei ihm melden, stand baumlang vor ihm, und brummte: »Sie

...Sie haben einen Sohn. Um den machen Se sich keine Sorjen.« — Baumlang stand er auch eines Nachts vor mir im UFA-Gelände. Er hatte mich herausbitten lassen aus dem Studio in den Hof. Er hielt ein Extrablatt in der Hand. Er war kreideweiß. Ich mußte zu ihm hochschauen wie immer. Er sah aus wie ein besoffener Leuchtturm. »Der Kerl ist Reichskanzler geworden, der Hitler —« Sein schwerer Zeigefinger deutete auf das Papier und zitterte leicht. »Det sag ick Ihnen als alter Offizier — det is Deutschlands Untergang.« Später brachte mir ein Freund nach Frankreich seine Grüße und erzählte mir eine Geschichte von ihm: Es war in Hitlers Glanzzeit. In der UFA arbeiteten nur noch Partei-Günstlinge. Eines Abends läßt der alte Duday seinen Chauffeur vorfahren. »...in den Wald.« Sie fahren über Babelsberg und Potsdam hinaus, Richtung Oranienburg. Es regnet. Zwischen den Bäumen werden von weit die Stacheldrähte des Konzentrationslagers sichtbar. Duday läßt halten. Pause. Steigt aus. Pause. Stampft allein duselig durch die Bäume. Pause. Dann kratzt er an die Gitter und flüstert: »He, habt ihr Stoffe?«

Die Geschichte ist bestimmt nicht wahr. Aber daß man sie von Duday erzählt, hat mich gefreut.

In »Lachende Erben« fing unsere Zeit wieder an mich zu stören. »Sie werden einen Nationalsozialisten als Architekten haben. Wir müssen jetzt auch solche Leute beschäftigen«, sagte der Personalchef der UFA zu mir. »Es stört Sie ja wohl nicht, nicht wahr?« Es störte mich nicht. »Benno von Arendt!« stellte sich tags darauf der Mann vor und schlug die Hacken zusammen. »Von heute ab gibt es nur zwei Leute für mich — meinen Führer und meinen Regisseur.« Wir kamen miteinander aus. Manchmal, in der Aßmannshauser Zeit, ging Benno von Arendt mit mir durch den deprimierenden Regen spazieren. Er versuchte, mir seine politischen Theorien klarzumachen, von denen ich überhaupt nichts verstand, aber die mir tief unsympathisch waren. »Was mich besonders beunruhigt, ist euer militanter Antisemitismus«, sagte ich. »Der wird mir sicher mal ins Auge gehen.« Er lächelte. »Den nimmt doch keiner von uns ernst«, sagte er. »Das ist unser bestes Propaganda-Mittel, solange wir noch nicht an der Macht sind, und wenn wir's mal geschafft haben, vierundzwanzig Stunden später wird er abgeblasen — weggepfiffen.« Ich sagte: »... Wenn man solche Emotionen in die Massen eintrichtert, werden sie eines Tages schwer zu bändigen sein.« »Die Masse?« sagte von Arendt, »die marschiert wie man befiehlt. Ich kann dir das beweisen. Komm mit zu einer unserer Versammlungen hier im Dorf. Du siehst doch gewiß nicht arisch aus, aber sie werden vor dir strammstehen und den Arm heben wie vor dem Führer, wenn ich will... Wetten?« So geriet ich in eine der damals streng verbotenen, geheimen Zusammenkünfte der SA. Sie fand nachts in einer Kegelbahn statt. Die Jungens trugen Braunhemden und Dolche. Von Arendt schnarrte irgendein Kommando. Sie traten puppenhaft starr in Reih und Glied. »Mein Freund, Max Ophüls — Sieg Heil!« Die Arme flogen zum Gruß — die Kehlen brüllten »Sieg Heil!« Ich schritt durch das gespenstische Spalier und nahm die Parade ab. »Na siehste?« flüsterte Benno von Arendt stolz. Es war mir aber doch ein bißchen ungemütlich. Das Ehrenbierglas, das man mir anbot, ließ ich halb ausgetrunken stehen.

Als im Februar 1933 auf den Straßen Berlins die Juden zusammengeschlagen wurden und eine systematische Verfolgung liberaler Künstler einsetzte — Wohnungen wurden umzingelt, man wurde aus den Betten geholt und verschwand ins Ungewisse —, hörte ich zum erstenmal wieder von Benno von Arendt. Ich hatte ihn seit Monaten nicht mehr getroffen. Er rief mich an: »Maxel, ich hab mir das überlegt, was du mir heut nachmittag erzählt hast. Wenn's deinem Vater wirklich so schlecht geht, dann würde ich an deiner Stelle nicht mehr warten. Keinen Tag. Fahr nach Saarbrücken. Nimm den nächsten Zug. Oder fahr mit deinem Auto, das ist noch besser.« Vierundzwanzig Stunden nach meiner Abreise erschienen zwei mit SA-Männern vollbeladene Lastwagen und wollten mich verhaften.

»Liebelei« hat mich als Auftrag vom ersten Augenblick an fasziniert. Mitten in den Aufnahmen von der

„Liebelei" →

»Verkauften Braut« wurde mir telefonisch die Regie zugeteilt. Ich witterte die Gelegenheit, einen Film mit jungen Leuten, noch nicht vom Startum verdorben, herzustellen. Ich habe eine große Verehrung für alles, was der österreichische Dichter Arthur Schnitzler geschrieben hat. Als ich in Berlin ankam, nahm ich sofort Kontakt auf mit dem unabhängigen Produzenten, der »Liebelei« für den Cinema-Konzern mit mir herstellen sollte. Man schob mir eine Besetzungsliste zu. Es befanden sich darauf lauter alte, konventionelle, wohlbekannte aber müde Großväter und Großmütter, die aus kommerziellen Erwägungen heraus die Rollen der führenden, kaum zwanzigjährigen Gestalten spielen sollten. Außerdem teilte mir mein neuer Chef in sentimentalen Worten mit, wie er sich den Film vorstelle. Er fing an zu dichten, und mit tremolierender Stimme und feuchten Augen schwärmte er vom »Heurigen, wissen Sie... und Walzer mit Gesang, verstehen Sie...« und »Wiener Wäschermädchen«, und »vielleicht können wir noch den alten Strauß hineinquetschen, mit der Violine, der wirkt immer.« Er baute ein Monument aus Schmalz vor mir auf. Ich hatte meinen Freund Kurt Alexander mitgenommen zur Unterredung. Wir waren ein gutes Gespann. Im Vorzimmer saß eine Sekretärin, die Liesel hieß und sehr hübsch war. Sie hat noch später in Paris, verheiratet und dick geworden, als Mutter von mehreren Kindern, jugendlich-schwärmerisch von dem Krach gesprochen. »Ich

→

mußte noch die Tinte vom Schreibtisch wegwischen!« schwelgte sie. Nach dem Krach demissionierte der unabhängige Produzent.

Über »Liebelei« lag ein Glücksstern. Ich glaube aber, Glückssterne scheinen besonders hell am Poetenhimmel, und ich glaube, Arthur Schnitzler ist ein großer Poet. Er war schon zehn Jahre tot, als ich mich mit seinem Werk befaßte. Sein dichterischer Zauber hielt uns alle gefangen während der Arbeit. Schon bei der Besetzung war der Glücksstern da. Der Generalsekretär der CINEMA, Heinz Jarosy, ein Mann mit Fingerspitzengefühl, war leicht von meinen Besetzungsideen zu überzeugen. Für den Fritz fiel mir zunächst eine Stimme ein. Ich hatte sie in München gehört, während der Aufnahmen zur »Verkauften Braut«. Damals telefonierte ich mit einem mir unbekannten jungen Regie-Kollegen, der Wolfgang Liebeneiner hieß, und bat ihn, mir einen seiner Schauspieler von der Probe für meine Aufnahmen freizugeben. Er erklärte mir, er erkenne an, daß ich vertragsgemäß den Vorrang habe, aber er inszeniere soeben sein erstes Stück — und alles hänge davon ab. Ich sei schon durchgesetzt, der Film sei reich, das Theater sei arm. Dann schilderte er mir die Szene, für die er den Schauspieler brauchte. Er sprach klar, einfach, warm, plastisch, eindringlich. Ich wurde zum Zuschauer am anderen Ende des Telefons. »Sind Sie auch Schauspieler?« fragte ich. »Ich möchte es sein ...«, antwortete er.

—>

Und in Erinnerung an seine Stimme fuhr ich jetzt nach München. Ich ging mit ihm spazieren. Ich fragte ihn, ob er den Fritz spielen wolle. Er sagte ja. Er erzählte mir, warum, und erzählte so, daß ich ihn engagierte. Er war ein Mann, der mit seinem kargen und trockenen Idealismus außerhalb der Zeit und außerhalb aller bombastischen Begleiterscheinungen unseres Berufes stand. Ich hatte Angst, wenn er zum Film käme, könne er das verlieren, das, was ihn so berufen machte für die Rolle. Ich glaube noch heute, daß die meisten jungen Filmbegabungen durch große Gefahren gesteuert werden müssen, wenn sie am Anfang stehen. Hohes Einkommen, ein viel zu schnell hinaufgeschraubter Lebensstandard und Reklame stürzen auf sie ein, ein hektisches Selbstbewußtsein wird ihnen von Photographen und Interviewern, Friseuren und Schönheitsexperten aufgeklebt wie frische Farbe auf ein neues Haus, und Scheu und Zurückhaltung, die die wirkliche Jugend ausmachen und zu den Herzen des Publikums den direktesten Weg finden, gehen zum Teufel. Ich fragte Wolfgang Liebeneiner, ob er einen Menschen gern habe, der weit ab von einer großen Stadt in Stille und Zurückgezogenheit lebe. »Meine Großmutter«, sagte er. »In Lübben.« Sie hatte ein kleines Haus und einen großen Garten. Ich bat Wolfgang, drei Monate bis zum Beginn des Films zu seiner Großmutter zu fahren. »Ich schicke Ihnen auch eine österreichische Offiziersuniform aus dem vorigen Jahrhundert dorthin, die können Sie dort eintragen.« Er war freudig einverstanden. Nicht der kaufmännische Direktor unserer Gesellschaft. Er konnte nicht einsehen, warum die Filmindustrie Ferienreisen zu Großmüttern finanzieren sollte. Er sah es später ein, als Liebeneiner von der Einsamkeit direkt in den ersten Drehtag hinein eine Sauberkeit und Zurückhaltung brachte, die seinen ganzen Erfolg ausmachte. Ich selbst habe kaum etwas zu seiner Gestaltung beigetragen.

Den Theo spielte Willy Eichberger, in Amerika inzwischen als Carl Esmond bekannt. Theo muß aus einer sehr guten Familie stammen. »Es müßte ein Schauspieler sein«, sagte meine Frau zu mir, »der sich ein bißchen geniert, daß er Schauspieler geworden ist.« Es fiel uns von den Zeiten am Burgtheater dieser Willy Eichberger ein. Er war uns als freundlich, gutherzig, aber bis zur Ungeschicklichkeit gehemmt, im Gedächtnis geblieben, mit rotem Kopf und leichten aber wundervollen Manieren. Der Glücksstern ließ ihn auch im Film so sein.

Am meisten leuchtete wohl der Glücksstern an dem Tag, an dem ich Probeaufnahmen machte für die beiden weiblichen Hauptrollen. In meinem Wagen saßen Luise Ullrich, eine neue dramatische Schauspielerin vom Staatstheater, noch nicht im Film erprobt, und Magda Schneider, ein munterer, aufkommender Operettenstar. Wir fuhren an der Stadtperipherie entlang durch den Wald nach Johannisthal. Luise Ullrich sollte die melancholische Christine, Magda Schneider ihre lustige Freundin Mizzi spielen. »... Die Leut sagen immer, ich bin traurig!« lachte Luise Ullrich, »und deshalb muß ich traurige Rollen spielen ... aber mit meiner Mutter z'Haus hab i a Hetz den ganzen Tag... Meine Mutter kann's immer gar net glauben, wann sie mi weinen sieht im Theater!« Wie sie das sagte, war von einem drolligen Wiener Humor. Ich stutzte. »... Ach, und ich möchte so gern ein einziges Mal tragisch sein!« seufzte die kleine Schneider neben mir. Ich sah sie an und stutzte wieder. Sie meinte es ernst. Mir kam eine Idee. Warum soll ich nicht den umgekehrten Test als den geplanten mit den beiden Mädels machen?

Das Resultat war eine Überraschung. Die Rollen wurden – genau, wie es die Mädchen im Auto gewünscht hatten – vertauscht. Und so geschah es, daß ein sehr unkompliziertes, frohes Mädel eine der tragischsten Gestalten der europäischen Literatur formte und dadurch besonders erschütternd wirkte.

Um die vier jungen Menschen gruppierten sich in kleinen und kleinsten Rollen die damals führenden Stars. Der Film wurde genau entgegengesetzt zu seinen Verkaufswerten besetzt, wie man es gewohnt war. Schauspieler, die Filme allein trugen, arbeiteten drei oder vier Tage. Sie taten das Schnitzler, dem Glücksstern am Poetenhimmel, zuliebe.

Ich hielt Umschau nach einem Musiker. Ich wollte jemanden, der bescheiden genug war, sich zurückzu-

„Liebelei" →

stellen und klassische Musik zu verwenden, eine Musik, die aus der Vergangenheit Wiens herüberklingen sollte. So fand ich Theo Mackeben. Und die Kritiken hatten später besonders die Musik des Films gelobt. In Paris wurde die Partitur in allen Konzertchroniken besprochen. Am Pariser Konservatorium wurde über diese Musik doziert. Das Ministerium für Künste ließ eine Musik-Kopie für seine Archive anfertigen. Die Erklärung für dieses Resultat ist einfach: Mozart, Beethoven, Lanner und Brahms.

Auch der Architekt des Filmes war jung. Ich hatte in den Studios einen französischen Arbeiter beobachtet, der Hintergründe malte. Sie hatten so viel Luft und Stimmungen, daß ich mir dachte, er könne ein guter Architekt sein. Nachdem der kaufmännische Direktor seine erste Unterredung mit Pellon gehabt hatte, kam er kopfschüttelnd aus meinem Büro. »Er will nicht mehr Gage, wie er als Arbeiter bekommen hat, hat er gesagt. Erst möchte er zeigen, daß er was kann ... Er hat gesagt, er hat das Stück von Schnitzler so gern.«

Die Kostüme wurden von einem Mädchen gezeichnet, das noch ins Gymnasium ging.

Das Drehbuch kam im Spazierengehen zustande. Ich fuhr mit Hans Wilhelm, einem jungen Autor, drei Wochen nach Wien und ging mit ihm dort spazieren. Ich fuhr dann nach Salzburg zu Felix Salten, dem Autor von »Bambi«, und ging mit ihm zwei Wochen spazieren. Er war Schnitzlers nächster Freund. Ich fuhr dann nach Berlin und ging mit Kurt Alexander vierzehn Tage am Stölpchensee spazieren. Was wir auf den Spaziergängen gedacht und gesprochen haben, dauerte nur drei Wochen, um niedergeschrieben zu werden. Der Film war so gut vorbereitet, daß er in knapp vier Wochen hergestellt war. Für uns alle, die wir dran gearbeitet hatten, war es nicht lange genug. Uns ging die schöne Zeit zu schnell dahin. Am letzten Drehtag arbeiteten wir in einer kleinen Caféhaus-Dekoration. Die Lichter gingen aus. Es war zu Ende. Wir standen herum und wollten's nicht wahrhaben. »Im Theater fällt wenigstens ein Vorhang!« sagte einer traurig. Und dann griff jemand zu einer Axt, und die anderen nahmen die Hämmer, und wir zerschlugen die Dekoration und trugen zum Andenken an die schöne Zeit jeder ein Stückchen davon nach Hause. Ich nahm mir eine Markiertafel vom Billard mit.

Ich hätte sie mir einpacken sollen in den Tagen, in denen der Reichstag brannte. Aber ich zögerte. Es war nicht Platz genug in den wenigen Koffern, und es war mir auch zu wehmütig, und es ging auch alles viel zu schnell.

Die Emigration hat sich unheldisch vollzogen. Fliehen ist keine Tat. Aber der Abbruch war stimmungsvoll und deshalb wert, notiert zu werden. Ich hatte Probe zu einer Komödie: »Der Star« von Hermann

Bahr, mit Rosa Valetti und, endlich, mit Käthe Dorsch. Es war am selben Tag, an dem Benno von Arendt telefoniert hatte. Ich hatte seine Warnung nicht richtig ernst genommen. Am Abend nach der Probe bat mich Käthe Dorsch zu sich nach Hause. Das Kaminfeuer brannte. Wir tranken französischen Kognak. »Viele Ihrer Kollegen werden wohl bald nicht mehr arbeiten dürfen«, meinte sie. »Das ist sehr schade. Die Vorstellungen werden wahrscheinlich sehr verschlampen in Deutschland. Aber Ihnen wird nichts passieren. Ich kenne diesen Herrn...«, sie zögerte ein bißchen, »...diesen Herrn Göring. Ich kannte ihn schon vor langer Zeit, wie er noch Hauptmann war. Ich habe schon mit ihm gesprochen. Er wird dafür sorgen, daß man Sie unbelästigt läßt. Machen Sie die Proben ruhig weiter so, wie wenn nichts passiert wäre. Sie sollten sich nicht ablenken lassen. Vielleicht ist auch alles schon wieder zu Ende, bis unser Stück rauskommt.« So ging ich also am nächsten Morgen ins Theater. Es war zehn Minuten nach zehn. Traditionsgemäß trudelten die Berliner Schauspieler erst langsam und verschlafen gegen elf ein. Als ich auf die leere Bühne trat, stand am Souffleurkasten ein Mann, der mir unbekannt war. Er sah jung aus, hager, energisch, nicht gut genährt — er hätte stellenloser Ingenieur sein können oder Zivilbeamter der Kriminalpolizei. Er sagte mit schmalen Lippen: »Ich bin der neue Direktor. Herr Barnowsky wird dieser Tage seine Stelle niederlegen.

Ich vertrete ihn, ja, ich ver... Ich wollte nur eins festlegen: Von jetzt ab beginnen die Proben um zehn. Wer nach zehn — ob Talent oder nicht —, ist nicht mehr interessant. Wollen Sie das bitte Ihren Schauspielern mitteilen?... Und es gilt auch für Sie... nebenbei...« Ich ging zur Telefonzelle hinter den Kulissen, rief meine Frau an und sagte: »Packen«. Auch die Valetti meinte: »Wenn die Stationsvorsteher die Bühne übernehmen, dann wird's Zeit.«

Am Abend, auf dem Weg zum Bahnhof am Zoo, fuhr ich mit meinem Wagen am Atrium-Kino vorbei. Dort leuchtete neben dem Wort »Liebelei« in großen Lettern mein Name. Ich sagte zu meiner Frau und meinem Söhnchen: »Schaut euch das noch mal genau an...« Ich fuhr eine Ehrenrunde ums Kino... Ich fuhr zweimal, dreimal drum herum... ich weiß nicht, wieviele Male.

Mit meinen saarländischen Bürgerpapieren hatte ich gar keine Reiseschwierigkeiten. Bevor ich in den Schlafwagen Köln—Saarbrücken—Paris stieg, kaufte ich mir auf dem nervös brodelnden Bahnsteig eine Zeitung, und mir wurde ein bißchen seltsam zumut über die Zufälligkeiten der Nationalitäten, als ich las, daß man reichsdeutschen jüdischen Passagieren beim Überschreiten der Grenze die Pässe abgenommen habe. Neben dem Trittbrett stand Polizei. Der Schupo fragte mich sehr höflich nach meinem Ausweis. Ich gab ihm das Ding. Er sah sich's an, zeigte es auch seinem Begleiter, salutierte, gab es mir zurück, zuckte die Achseln und murmelte: »Völkerbund«. Ich dachte: »Das erste Gute, was er wirklich zustande gebracht hat.«

Die Züge, die Berlin verlassen, fahren im inneren Stadtbezirk noch sehr langsam. Man könnte im Geschwindschritt nebenhergehen. Man kann in die Wohnungen hineinschauen; um die Geleise herum wohnen kleine Leute, sie sitzen zu Hause, essen und trinken Bier, strecken die Beine lang unterm Familientisch, wippen im Schaukelstuhl, lesen die Zeitung. Sie sahen mich nicht. Ich nahm Abschied von ihnen. Ich nahm Abschied von der deutschen Sprache, in der ich zum Regisseur herangewachsen war. Ich nahm Abschied von den Versen, die mich hatten zum Schauspieler werden lassen. Ich sah schon lange keine Häuser mehr, da nahm ich immer noch Abschied. Weniger von meinem Haus und den Bildern und dem Tennisplatz und dem Telefon mit der langen Schnur am Bett. Der Zug fuhr durch deutsche Landschaft, über die frostige Frühlingserde der Nacht. Ich nahm Abschied von den Wäldern und Bergen und Flüssen, durch die ich mit meinen frühen Schulfreunden gewandert war, und wir sangen zur Laute – durch die ich Rad gefahren war, als ich Gymnasiast – durch die ich mit dem Auto gefahren war, als ich schon ein Mann war, und ohne die ich mir die Erde nicht vorstellen konnte. Der Schlafwagenschaffner stellte sich langsam zu mir ans offene Fenster. »Hat wohl auch keine Rückfahrkarte, der Herr, wie?« sagte er. »Nehmen Se det nich zu ernst, mein Herr. Ick kenne die Brüder. Ick habe sehr oft die Strecke Nürnberg—Berlin jemacht... Keene gute Strecke... nich international. Ick sage Ihnen...« — da wurde er leise. »Die können noch nich mal Schlafwagen fahren. Die sin et nich jewöhnt, sar ick Ihnen. Det jeht die janze Nacht, een Jeklingele. ›Schaffner, 'n Selters... Schaffner, ham Se Zijaretten? Schaffner, det Abendblatt!...‹ Sie sin et nich jewöhnt! Ick sare Ihnen, so wat hält sich nich! Sie kommen wieder, mein Herr.«

Als ich über die Reichsgrenze fuhr, hatte ich nicht viel zu verzollen. Nur leichtes Gepäck. »Wertsachen?« fragte der Beamte. »Nein.« Er sah durch meine Papiere. »Regisseur?« fragte er. »Na, dann is ja jut, solange Sie Ihren Kopp haben.«

In Paris sah es aber in den ersten Tagen nicht so aus. Die andere Sprache — ich kannte sie zwar und sprach sie, aber daß man mit ihr arbeiten sollte, das kam mir doch sehr fremd vor. Daß ein Mensch in einer Liebesszene statt »Ich liebe dich« »Je vous aime« sagen soll, schien mir beunruhigend.

Aber ich kümmerte mich nicht sehr darum. Paris, das mich schon immer in meinen Ferientagen amüsiert hatte, war zu schön. Kurt Alexander kam an, da wurde es noch schöner. Die Emigration war keine Härte, sie war eine Reise. Es gab den Glanz der feuchten Boulevards in den Lichtnächten, es gab das Frühstück im Distrikt am Montmartre, mit Kognak im Glas, Kaffee und den lauwarmen Brioches und den übernächtigen Gigolos und Nutten ... ein Dachzimmer in einem alten, lieben Hotel in der Rue Lord Byron, wo ich wohnte ... es gab ganz Paris, das genauso war, wie der kleine Moritz es sich vorstellt ... es empfing mich mit seiner intelligenten Sorglosigkeit. Der Nachtportier unten in der Plüschempfangshalle, den ich öfter sah als den Tagesportier, lud mich zum Coup de Rouge ein und prophezeite: »Ca va s'arranger, Monsieur ... j'en suis sur. Chacun au monde a deux patries. La sienne et Paris.« Und er gab mir Hoffnung: »Bald habe ich genug gespart, dann mache ich 'ne Nachtbar auf. Leute wie Sie kann man da immer gebrauchen.«

Ich ging allein über die sonnigen Champs-Elysées. Was aus mir werden sollte, wußte ich noch immer nicht. Gewohnt, dem Schicksal nicht vorzugreifen, tat ich vorläufig überhaupt nichts, hatte auch keine Verbindungen angeknüpft mit französischen Berufskreisen. Da trat mitten durch das Gewühl der Frühlingsspaziergänger am hellichten Tag ein Herr im Frack und Zylinder auf mich zu; ich dachte, es handle sich wohl um einen harmlosen Verrückten, und machte einen Schritt zur Seite. Er faßte mich aber ins Auge, ergriff meine Hand, drückte einen Zettel hinein und verschwand. Ich sah mir den Zettel an. Es stand darauf: »Versäumen Sie nicht im Cinema Etoile die Eröffnungsvorstellung des Films, der ganz Paris erstaunen wird: LIEBELEI.« Ich traute meinen Augen nicht: ich drehte mich nach dem Frackgespenst um und sah es derartige Zettel an viele andere Leute verteilen. Ich näherte mich der Rue de Tilsit. Da hing ein Anstreicher im Gerüst und malte auf eine Wand LIEBELEI. Er hing gerade am »L« fest. Wenn er meinen frohen Schreck gehabt hätte, wäre er sicherlich vom Gerüst gefallen. Ich stürmte zum Cinema Etoile. Es war ein sehr intim gehaltenes teures Theater. Die Türen waren geschlossen, und hinter den Glasscheiben gingen zwei Aufräumefrauen mit dem Staubsauger auf und ab. Ich klopfte. Man ließ mich ein. Ich sagte, ich möchte gern den Inhaber des Theaters sprechen. Eine Frau verschwand in einer Foyertür. Ich wartete allein zwischen zusammengekehrten Schmutzhäufchen. Ein kleiner Junge klebte an die Wände zwischen den Garderoben das Programm mit meinem Namen. Eine Tür ging auf, sie schwang hin und her und brachte aus dem Zuschauerraum Fetzen an mein Ohr: »Ich schwöre ... ich schwöre ...« Sie ließen drinnen meinen Film wohl Probe laufen. Fetzen aus meiner eigenen Vergangenheit ... »daß ich dich liebe ...« »Mein Name ist Tarcali — ich bin der Besitzer ...« Ein kahlköpfiger Ungar trat auf mich zu. »... daß ich dich ewig liebe.« —

»Was Sie immer brauchen für sich und Ihre Familie — Wohnung und Salär, natürlich bescheiden, das biete ich Ihnen an, wenn Sie hierbleiben in Paris ... und« —

er fügte das wie nebensächlich hinzu —, »wenn Sie mir von Ihrem Einkommen in den nächsten drei Jahren die Hälfte abgeben. Das ist ein gutes Angebot, ich bin sicher. Ihr Film wird den Parisern sehr gefallen. Ich habe ihn für 40 000 Francs gekauft. Ich werde sicher 400 000 dran verdienen, ich bin sicher. Er läuft mindestens drei Monate, ich bin sicher.«

Herr Tarcali hatte sich getäuscht; er hatte sich getäuscht, wenn er glaubte, daß ich sein Angebot annähme. Er hatte sich auch im Film getäuscht. Er lief eineinhalb Jahre, und er brachte ihm vier Millionen. Ich stand schon ein paar Wochen später in den Pathé-Ateliers und drehte eine französische Version von »Liebelei«.

Sie wurde ein großer Erfolg, in Paris, in Frankreich und in vielen Ländern. Mit der Presse konnte ich zufrieden sein.

Die französische Version von »Liebelei« wurde von einer unabhängigen Gesellschaft hergestellt, die sich aus allerlei Verehrern für das Schnitzlersche Werk gebildet hatte. Der Aufsichtsrat waren Maler, Gesandtschaftssekretäre, Schriftsteller, Weißrussen, eine ägyptische Prinzessin und ein besonders reizvolles Schwesternpaar, Katja und Luba, die Töchter des Sowjetbotschafters Krassin, Lenins bestem Freund. »Wissen Sie, was ich einmal für einen Mann heiraten möchte? Einen kommunistischen Prinzen. Ihr Film ›Liebelei‹ hat dieselbe Mischung«, meinte Katja.

Für die Hauptrollen in der französischen Version ließ ich bei den deutschen Schauspielern aus der Originalbesetzung anfragen, ob sie kommen wollten. Sie sagten alle zu, mir beim Wiederaufbau meiner Existenz in Frankreich zu helfen. Sie erklärten gemeinschaftlich in einem Brief, jede Gage zu akzeptieren, die ihnen angeboten würde. — Während der Produktion sprachen wir nie über Politik. Nur einmal saß Liebeneiner in meiner Wohnung auf dem Balkon. Wir schauten über die Bäume des Bois. »Ich fürchte, es wird lange dauern, drüben. Ich befürchte, das Volk wird sich nie freimachen können. Nur in einem langen, großen Krieg, den wir verlieren werden«, sagte er nachdenklich.

Erich Pommer hatte aus der UFA ausscheiden müssen und eröffnete für 20th Century Fox eine europäische Produktion in Paris. Ich stellte für ihn »On a volé un Homme« her. Fritz Lang inszenierte für denselben Stab »Liliom« von Molnar. Ich glaube, beide Regisseure waren eine Fehlbesetzung. Hätten wir getauscht, hätte Lang sicherlich einen außergewöhnlichen Kriminalfilm zustande gebracht und ich ein sehr gutes romantisches Lustspiel. So waren beide Filme, wenn auch finanziell erfolgreich, doch nicht mehr als mittelmäßig. Ein paar sehr gute Kritiken habe ich mir aufgehoben, aber es gab auch ganz andere.

Immerhin verdanke ich dem Film mein Vertrautwerden mit dem französischen Arbeitssystem. Pommer versuchte, die Methodik der Berliner Ära nach Paris zu transponieren. Es gab zum Beispiel Drehbuch-Konferenzen, die pünktlich anfingen und unpünktlich lange dauerten. Die Sitzordnung war hierarchisch festgelegt. Am oberen Ende eines langen Tisches saß ER, an den Flanken ging es vom Regisseur abwärts bis zum Requisiteur. Auch die Rede-Ordnung war dementsprechend. Zur dritten Sitzung erschienen die Franzosen mit Ranzen und Schiefertafel. Pommer nahm das mit Humor und schüttelte lächelnd den Kopf. Als gegen sechs am Nachmittag mitten während der Diskussion das Konferenzzimmer leerer und leerer wurde, fragte er den Ersten Kameramann: »Warum gehen Sie denn schon?« Der drehte sich noch in der Tür um: »C'est l'heure de l'apéritif, Monsieur ... et — j'ai une femme — une maitresse et des enfants.«

Wir fuhren mit einer gewaltigen Equipe und mit Lili Damita und Henri Garat zu Freiaufnahmen an die Côte d'Azur. Ein Assistent erklärte mir im Speisewagen des Train Bleu: »In jedem französischen Film gibt's ne Sequenz an der Côte d'Azur. Ob sie reingehört in die Geschichte oder nicht. Nett von Ihnen, daß Sie das so schnell erfaßt haben.«

In einem Bistro, nah am Hafen von Villefranche, spendierten mir unsere Arbeiter eine Bouillabaisse, von den Fischern dort gekocht. Es war ein Riesentopf, viel zuviel. Ich leerte ihn bis zum Grund. In der Nacht wurde mir schrecklich schlecht. Als ich am nächsten Morgen trotzdem zu den Aufnahmen erschien, trat der

Erste Elektriker auf mich zu, nahm meine Hand und sagte: »Monsieur, maintenant vous êtes Français.«

Was zu meiner Naturalisierung noch fehlte, kam durch die Intervention des Kultusministeriums zustande. Gewöhnlich mußte man in Frankreich neun Jahre auf die Naturalisierung warten. Die damalige Regierung reduzierte jedoch diese Periode auf ein Minimum für mitteleuropäische Künstler, für Musiker, Schriftsteller und Regisseure, denen sie in Paris ein neues Heim schaffen wollte. Oskar Straus, Igor Strawinsky und Brailowsky wurden gleichzeitig mit mir Franzosen.

Ich hatte schon für Frankreich und gegen das Deutschland der Nationalsozialisten in meiner Eigenschaft als Saarländer optiert, während der »Saarabstimmung« im Jahre 1935. Ich fuhr damals nach jahrelanger Abwesenheit wieder in meine Heimatstadt. Bei der Abstimmung gab es drei Lösungen: Die Berliner Lösung hieß »Zurück zum Reich«. Die Saarbrücker Lösung, von den liberalen Sozialdemokraten und Kommunisten unterstützt, hieß »Fortsetzung des Völkerbundsmandats«. Die Pariser Lösung war rein imperialistisch und ging auf Annexion. Voller Respekt vor dem nationalen Gefühl der Deutschen, hatte ich mir meine eigene Lösung im Gepäcknetz mitgebracht, und ich schrieb sie auch auf meinen Abstimmungszettel, der wahrscheinlich dadurch ungültig wurde: »Solange die Nationalsozialisten an der Macht sind — französisch. Später wieder — deutsch.« Ich glaube, wenn diese Politik nicht so vereinzelt geblieben wäre, dann hätte Hitler darüber zu Fall gebracht werden können. Wenn man dem nationalen Bewußtsein Deutschlands bewiesen hätte, daß der Führer das Reich verkleinert, statt es zu vergrößern, dann hätte er wohl seine erste außenpolitische Niederlage erlitten, und diese Niederlage hätte er von Patrioten seines Landes einstecken müssen.

Die damalige Maschinerie der internationalen Politik war weit entfernt von solchem Dilettantismus! Und so hingen in der kleinen, verschneiten Stadt an den Denkmälern, in den Bäckerläden, vor den Schulen und Kirchen dreierlei Plakate. Das beste war das nationalsozialistische. Da stand eine gutmütige Frau vor einem kleinen, bescheidenen Haus. Durch die Fenster und die offene Tür brannte gemütliches Licht. Die Frau breitete die Arme aus, und darunter stand »Heim ins Reich«. Die Sozialisten hatten vor zerbrochenen Ketten oder warnenden Fäusten ein Wort gedruckt, das bestimmt nicht ein einziger Bergmann aussprechen konnte. Es hieß »Status Quo«. Und obwohl dahinter ein dickes Ausrufezeichen gemalt war, konnte man sich nichts darunter vorstellen. Die Franzosen waren sachlich und vornehm. Ihr Plakat sah aus wie eine Gebrauchsanweisung, und wenn man dicht herankam, konnte man lesen: »Sollten infolge der Abstimmung Gewalttätigkeiten entstehen, so sind für diejenigen, die französisch abgestimmt haben, jenseits der Grenze Hospitäler mit Betten und Behandlung kostenlos zur Verfügung gestellt.« Ich weiß nicht, ob es stimmt, was man in internationalen demokratischen Zeitungen las, daß die Abstimmung gefälscht war. Ich glaube, sie ging verloren wegen Mangel an theatralischem Instinkt.

Ich zog mich, ein beleidigter Showman, vom Weltereignis resigniert zurück und war froh, als ich in Paris keines der streitenden Plakate mehr zu Gesicht bekam, sondern wieder von dem jüdischen Clown begrüßt wurde, der für Cointreau an der Likörflasche leckt, und als ich wieder mit der Untergrundbahn an Worten entlangfuhr, die mir eine freundlichere Welt einzuteilen schienen: Dubo—Dubon—Dubonnet«.

Mein Leben hat sich in vielen Wohnungen abgespielt. Geboren wurde ich in der Sulzbachstraße in Saarbrücken; das war eine Etagenwohnung mit vielen Zimmern. Es gab ein Wohnzimmer und ein »gutes« Zimmer, ein Herrenzimmer und den Salon. Ich erinnere mich besonders an die Türen, weil sie ineinandergingen und ich durch sie durch mit einem Luftgewehr die Wandteller vom Salon in Scherben schießen konnte.

Als ich sieben Jahre alt war, zogen wir in eine Villa in der Försterstraße. Sie lag auf einem Berg und meine Schule fünf Minuten Wegs nach unten im Tal. Ich bin jeden Morgen, noch das halbe Frühstück im Mund, von der Haustür bis zum Schulhof runter*gerannt*, weil es leichter war als zu gehen. Ich kam einmal zu spät, und mein Englischlehrer fragte »Warum?« Ich antwortete: »Herr Professor, ich habe Gegenwind gehabt.«

Zu Vaters fünfzigstem Geburtstag wohnten wir schon auf einem Gut, das sich der alte Herr erbaut hatte, weil er am Geschäft nicht mehr sehr interessiert war und Geld genug hatte, um Rousseauschen Prinzipien nachzuleben.

Während der Schauspielerjahre sahen alle die unzähligen möblierten Wohnungen und Hotelzimmer mehr oder minder gleich aus. Die Aussicht hinter den Fenstern wechselte von Aachen bis zum Schönbrunner Schloßpark in Wien — sonst nichts. Die Schönheit der Mittelstandsmöbel war monoton. Das Leben war bunt. Erst nach der Etablierung der Familie änderte sich der Stil. Wir wohnten immer soweit wie möglich am Rand der Stadt in guter frischer Luft. In Frankfurt lebten wir am Dornbusch. Der Garten hinterm Haus lief aus in die Felder. Um zu uns hinauszukommen, fuhr man an dem mittelalterlichen Eschenheimer Turm entlang; bis zur Stadtgrenze kostete die Straßenbahn zehn Pfennige; darüber hinaus fünfzehn. Wir sind manche Nächte nach der Vorstellung ein oder zwei Kilometer vor dem Dornbusch ausgestiegen, um fünf Pfennige zu sparen, die wir für die Abzahlung unserer ersten eigenen Wohnungseinrichtung nötig brauchten.

In Breslau besaßen wir ein kleines Siedlungshaus im

Zimpel, weit hinterm Schweidnitzer Tor. Unser Nachbar hieß Goy — und war auch einer. Im Sommer half er mir Tomaten pflanzen; aber im Winter erfroren alle Stöcke, so russisch-kalt waren die Winde.

In Berlin lebten wir zuerst in Lichterfelde. Die Wohnung lag im dritten Stock, hatte einen Balkon, der so groß war wie ein halber Garten. An der Ecke unter uns stand ein kleines Zeitungshäuschen. Dort lebte mein Junge mehr als in seinem Kinderzimmer. Er half dem buckligen Herrn Abel Zeitungen verkaufen.

Bald zogen wir in ein Haus am Lietzensee. Das war dann schon so, wie Filmregisseure glauben, daß ihre Häuser aussehen müssen. Ich konnte mir damals schon so viel Sensibilität leisten, daß mich die Dimensionen meines Schlafzimmers nervös machten, und ich ließ mir die Decke einen halben Meter tiefer setzen.

In Paris besaßen wir ein Stadtappartement in Neuilly, und sechzig Kilometer von Paris weg kaufte ich mir ein altes Bistro in einem Dorf, wo es keine Wasserleitung gab, sondern nur Brunnen, und baute es mir zum Landhaus um.

In all diesen Wohnungen war es immer sehr gemütlich, und jedesmal, wenn ich einzog, dachte ich, hier würde ich wohl lange bleiben. Diese Illusion konnte meine Frau durch die gemütliche Art, wie sie Zimmer einrichtete, jedesmal wieder neu entstehen lassen. Dabei verloren wir aber immer mehr von den Dingen, die wir einst besaßen. Heute gibt's vom ersten

Haushalt nur noch eine blaue Steppdecke und vier oder fünf Gabeln.

Sehr klassisch wohnten wir in Rom, als ich nach »On a volé un homme« einen italienischen Film machte. Unsere Zimmer gehörten zu einem Dachappartement im Hotel de la Ville über dem Pincio. Wenn ich vom Studio nach Hause ging, stieg ich, von der Piazza d'Espagna kommend, über die spanische Treppe empor, und ich kam mir jeden Abend vor, wie wenn ich in eine Ansichtskarte schlafen ging. »... Ich schenke dir Rom!« sagte einer meiner romantischen Assistenten zu seiner kleinen Freundin, als er von meiner Terrasse über die »Ewige Stadt« blickte... »Ja — aber ich brauche auch eine Handtasche...«, antwortete sie.

Trotz dieses Baedeker-Daseins hat mir die Arbeit in Rom viel Freude gemacht. Am meisten sind daran die Italiener schuld. Der Mann, der meinen Film finanzierte, war ein großer Zeitungsverleger. »Il Commendatore« Signor Emilio Rizzoli, Piazza Erba, Milano. Er stellte den Film her, weil er verliebt war in den besten Fortsetzungsroman einer seiner illustrierten Zeitungen, und er war verliebt in jede einzelne Aufnahme, die er während der sechs Monate Produktionszeit zu Gesicht bekam. Als das Drehbuch zu Ende geschrieben war, und ich es ihm im Hotel Diana in Mailand vorlas, war er verliebt ins Drehbuch. Er sprang auf, schlug die Hände überm Kopf zusammen und rief: »Bravissimo! Facciamo una festa!« Wir tranken durch bis zum nächsten Morgen. Wann immer er mich während der Produktionszeit in Rom besuchte und ich ihm Proben vorführte, sprang er im dunklen Raum vom Stuhl hoch, schlug die Arme zusammen, so daß ihre Schatten die ganze Leinwand bedeckten und rief: »Bravissimo! Facciamo una festa!« Am nächsten Tag konnte dann meistens nicht gedreht werden. Als der Film während der Biennale in Venedig gezeigt wurde und sogar einen Ersten Preis erhielt — solche »festas« hatte das Hotel Danieli seit langem nicht gesehen.

Der Commendatore erschien ein Jahr später in Paris, ein bunter Ball von Lebensfreude, und als er im Auto zur Premiere ins »Mathurin«-Kino fuhr und sah die bunten Garde-Republicaine-Soldaten mit ihren Bilderbücherdegen und den Goldhelmen vor dem Theatereingang, und es gab sogar einen roten Teppich und Minister und Gesandte, da rief er: »Grande! Facciamo una festa!« Er kam noch manchmal nach Paris — auch dann, als der Film schon nicht mehr lief. Wenn es gar keinen anderen Grund gab, dann sagte er: »Der 25. Februar ist doch der Namenstag meines Onkels! Facciamo una festa!«

Alle anderen Mitarbeiter am italienischen Film waren ebenso reich an Temperament. Die männliche Hauptrolle spielte der populärste Tragiker des italienischen Theaters, Nemo Benassi. Man konnte nie mit ihm reden, ohne daß er einen unterbrach und sagte: »Hab ich Ihnen eigentlich schon erzählt, daß ich der Liebhaber der Duse war?« Wenn man ihm versicherte, daß einem das völlig neu sei, konnte man mit ihm sehr gut auskommen. Wenn ich ihm erklärte, was in einer geplanten Szene vorzugehen hatte, und ich sagte ihm zum Beispiel: »Das ist ein wirklich ernster Moment, der Ihnen zu Herzen geht«, dann füllten sich seine Augen mit Tränen. Wenn ich ihm sagte: »...der Sie erschüttert«, dann *weinte* er herzzerbrechend, schon lange bevor er zu spielen begann.

Ein Kamera-Assistent, ein früherer Zirkus-Akrobat, war so entsetzt über sich selbst, wenn er die Schärfe verpaßte, daß er mitten in der Aufnahme vom Apparat sprang, laut schrie: »Madonna mia« und seinen Kopf gegen den Bühnenboden schlug.

Mein Film wurde in den Ciné-Ateliers gedreht, die noch nicht ganz tonabgedeckt waren. Draußen fuhr die Straßenbahn vorbei. Wenn wir eine Szene mit Dialog hatten, kletterte ein Arbeiter mit einer roten Fahne aufs Dach, schwenkte sie hin und her, und die Straßenbahn blieb so lange mitten in der Fahrt stehen, bis die Aufnahme zu Ende war. Nach acht Tagen wußten bereits die Schaffner, um was es sich in der Geschichte handelte, und unterhielten ihre Gäste während des Aufenthalts mit der Erzählung der ganzen Story.

Ich kam eines Morgens in die Dekoration einer reichen Wohnhalle und wollte, daß man die Treppe ein bißchen weiter nach rechts verschiebt. Der Architekt, Maestro Caponi, trat verstört auf mich zu. »Wieso verrücken? Was glauben Sie, wie wir bauen hier in Rom...?« Die Treppe war eingemauert.

Der Film war der erste italienische Tonfilm, der die Grenzen seines Landes überschritt. Er ist heute noch in allen romanischen Ländern im Repertoire. Wir haben die ersten Kranen, die ersten Kamerawagen, die ersten Kopiermaschinen in diesem Film gebaut. Es war der erste italienische Film, der auf zwei und mehreren Tonbändern gemischt wurde. Es war eine Erstgeburt von Anfang bis zu Ende, und wo immer ich Mitarbeit brauchte, fand ich außergewöhnlich starke Naturtalente.

Operateur war Paolo Arrata, der aussah und trank wie der Mercutio in »Romeo und Julia«. Er hatte den Blick eines Tizian und den technischen Mut eines Michelangelo. Er warf seine Kamera nach vier Seiten herum, in einer einzigen Einstellung. Und es kam ihm nicht so sehr drauf an, wenn auch ein Scheinwerfer mitphotographiert wurde. Er lachte: »Dann sehen die Leute wenigstens, daß es Film ist.«

Der weibliche Star war ein Mädchen, das bis dahin in einem Warenhaus Handschuhe verkauft hatte. Ich fand sie eine besonders begabte Schauspielerin. Sie hieß Isa Miranda und wurde nach dem Film von der Paramount nach Hollywood engagiert.

Einen richtigen Faschisten habe ich in Italien nicht getroffen. Auch die höchsten Würdenträger im Schwarzhemd erklärten mir, sie seien's nicht. Sogar der Graf

Ciano schien es nicht zu sein. Er war damals Propagandaminister und empfing mich in Sonderaudienz. Er ließ mich von zwei staubbedeckten Motorradfahrern in seinen Palazzo eskortieren. Sie sahen so aus, als ob sie sich den Staub auf ihre Uniformen aufgemalt hätten. — Es gibt ja in Rom keinen Staub ... Der Graf tat alles, um mich die Nicht-Existenz des Regimes in charmanter Form fühlen zu lassen. Die Ordonnanz, die aussah wie ein Admiral, riß die Tür auf. Ich trat in den großen Raum. Ich wußte nicht, was ich mit meinem Arm anfangen sollte, denn gegen den »Römischen Gruß« sträubten sich plötzlich meine Gelenke. Noch ehe ich zu einer Bewegung ausholen konnte, eilte der Graf von seinem Schreibtisch her auf mich zu und schüttelte mir beide Hände. Er überreichte mir dann einen sehr blinkenden Pokal und unterhielt sich eine halbe Stunde mit mir. Er sprach fließend deutsch und französisch und sehr intelligent über die kulturellen Bindungen zwischen Frankreich und Italien und über die freundschaftlichen Beziehungen zu England. Im Frühling darauf las ich in den Zeitungen, daß er zum Abschluß der Achsen-Allianz nach Berlin fuhr. Ich sandte ihm ein Telegramm: »Tun Sie nichts, ohne mich vorher zu fragen.«

Hätte er nur auf mich gehört.

Der Film hieß »La Signora di tutti«. Es war ein bewegtes Eifersuchtsdrama. Ich glaube, für nichtitalienischen Geschmack war es ein bißchen zu leidenschaftlich. Ein Höhepunkt war die Szene, in der die verheiratete Frau ihren Mann mit seiner Geliebten, einer Pflegerin, in der Nacht im Park des Familienanwesens glaubt. Die Ehefrau, seit Jahren völlig gelähmt, steigt in ihren Rollstuhl. Sie stürzt im Stuhl die Treppe hinunter zu Tode. Als der Film in Paris zu Ende war, fragte ich Tristan Bernard, wie er ihm gefallen habe. Er wischte sich mit dem Taschentuch über die Augen. »Très émouvant«, sagte er und räusperte sich. »... très émouvant...« Dann drehte er sich zu seiner Frau um: »Je ne t'acheterai jamais une chaise roulante!«

Mein nächster Film war von einem der besten Schriftsteller Frankreichs geschrieben und wurde mit einer der besten Gesellschaften von Paris gedreht. Er hieß »Divine«. Die besonders zarte, dichterische und witzige Colette schrieb das Buch nach einer eigenen Originalgeschichte. Ich glaubte an meine Arbeit. Als ich den Film fertig sah, gefiel er mir. Viele Künstler unter meinen Freunden, Kritiker und so weiter behaupteten, er sei gut. Das Publikum war nicht der Meinung. Es blieb weg. Der Film brachte seine Kosten und kaum mehr. Es war der größte Reinfall, den ich in meiner Praxis aufzuweisen habe, aber es war ein Reinfall mit Pauken und Trompeten. Ich mag nicht gern daran erinnert werden; ich habe schon fast vergessen, daß er je stattgefunden hat, und möchte, damit mir auch in Zukunft Kummer erspart bleibt, nicht wieder darüber schreiben.

Die Gesellschaft blieb trotz dieser Pleite mir sehr treu und bat mich, einen Film ganz nach meinem Geschmack zu machen. Ich wählte »La Tendre Ennemie«, ein tragikomisches Geister-Lustspiel, das ich Jahre zuvor in Breslau auf der Bühne uraufgeführt hatte. Der Autor hieß André-Paul Antoine. Ich suchte ihn über ganz Frankreich und fand ihn ein paar Straßen neben mir wohnend. Er sah aus wie Voltaire. Unsere erste Besprechung begann im Parc Luxembourg, zog sich über die Pont de Jena zum Briefmarkenmarkt im Parc Marigny, und als wir in der Rue St. Honoré ankamen, waren wir uns einig.

Ich engagierte für die Hauptrollen alle führenden Schauspieler des avantgardistischen Theaters Baty, die noch nie gefilmt hatten. Während der Verhandlungen mit dem Charakterspieler stieß ich auf Schwierigkeiten, auf die man nur in Paris stoßen kann. Er sollte einen älteren Spießer spielen, aber sein Haar war zu dicht. Ich schlug vor, es für den Film halb ausrasieren zu lassen. ». . . Ist das eine Bedingung?« fragte er. »Dann muß ich es mir bis morgen überlegen.« Er kam tags darauf wieder und lehnte ab. Sein Einkommen für vier Wochen Aufnahmen wäre höher gewesen als ein Jahr Gage an der Bühne. Ich verstand ihn nicht. »Ich spiele jeden Abend nach dem Theater seit zehn Jahren mit denselben Freunden Karten. Die würden mich aus-

lachen, wenn ich plötzlich mit einer Glatze käme...«
Er hat die Rolle *doch* gespielt — *ohne* Glatze.

Die Idee des Films richtete sich gegen alles Konventionelle, das im allgemeinen der dramatischen Liebesliteratur anhaftet. Drei Liebhaber ein und derselben Frau lernen sich tot als Geister kennen — im Leben wußten sie nichts voneinander. Die Frau hatte sie zu geschickt, einen mit dem anderen, betrogen. Gute Freunde und Kameraden im Totenreich, und weit über der Situation stehend, machen die drei Herren sich nach ihrem Ableben ein Vergnügen daraus, die Verwicklungen und Schwierigkeiten ihrer irdischen Affären voreinander zu enthüllen. Manche Damen mochten den Film nicht. Meine Frau mag ihn heute noch nicht. Er hat trotzdem den Prix Lumière gewonnen und wurde ausgewählt, Frankreich auf der internationalen Biennale in Venedig zu repräsentieren.

Eine führende französische Zeitung überschrieb ihre Kritik: »René Clair ohne Snobismus«. Seit der Zeit läuft der Film im Ausland meistens unter dem Namen von René Clair. Erst neulich habe ich ihn wieder so in New York angezeigt gesehen. Weil meine Frau den Film nicht mag, kann ich mich nie dazu entschließen, ernsthaft gegen diesen Kreditirrtum etwas zu unternehmen. Im übrigen finde ich meinen großen französischen Kollegen gar nicht versnobt.

Während einer Aufführung von »Tendre Ennemie« im Théatre Edouard VII. kam ein Herr zu mir in die

Loge. Er sah aus wie ein jüdisch-polnischer Boxer, hatte aber merkwürdig weiche Augen. Er hieß Korngold. Er erzählte mir, daß er den Film viele Male gesehen habe, ihn möge, und er selbst habe auch eine satirische Komödie geschrieben, die er mir gern zeigen möchte. Wir gingen ins Café Dôme, und er übergab mir ein mindestens tausendseitiges Drehbuch. Es behandelte in parodistischer Weise als Operette das Schicksal einer Malerkolonie in einem imaginären Land, und ich fand es eine sehr witzige Auseinandersetzung mit langhaarigen Wissenschafts-, Kultur- und Kunsttraditionen. Es war geschrieben, wie der Amerikaner Mencken solche Themen behandelt, und ganz musikalisch durchgearbeitet. Es war ein Erstlingswerk, viel zu lang, und doch konnte ich es nicht aus der Hand legen, so interessierte es mich. »Wollen Sie den Film machen?« fragte mich der Boxer, und in seinen Kinderaugen glänzte dieser schöne, ideale Blick, hinter dem so viel Unternehmungskraft, aber keine Bankdeckung stand. »Ja, gern«, meinte ich. »Aber welches Studio wird so was wagen?« »Ich weiß eins.« »Wo?« »In Sowjetrußland.«

Ich wurde bei der russischen Handelsmission in Paris eingeführt, und man offerierte mir dort einen Vertrag. Approximative Herstellungszeit: Zwei Jahre.

Von Kind auf angezogen vom Menschheitstraum einer christlich-kommunistischen Weltordnung, von den Mannesjahren an skeptisch in bezug auf ihre

frisch von der Schule weg, und so sah sie auch aus. Als ich ihr nach einer positiven Probeaufnahme einen Vertrag anbot, machte sie eine Bedingung: »Ich kann nur abschließen, wenn mein Vater auch arbeitet. Er hat ein halbes Jahr nichts zu tun gehabt, und es wäre mir peinlich, wenn ich Geld verdienen würde und er nicht.« Ihr Vater war Anstreicher, und vom ersten bis zum letzten Drehtag stand er im Studio auf der Leiter. Rini hat nie ihre proletarische Ursprünglichkeit aufgegeben. Einmal, in einer Ballszene, war ein Deckenverputz abgefallen, und der elegante Parkettboden mußte gesäubert werden. Die Scheinwerfer brannten schon; es mußte schnell geschehen. Ehe ich mich versah, stand Rini im glitzernden Abendkleid zwischen den Bühnenarbeitern und fegte mit. Nach ein paar Wochen fiel mir auf, daß sie freitags immer sehr zerstreut war, öfters geheimnisvoll verschwand und außer Atem wiederkam. Auf meine Frage gestand sie: »Wissen Sie, bevor ich angefangen habe, Schauspielerin zu werden, habe ich Schilder gezeichnet für die Geschäfte. Meine besten Kunden waren immer die Metzger, und ich weiß noch nicht, wie das ausgehen wird, was ihr da alle mit mir versucht... Ich meine, es wäre besser, wenn ich inzwischen meine Kunden nicht verliere. Ich male weiter meine Schilder, und freitags fahre ich sie aus. Freitags liefere ich ›Heute frische Wurst‹.«

Mein Manager war Dr. Leiser. Er hatte nur wenige, sehr gute Leute; er war an vielen erstklassigen europäischen Künstlern reich geworden, und an seiner Vorsichtigkeit, mit Geld umzugehen. Als er Rini Otte sah, platzte ihm, dem planvollen Geld- und Familienverwalter — er hatte eine regelrechte Ehefrau und zwei regelrechte Kinder — das Kragenknöpfchen. Zum erstenmal in seinem Leben nahm er nicht, sondern investierte Geld. Er riß Rini aus ihrem Milieu, finanzierte ihr einen einjährigen Aufenthalt in London, in den besten Kreisen, ließ sie planmäßig ausbilden, einkleiden, erziehen, reiten, Tennis und Golf spielen, ließ sie planmäßig schön und luxuriös machen durch die teuersten Experten, wie eine Prinzessin. Hollywood wurde planmäßig nach dreiviertel Jahren auf sie aufmerksam, planmäßig lehnte der Doktor zunächst alle Angebote ab und wartete, bis die Talentschnupperer schon auf den Knien rutschten. Aber gegen jedes Programm teilte Rini eines Tages mit, sie sei in einen mittellosen, unbekannten Schriftsteller verliebt, sie erwarte ein Kind von ihm, er möge Film nicht gern... Sie liebe ihn, sie verzichte gern auf jede Karriere — sie sei bereit, alles in sie investierte Kapital durch Schildermalen wieder abzuverdienen... Und so fuhr sie wieder zurück nach Amsterdam, zu »Vandaag verse worst«.

Während der Aufnahmen zu »Komödie ums Geld« geriet ich in den Strudel der »Solidaritäten«. Ich kam eines Morgens ins Studio, und die Arbeiter streikten. Sie standen herum mit gekreuzten Armen und hatten den Betrieb »besetzt«. Sie kopierten die französische

»Front Populaire« in Gesten, die ihrer niederländischen Gemütlichkeit nicht so gut standen wie dem Pariser Anarchismus. Das Studio gehörte zwei holländischen Brüdern, rotbackige, weißhaarige, greise Junggesellen, Tonpfeifenraucher aus den Tabakreklamen, nur ohne Tracht. Sie waren völlig hilflos und baten mich, für sie die Verhandlungen zu führen. Ich tat es, und es stellte sich heraus, daß man den Arbeitern seit drei Monaten die Überstunden nicht bezahlt hatte. Ich ging hinauf ins Büro der Brüder, die zum Überfluß Biedermann hießen. Ich sagte ihnen: »Sie müssen einfach Ihr Versprechen einhalten. Ich habe in Deutschland jüdische Unternehmer gesehen...« Der eine Biedermann unterbrach mich: »Wieso jüdische? Biedermann, Biedermann! Das ist kein jüdischer Name — wir sind keine Juden.« »Dann stehen Sie zu Ihrem Wort als Christ!« sagte ich. Sie zahlten, der Streik ging zu Ende. Aber der Film noch nicht. Der dauerte länger als die geplante Drehzeit. Nach drei Wochen ließen mich die Biedermanns wieder verzweifelt ins Büro rufen. »Herr Ophüls«, sagte der ältere, »machen Sie doch den Film fertig, so schnell wie möglich. Helfen Sie uns, haben Sie doch Verständnis — Sie sind doch auch Jude.«

Eines meiner internationalsten Produkte war »Yoshiwara«, eine Originalgeschichte, von dem Franzosen Maurice Dekobra ausgedacht, von einem Engländer und einem Deutschen geschrieben, von mir inszeniert und von zwei Japanern in französischer Sprache in Paris gedreht. Der Produzent hatte Sessue Hayakawa für die Hauptrolle unter Vertrag genommen. »Spricht er eigentlich französisch?« fragte ich. »Das habe ich ganz vergessen zu fragen.« Ein Telegramm ging nach Tokio, die Antwort hieß: »À la perfection.«

Hayakawa landete in Le Havre. Reporter, Photographen und Rundfunkleute empfingen ihn. Ich wartete in Paris. Wir aßen zusammen im Fouquet. »Sie können ruhig französisch mit Herrn Hayakawa sprechen«, ermutigte mich der Produzent beim Austausch der Höflichkeitsformeln. »Est-ce que vous avez fait un bon voyage, Monsieur Hayakawa?« fragte ich. »Grrrrrr...«, rollte irgend etwas im maskenartigen Gesicht des Japaners. Es klang tief wie Bauchreden. Ich drehte mich eine Sekunde verwirrt zum Produzenten. Der stieß mich unterm Tisch noch mal ermutigend an. »J'aimerais vous lire le manuscrit. Quand voulez-vous que je le fasse?« nahm ich mir ein Herz. »Grrrrrr...« »Der Junge hat keine Ahnung!« flüsterte ich deutsch zu meinem Produzenten. Es war leider so. In acht Tagen mußte das ganze Drehbuch umgeschustert, die Dialoge des Hauptdarstellers auf ein Minimum zurechtgeschnitten werden, und man gab ihm einen Französischlehrer, der mit ihm die paar verbliebenen Worte Tag und Nacht ochste.

Am ersten Drehtag stand unweit der Kamera der

alte Fisch, ein jiddischer Tapezierer, uralt, der nie, obwohl schwer zuckerkrank, vom Studio Francoeur entlassen wurde, weil er ein Maskottchen war. Er hatte es miteröffnet und vor Menschengedenken die ersten »Paysagen«, wie er sich ausdrückte, gepinselt, als der alte Nathan noch Filme selber spielte. Als Hayakawa anfing zu sprechen, drehte sich der alte, halbtaube, halbblinde Fisch, den Farbentopf in der Hand, zu einem Elektriker: »De sogen immer, Japanisch isso schwer. Ich versteh beinah jeddes Wort!«

Auch der weiblichen Hauptdarstellerin, Michiko Tanaka, näherte ich mich mit viel sprachlicher Vorsicht. »Ich kann nicht Japanisch — soll ich Englisch mit Ihnen sprechen oder Französisch?« »Machen's keine Witz«, sagte sie, »mit mir können's Weanerisch reden.« Sie hatte jahrelang in Wien gelebt. Ich habe mich sehr bemüht, ihr Französisch beizubringen. Aber nach kurzer Zeit im Film entdeckte sie ihr japanisches Herz, heiratete Hayakawa und zog mit ihm nach Berlin.

Eines Abends während der Aufnahmetage fuhr ich über die Boulevards. Sie schienen sehr erregt. Ich hatte mal wieder keine Zeitung gelesen. Eine Freundin erzählte mir was von München, von Kriegsgefahr und der Tschechoslowakei. Wir waren mit Bekannten am Place St. Michel, nah am Quartier Latin, zum Essen verabredet. Sie sprachen alle nervös durcheinander und meinten, es wäre wohl gut für mich, wenn ich abreiste; vielleicht nach Amerika. Ich konnte mir so etwas gar nicht vorstellen. Besonders nicht mitten in einem Film. Plötzlich standen Leute auf, fielen sich in die Arme, und ein bärtiger Herr, den ich noch nie im Leben gesehen hatte, küßte mich. Extrablätter flogen von Hand zu Hand, »Daladier, Chamberlain und Hitler in München; der Friede ist gerettet«. Irgendwo stieß man einen Tisch um vor Freude. »Warum habt ihr's dann überhaupt dem Max erzählt?« fragte mein Freund Alexander. »Dann hättet ihr ihn doch gar nicht erst zu stören brauchen!«

Im nächsten Film ließ ich mich definitiv nicht mehr stören, obwohl schon Kanonen in ihn hineindonnerten. Wir fuhren für »Werther« zu Außenaufnahmen ins Elsaß. Drüben überm Rhein, im Schwarzwald, in der Siegfriedlinie, spielten die Deutschen Krieg. Von der Maginot-Linie hörte man die Franzosen spielen. Die friedlichen Goethe-Dialoge mußten manches Mal abgebrochen werden. Im hohen Ährenfeld traf ich den Tonmeister, der sich eine besondere Schutzvorrichtung um sein Mikrophon gebaut hatte. »Contre le vent et contre l'époque«, sagte er. So ließen wir uns nicht stören. Wir konnten nicht nach Wetzlar fahren, wo der Werther sich in die Lotte verliebte. Wir nahmen mit den französischen Vogesen vorlieb. Sie sehen aus wie Süddeutschland. Wenn am Rhein beim Sonnenuntergang die Kirchenglocken läuten, klingen sie von beiden Ländern her wie Geschwister. Auch der Friede, der über Goethes »Werther« liegt, ist zweisprachig.

Das Buch hat er während seiner Straßburger Zeit erdacht und in Wetzlar erlebt. Und es ist in die französische Kultur so eingegangen wie in die deutsche. Und deshalb ließen wir uns nicht stören. Wenn über unseren Rokoko-Film-Postkutschen am Himmel silberne Stukas flogen, kippten wir die Kamera ein bißchen nach unten. Wenn wir durch den permanenten Weißweinrausch, von dem wir nicht loskamen, bedrohliche Zwischenfälle auf uns zukommen sahen, schauten wir weg — und dachten an Goethe. In Riquevihr, das früher einmal Reichenweier hieß, taumelte eines Nachts einer unserer Pariser Elektriker — betrunken — mit blutüberströmten Händen ins Hotel. »Ich wollte mir Zigaretten kaufen, da hat mir die Frau gesagt, sie versteht nicht Französisch. Sie spricht nur Deutsch...«, lallte er. »Gott sei Dank habe ich meinen Hammer bei mir gehabt... Viel ist nicht mehr da von der Epicerie.« Am nächsten Tag erschien der Bürgermeister, um den Fall beizulegen. Er hieß, seltsam gemischt, »François Wiederkehr«. Noch bevor ich was sagen konnte, zuckte er die Achseln: »Wenn ich nur wüßte, wohin! Wir Elsässer kriegen es immer auf den Kopf — alle vierzig Jahre. Es spielt schon keine Rolle mehr, von wem. In jeder Familie hängen von jeder Generation die toten Helden in der guten Stube. Mal in der einen Uniform, mal in der andern...« Wir tranken Rheinwein und filmten den Goetheschen Frieden — und ich ließ mich nicht stören.

Auch im nächsten Film, »Sans Lendemain«, nicht ... obwohl es sogar eine »Mobilisation générale« gab. Sie wurde sowieso nach ein paar hektischen Tagen wieder abgeblasen.

»Sans Lendemain« ist aus persönlichen Pariser Stimmungen und Erlebnissen entstanden, die uns viele Nächte festhielten zwischen den Gestalten des Pariser Nachtlebens. Stimmungen, die von den Zensoren aller Länder aus den Kopien herausgeschnitten worden sind. Ich habe noch nie eine ungeschnittene Kopie des Films zu Gesicht bekommen. Und das, was man mir nicht erlaubt hat zu zeigen, hat mir immer am besten gefallen. Die Welt der Zuhälter und Huren, Grabmäler der unbekannten Soldaten der Liebe, die das Fundament der bürgerlichen Moral abgeben, haben mich immer angezogen, und ich möchte gern eines Tages einen richtigen Film darüber machen. Einen, den ein Maupassant von heute schreiben sollte. Hie und da sind vielleicht ein paar Minuten von dieser meiner Sehnsucht in »Sans Lendemain« ausgedrückt. Aber es ist nur ein Anfang.

In Marseille hat einmal einer meiner Bekannten die konventionelle Frage an ein Mädchen gerichtet: »Wie bist denn du ›hierher‹ gekommen?« Sie antwortete ihm: »Ich hab früher den Kunden immer Geschichten erzählt und nicht immer dieselben. Jetzt sage ich ihnen, sie sollen ›Sans Lendemain‹ ansehen — das ist wahr.«

Das ist immerhin eine Anerkennung für den Film,

und diese Wahrheit verdanke ich der Gestaltung, die Edwige Feuillère gab. Prostitution hat sie gespielt — müde, billig, resigniert und vulgär —, wie die Hurenlieder klingen, die man zum elektrischen Klavier singt.

Ich verstand mich mit ihr, ohne daß wir uns über technische Details lang unterhalten mußten. Bevor der Film begann, wollten wir uns über die Rolle aussprechen, fuhren aber beinahe wortlos eine Nacht durch Paris, saßen in Cafés oder in ihrer Wohnung, schauten durchs Fenster, nahmen Stimmungen auf, ohne uns über jede einzelne Rechenschaft zu geben. Und im Studio haben wir auch immer den Stimmungen Zeit gelassen, haben geduldig gewartet, bis sie da waren. Dann hat die Feuillère immer nur das getan, was sie ihr eingaben. Ich glaube, sie ist eine große Schauspielerin.

Aber — bei »Serajewo« wurde ich gestört, ob ich wollte oder nicht. Wir drehten in Romans die letzte Sequenz, den Besuch des Erzherzogs Franz Ferdinand in Serajewo und seine Ermordung. Tausende von biederen Provinzlern hatten sich als Serben angezogen; die Geschäfte schlossen zu, die Kirchenglocken läuteten, die Schulkinder sangen serbische Volkslieder — auf den Mauern, in den Bäumen, auf den Dächern hingen halbwüchsige Jungen und winkten dem Thronfolgerpaar und meiner Kamera zu. Der Priester ließ eine Beerdigung umleiten, um meine Aufnahmen nicht zu stören. Die Bürgermeisterei hatte serbische Farben aufgezogen, die Brücken waren mit österreichischen Fahnen geschmückt; die Polizei zog habsburgische Uniformen an; die Bürger hingen orientalische Teppiche über ihre Balkone; die ganze Stadt hatte sich in komödiantischer Freude in meine Szene verwandelt. In diese Phantasie platzte die Störung. Als der Mörder Princip seinen Schuß ins Objektiv feuerte, jenen Schuß, der fünfundzwanzig Jahre vorher eine Welt in Brand setzte, kam der Requisiteur gelaufen mit der Nachricht: Generalmobilmachung — Drohender Kriegszustand — Deutschlands Ultimatum an Polen. Der Mörder Princip nahm seine Perücke ab und zog aus der Brieftasche ein rotes Kuvert, das er für solche Fälle immer bei sich trug. Er gehörte der Klasse 35 an und hatte einen Spezial-Stellungsbefehl direkt in die Maginot-Linie. Der »Soldat Soundso hat sich auf dem kürzesten und schnellsten Wege zu seinem Kommando zu begeben«... hieß es auf dem roten Papier. Die nächste Schnellzugsstation war eine Stunde Autofahrt entfernt. Ich fuhr den Mörder Princip in seinen Krieg. »Ich sollte lieber meinen Onkel im Kriegsministerium in Paris anrufen... vielleicht ist es wieder mal nicht so ernst — wie immer.« Wir hielten an einem Bistro. Es ging schon sehr laut drin zu, und viele Männer hielten ihre Frauen fester als sonst. Princip telefonierte von der Küche aus, wo der Wirt mit hochrotem Gesicht zwischen heißen Töpfen auf die politische Lage fluchte. »Il faut les prendre, hauts ou courts!« »Wen?« fragte ich. »Tout le monde!« Princip schrie was durch den Hörer, dann kam er wieder, kopfschüttelnd. »Der Onkel meint, es ist dieses Mal ernst.«

Als ich von der Bahn zurückkam, mußten wir schon die Kamera vom Eingang des Stadthauses von Serajewo zurückschieben, denn an der Mairie hing bereits neben den Aufrufen des österreichischen Kaisers die Bekanntmachung »Appel — Sous les Drapeaux!« Als dann das Volk zusammenströmte um die Mordkatastrophe, hatten schon viele der mitwirkenden Serben ihre kleinen Köfferchen, mit denen sie einrücken mußten, unterm Arm; und sie stellten sie einen Augenblick zur Seite, um die Szene nicht zu verderben. »Ist es sehr schlimm für Sie, wenn ich abbreche?« fragte mich blaß mein Operateur. »Eben haben sie nämlich durchs Radio meine Jahreszahl aufgerufen ... Au revoir!« sagte er und gab mir die Hand. Der Tonmeister rief seinem Assistenten zu: »Packen Sie ein und grüßen Sie meine Frau. Ich muß direkt nach Belfort.« Er ließ die Geräte und den Tonwagen da stehen, wie sie waren. »Kann ich meine Schminksachen hier reinschieben?« Der Friseur stellte Puder, Perücken, Parfüms und künstliche Augenbrauen mitten unter die Apparaturen. Er klappte noch nicht einmal die Tür vom Lastwagen zu — sie wippte hin und her. Er fuhr nach Metz. Ich fühlte mich plötzlich allein und verloren, denn ich war nie französischer Soldat gewesen, und es gab keinen Bestimmungsort für mich. »Sie werden Sie schon noch holen«, tröstete mich einer, der schon den andern Krieg mitgemacht hatte. »Sie holen jeden.«

Ich fuhr in der Nacht nach Paris. In meinem Wagen, in dem vier Personen Platz hatten, saßen wohl acht. Nur Männer. Solche, die in den nächsten drei Tagen drankamen. Frauen blieben zurück. Ich glaube, ich habe es nie so regnen sehen wie in dieser Nacht. Es regnete sogar von unten her. Durch die schmutzigen, verweinten Scheiben sah ich Tausende von Autoscheinwerfern neben mir und hinter mir über die sonst so friedlichen einsamen Landstraßen nach Paris hasten. Und in allen Autos saßen Männer, die zu den Waffen mußten. Unserem Hinterrad ging die Luft aus. Wir hielten in einem hohen Wald. Der nasse Lehm ging uns bis an die Waden, als wir anfingen zu reparieren. Auto um Auto fuhr durch die nasse Nacht an uns vorbei. Endlich stieg einer aus und half uns. Er war Garagenbesitzer in Dijon. Man konnte nicht feststellen, wie er aussah, so troff das Wasser von überall her. »Merde!« sagte er. »Je n'aime pas la guerre!«

Die beiden Garde-Mobile-Polizisten sahen aus wie korpulente Raben. Sie radelten behäbig erst durch die Kornfelder, dann über die Landstraße, dann durchs ausgestorbene Dorf, dann einen schmalen Feldweg entlang über die rote, offene Erde, die hineinmündete in den zaunlosen Garten hinter meinem Landhaus. Sie stiegen nicht einmal ab, sondern ließen die Beine schleifen, wischten sich den Sommerschweiß von der Stirn und reichten durchs Küchenfenster den kleinen, engbedruckten Schein »Appel sous les Drapeaux«. So wurde ich Soldat.

Als ich das Dorf verließ, stand eine alte Frau in der Nähe der Bürgermeisterei. Sie weinte schon seit einer Woche, seit der Krieg ausgebrochen war. Sie weinte auch, als ich ging. Leute erzählten, in ihrer Jugend habe sie mal eine sehr schwere Krankheit gehabt, über die der Dorfarzt nicht recht Bescheid wußte; und seit der Zeit könne sie die Augen nicht mehr schließen. Sie hatte keine Lider mehr. Die Pupillen saßen ohne Schutz in ihrem pergamentenen Gesicht. So rannen die Tränen ohne Aufenthalt, und sie jammerte: »Quelle misère ... quelle misère!«

Was den äußeren Ablauf der Ereignisse anbelangt, so hat sie für mich wohl recht gehabt. Ein verlorener Krieg mit einem Kriegsende, das sich gegen die wendet, die an den Krieg geglaubt haben ... alle die Situationen, von denen sich viele Schriftsteller, Produzenten, Schauspieler und Extras ernährt haben, sind von mir nicht dramatisiert, sondern erlebt worden ... leider!

Trotzdem fehlte es der Frau, die mir nachweinte, an Phantasie. Hat sie nicht gewußt, daß Bedrückung, Verfolgung und Grausamkeit, die sich schicksalhaft über die Menschheit niedersenken, auch sehr viel Schönes hervorbringen — wenn man sie überlebt? Ich würde diesen Gedanken heute nicht niederschreiben können, wenn mir neben Roheit und Bedrohung nicht genauso viel spontane Hilfsbereitschaft und Freundschaft zuteil geworden wären.

Seit jenen Jahren arbeite ich an einem Buch, das wohl nie veröffentlicht werden wird, weil es sich nirgendwo einreihen läßt. Dieses Buch glaubt, daß Elend noch keine Kunst ist, und überspringt es deswegen. Es zeichnet auch nichts von mir selbst auf, nur die Gestalten, die mir begegnet sind und die mir unvergeßlich bleiben, weil sie menschlich waren — mitten im Grauen. Mein Beruf mußte im Chaos wohl schlafen gehen. Ein paarmal nur flackerte er auf. Einmal im Sommer 1940.

Unsere Kompanie war gerade auf dem Marsch von der Reservestellung zur Front. Wir stapften durch den Regen. Wir waren schon durch Luftbombardements ziemlich dezimiert, die Deutschen waren durchgebrochen; von meinen Kameraden, meinen Vordermännern, sah ich nur die Nacken. Sie trugen die Köpfe gesenkt. Es war ihnen lausig zumute. Da kam ein Korporal hinter uns hergeradelt und schwenkte ein Papier in der Luft. »Le soldat Ophuls — zurück!« Ein Kriegsministeriums-Telegramm beorderte mich zur Herstellung eines Trainings-Films an die spanische Grenze, in die Fremdenlegion. Es kam ein bißchen verspätet. Die

„Ich verdanke meinem Beruf mein Leben."

Deutschen waren schon in Paris. Der Amtsschimmel hatte es verzögert. Aber Befehl ist Befehl, und so war ich der einzige Soldat, der um diese Zeit in umgekehrter Richtung durch den letzten, verzweifelten Aufmarsch des französischen Widerstands fuhr. Ich verdanke meinem Beruf mein Leben. Mein Regiment ist bei Fontainebleau von den Deutschen gefangengenommen worden. Es hätte wohl für mich unter den nationalsozialistischen Kriegsgesetzen nur standrechtliches Erschießen gegeben.

Auf meiner grotesken Fahrt geriet ich in den noch brennenden Bahnhof von Moulin. Er war übervoll von Flüchtlingen, Toten, Verwundeten, kopflosen Befehlshabern und Regimentern, die hastig zur Front geworfen wurden. Der einzige Zug, der in südwestlicher Richtung fuhr, evakuierte ein belgisches Altersheim. Ich sprang auf. Ein Sergeant hielt mich am Rock fest: »Halt! Zurückbleiben! Was haben Sie da in Ihrem Brotbeutel?« Er versuchte nach einem kleinen roten Kissen zu greifen, das so groß war wie eine Zigarrenkiste und das ich den ganzen Krieg über bei mir hatte, weil ich es mir abends beim Einschlafen unter den Kopf schob. Es war aus unserer Wohnung und erinnerte mich ans Zivilleben. Ich wollte es ihm nicht geben, stieß ihn zurück und zwängte mich in die Waggontür.

Die Passagiere in den Gängen und Abteilen deprimierten mich. Kaum einer von den Greisen war fähig, sich klarzumachen, woher er kam, wohin die Reise ging und weswegen er unterwegs war. Der ratternde Transport sah aus wie eine ziel- und sinnlose Verfrachtung von Hilflosigkeit. Ich schaute mich nach jüngeren Gesichtern um und entdeckte ein Ehepaar im Alter von etwa sechzig Jahren — es kam mir vor wie »Frühlings Erwachen«. Der Mann faßte mich fest ins Auge. Er nannte plötzlich meinen Namen. Es war der Komponist Oskar Straus. Obwohl er erst ein halbes Jahr vorher die Musik zu »Serajewo« komponiert hatte, hatten wir uns beide kaum erkannt — so ungewaschen waren wir und so unrasiert. Frau Straus weinte. Sie war es der Situation schuldig. Herr Straus zog mich zu sich und erklärte mir leise und pfiffig, daß er für unheimlich viel Geld sich einen Platz zwischen den Greisen erschmuggelt hatte. Es wäre ihm sicherlich unangenehm gewesen, wenn man ihn in diesem Moment Straus »den Jüngeren« genannt hätte. Frau Straus packte aus einem Strohköfferchen Wein und trockenen, selbstgebackenen Wiener Kuchen aus und gab mir einen coup de rouge. Es schmeckte mir wunderbar.

Der Zug hielt in Clermont-Ferrand — da flog die Tür auf. Ein Armeepolizist trat ins Abteil, richtete auf mich einen Revolver, rief »Hände hoch!«. Ich war verhaftet. Unter dem Geheul von viel Mob transportierte man mich zum Bahnhofskommandanten. Mein Zug entschwand inzwischen — ich sah Frau Straus noch weinend dasitzen. Der Bahnhofskommandant, der gefährliche goldene Blitze an der Uniform trug, knirschte mich an: »Machen Sie den Brotbeutel auf — packen Sie aus!« Dann, als er das Kissen sah, hielt er sich am Stuhl fest vor Lachen. Es war ein Telegramm durchgegeben worden, mich als Fallschirmspringer zu verhaften. Als ich ihm erklärte, daß ich mir schlecht vorstellen könne, daß ein deutscher Fallschirmjäger nach seinem Absprung den Fallschirm wieder einpacke, gab er mir recht. Dann bot er mir was zu Rauchen an und fand viele Entschuldigungen für das Durcheinander — meine umgekehrte Fahrtrichtung — meinen elsässischen Akzent. Doch während er meine Papiere überprüfte und meine Ausrüstung, stutzte er plötzlich wieder. »Aber es fehlt Ihnen ja Ihre Wolldecke!« Ich hatte sie in der Verwirrung liegenlassen. »Sie werden Unannehmlichkeiten haben, wenn Sie sich bei Ihrem neuen Corps melden ohne Wolldecke. Was machen wir denn da?« Er strich sein elegantes Schnurrbärtchen glatt. »Da halten wir den Zug auf. Telegraphisch. Erinnern Sie sich noch, in welchem Abteil Sie gesessen haben? Wissen Sie noch die Nummer?« Ich hatte keine Ahnung. »Aber die Wagennummer müssen Sie doch wissen?« Ich hatte keine Ahnung. »Ich weiß nur eins: ich saß bei meinen Freunden.«

Nie vergesse ich sein freudestrahlendes Gesicht: »Le Maître Straus!« rief er immer wieder. »Le vrai Maître Straus! Formidable!« Dann ging durch den französischen Zusammenbruch ein Funkspruch: »Zug Soundso in Vichy anhalten. Graue Wolldecke mit braunen Streifen, Tirailleur Max Ophüls gehörig, übernehmen aus dem Abteil des Maître Straus.« Der Maître Straus hat sich das Telegramm aufgehoben — es ist jetzt mit ihm in New York. Er gibt's mir nicht her. Es ist für ihn eine Reliquie seiner Popularität. Es ist für mich eines der schönsten Dokumente französischer Kultur. Ich weiß nicht, welches andere Land fähig gewesen wäre, in den Stunden seines Niederbruchs soviel charmanten Respekt vor einem Künstlerleben aufzubringen.

Der Fremdenlegion-Trainingsfilm fand schon in seinem Beginn sein Ende, in einer einzigen Total-Einstellung. Im Lager gab es Türken, Chinesen, republikanische Spanier, österreichische, deutsche, amerikanische Antifaschisten, Polen, jüdische Schneider aus allen großen Städten über der Erde, Bergmänner aus allen Gruben unter der Erde; sie verstanden nicht ihre sechsunddreißig verschiedenen Sprachen, sie glaubten nur alle dasselbe und waren zusammengelaufen für Liberté, Egalité, Fraternité. Meine erste Aufnahme sollte das Erwachen des Instruktionslagers morgens um 5.30 Uhr sein; Signal: »Raus aus den Betten«, Antreten, Kaffee mit Sonnenaufgang. Ich hatte immer eine tiefe Abneigung gegen zu frühes Aufstehen. Ich zog vor, meine Tätigkeit am Nachmittag zu beginnen. Ich dachte: Wenn bei Sonnenuntergang die Trikolore eingeholt wird, steht jeder Soldat in Sehweite drei Minuten in »Garde-à-Vous«, und die Clairons schmettern dazu. Das mag vielleicht eine gute Szene sein. Ich ließ mich beim General melden und bat ihn, mir die Erlaubnis zu geben, diesen Moment ins Drehbuch hineinzuimprovisieren. Ich hatte außerdem das melancholische Vorgefühl, als würde die Trikolore vielleicht auf lange Zeit nicht mehr zu sehen sein. Der General ließ 10000 Mann zum »Honneur au Drapeau« antreten. Halb noch in Zivilkleidern, halb in eilig zusammengestückelten, ausgetragenen Uniformen ohne Waffen oder mit alten Gewehren aus dem letzten Krieg stolperten sie aus ihren Baracken. Sie wußten wohl alle in dieser Minute, daß die deutschen motorisierten Armeen über alle Hindernisse sich hinwegwälzend auch hierher branden würden, jeden kommenden Tag.

Sie standen trotzdem stramm wie Schulkinder, die an die bunten Heldenbildchen in ihren Lesebüchern glauben müssen, und es gab weiß Gott viele grauhaarige Männer unter ihnen. Die Fahne glitt an dem hohen Mast, der mitten auf einem freien Platz stand, würdig nach unten. Zehntausend Hände flogen grüßend zum Käppi. Ich glaube, zehntausend Leben standen still wie Herzen, die für einen Moment zu schlagen aussetzen. Da rief ich ihnen von meiner Kamera aus impulsiv zu: »Die Marseillaise!« Ein Offizier hinter mir raunte: »Mais ils ne connaissent pas les paroles, les types ... ce sont des étrangers.« Ich widersprach: »Dann ohne Worte!« und ließ die Kamera nicht stocken. Jemand summte — dann summten Hunderte — dann summten die Zehntausend ohne Sprache. Der

Abendhimmel spielte durch das blau-weiß-rote Tuch. Als es am Boden lag, blähte es sich ein bißchen, wie der sterbende Schwan der Pawlowa... dann fiel es zusammen. Ein schwarzhaariger, unrasierter italienischer Korporal, der eine rote arabische Mütze trug und ein bißchen schwankte, als wäre er nicht ganz nüchtern, rollte die Fahne zusammen und verschwand damit in die Kommandanten-Baracke. Die Zehntausend schlenderten langsam irgendwohin »à la soupe«, oder sie legten sich schlafen.

Tags darauf warf man sie alle an die Vogesenfront — unausgebildet, uneingekleidet. Manche trugen noch braune Zivilschuhe, als sie in die Viehwagen einstiegen. Die ganze Division ist aufgerieben worden. Sie lebt nur noch in meiner Total-Einstellung. Die Aufnahme warf ich auf der Flucht, als deutsche Motorräder hinter mir her waren, in den Wäldern bei Biarritz in einen Wasserfall. Ich hatte Angst, viele der Legionäre hatten Angehörige in Europa unter nationalsozialistischer Besatzung. Auch sie hätten sterben müssen, wenn man ihre Söhne oder Brüder auf meinem Filmstreifen hätte identifizieren können.

Ein zweites Mal flackerte mein Beruf auf und kam mir als Lebensretter zu Hilfe, im langen, bangen Jahr nach dem traurigen Waffenstillstand. Ehemalige deutsche Schauspieler, ein paar Kameraden von Breslau,

Berlin, Frankfurt und all den Städten, wo wir einst jung zusammen waren, waren 1933 in die Schweiz geflohen und hatten dort das letzte freie deutschsprachige Theater in Europa gegründet. Sie mußten wohl seit Pétains Machtergreifung von meiner schwierigen Lage in Frankreich erfahren haben; sie wußten wohl, daß ich nach französischen Militärgesetzen das Land nicht verlassen konnte, ohne Deserteur zu werden, und daß ich von der Gestapo gesucht wurde. Deshalb hatten sie mich vom Schauspielhaus in Zürich telegraphisch als Gastregisseur einladen lassen. Ich fuhr von Aix-en-Provence, wo ich mich verborgen hatte, mit dem Telegramm zum Chef der Securité nach Vichy. Er machte den Eindruck eines internationalen Tennistrainers, der gerade in einem Kurort sein neues Engagement antreten wollte. Er hielt in einem kleinen Hotelschlafzimmer die Fäden des neuen, faschistischen Frankreich zusammen. In der einen Ecke stand ein Schreibtisch, vis-à-vis davon ein breites Messing-Doppelbett; drüber ausgestreut Handkoffer, Akten, Krawatten, Zeitungen. Durchs Fenster sah man auf den Wasser-Pavillon im Park, wo zwischen alten Frauen im Rollstuhl und Rentiers, die zur Kur spazierengingen, mit dünnen Röhrchen in den Trinkgläsern, deutsche Offiziere geschäftig aus ihren schwarzen Autos sprangen. An der Tür hing noch eine engbedruckte Karte, die die Gäste bat, in der Zeit zwischen zwölf und drei Uhr mittags aus Rücksicht auf die Kurgäste sich ruhig zu verhalten. Gerüchte waren zu mir gedrungen, daß der Polizeichef trotz seiner neuen, mir lebensgefährlichen politischen Richtung von doppelseitiger Hilfsbereitschaft sei. Nachdem ich ihm meinen Fall vorgetragen hatte, drückte er auf einen Klingelknopf, unter dem stand: »Sommelier — trois fois«. Ein Leutnant kam herein. Er raunte ihm etwas zu, und dann brachte der Leutnant vom anderen Ende des rotbeteppichten Korridors durch alle Improvisationen hindurch ein Dossier. Der Chef öffnete dieses Buch und schob mir ein Papier zu: »Sind Sie der Autor dieser Sache?« fragte er. Ich las, was ich einst als Soldat auf ein Stück Papier gekritzelt hatte und was allnächtlich jede Stunde während des Krieges über den französischen Sender unzählige Male nach Deutschland gefunkt worden war: Die Sendung war mir eingefallen am Abend nach einem Bombardement. Wir hatten am Nachmittag den Kompaniekoch beerdigt, der immer so stolz gewesen war auf seinen Druckposten. Ein Araber hatte seinen Rücken hingehalten als Unterlage, als ich es schrieb. Ich muß ehrlich sagen, mir war schwummrig zumute, als ich diesen Text in dem Hotelzimmer wiedertraf, und es wäre mir wohler gewesen, ich hätte ihn nie geschrieben. »Ja, ich bin der Autor«, sagte ich und gab das Papier wieder zurück. »Je ne paierais pas dix centimes pour votre vie!« sagte der Chef. »Aber wir können...«, er dachte nach, »...wenn Sie mit der Truppe von Louis Jouvet auf Tournee fahren. Das ist eine Propaganda-Reise, die die neue französische Regierung mit Einverständnis der deutschen Waffenstillstands-Kommission subventioniert. Was Sie dann jenseits der Grenze machen, davon brauche ich ja nichts mehr zu wissen.«

Ich fuhr als Mitglied der Theatertruppe Louis Jouvet über die Grenze, und meine Frau und mein Sohn waren mit dabei. Die Tournee wurde von der neuen französischen Regierung in Vichy aus Propagandagründen subventioniert, und die deutschen Grenzposten waren angewiesen, niemanden von der Truppe zu belästigen. An meiner Uniform in meinem Handkoffer klebte noch das Blut und der Schmutz der Verfolgung von den hoffnungslosen Straßen des niedergebrochenen Frankreich, als ich im Züricher Theater morgens ankam. Außer der Uniform besaß ich nur ein Hemd und eine Hose. Ich trat in den Zuschauerraum. Niemand war da, um mich zu empfangen. Er war leer. Nur das ewige Licht der Regielampe grüßte mich. Sie brannte über einem leeren Pult in der dritten Parkettreihe. Ich stellte den Handkoffer auf den Boden und schöpfte tief Atem. Über der leeren Bühne war der Vorhang hochgezogen. Die Dekoration eines bürgerlichen Milieus um das Jahr 1900 war sichtbar. »Sieht aus wie ein Ibsen«, dachte ich mir. Da hörte ich eine aufgeregte Schauspielerstimme hinter den Kulissen rufen: »Inspizient... Inspizient... Herr Baschwitz... da ist schon wieder rote Farbe an meinem Anzug... Das halte ich nicht mehr aus, das mach ich nicht mehr mit! Lassen Sie doch die Stühle abwischen, bevor ich mich hineinsetze!«

Wieviel lieber hatte ich in diesem symbolgeschwängerten Moment diese unsinnige Komödianten-Aufregung als die echte, durch die ich ein ganzes letztes Jahr hatte gehen müssen. Diese Erregungen meiner fiktiven Welt nahmen mich wieder auf wie einen verlorenen Sohn, und sie blieben wie treue, alte Freunde dicht bei mir während meiner Inszenierungen von »Romeo und Julia« und »Heinrich VIII. und seine sechste Frau«. Der Inspizient wollte demissionieren, weil er zwei Worte zu früh den Vorhang über dem dritten Akt bei der Generalprobe fallen ließ. Die jugendliche Sentimentale grüßte mich nicht mehr, weil ich in mehreren Szenen die alte Schlegelsche Romeo-Bearbeitung durch die moderne von Hans Rothe ersetzt hatte; da ich pausenlos vierzehnmal die Szene wechseln lassen mußte, bauten in Heinrich VIII. die elisabethanischen Hof- und Gerichtsbeamten tanzend im Halbdunkel zu Violinen und Trompeten die Kulissen um ...

Und so wusch ich mir in diesem erfrischenden Phantasiebad meine Emigration und meinen Krieg ab, mit Rampenlicht und Drehbühne, historischen Kostümen, Musik und Shakespeareschen Versen in deutscher Sprache. Die Kollegen halfen mir bei diesem Gesundungsprozeß anhänglich und verläßlich. Mit manchen von ihnen war ich lange Zeit zuvor durch Premierenfeuer und eiserne Vorhänge gegangen. Mit dem stürmischen Karl Paryla in Breslau, mit dem behäbigen dicken Steckel in Berlin, mit dem zierlichen Carl von Eydtlitz in Wien, mit der frischen Therese Giehse in München, mit der mondänen Traute Karlsen in Frankfurt am Main — und als wir nun unterm Schweizer Rampenlicht im Applaus standen und uns an den Händen hielten, kam es mir vor, als sähen sie alle so jung aus wie vor zehn oder fünfzehn Jahren — sogar die Schauspielerinnen. Auch die Besprechungen, die der in die Schweiz verschlagene Karl Diebold schrieb, einer der fortschrittlichsten und schärfsten Kritiker Deutschlands, klangen jugendlich, als ob er noch an der »Frankfurter Zeitung« wäre oder am »Berliner Tageblatt«.

Trotz viel guter Presse mußte der Beruf eines Tages wieder schlafen gehen. Zwar bot mir der Intendant Waelterlin einen Vertrag an auf die damals noch unabsehbare Dauer des Kriegs, aber entsprechend den Asylgesetzen der Schweiz konnte mir die Arbeitserlaubnis nur erteilt werden, wenn ich mich als französischer Deserteur erklärte. Ich zog vor, nach Frankreich zurückzukehren und von dort aus meine Einwanderung nach Amerika zu betreiben.

Wieder weinte eine alte Frau, als ich abfuhr... die Generalsekretärin der Fremdenpolizei in Zürich. »Ich hab meinen Posten nur durch Zufall bekommen, weil ich die schönste Handschrift in der Schule hatte«, schluchzte sie, »und es war so friedlich hier mit den Hotelgästen, bis der Krieg ausbrach. Jetzt muß ich soviel Schlimmes mit ansehen. Ich halt's nicht mehr aus.« Sie glaubte, ich führe zurück in Unsicherheit und Verfolgung. Sie befürchtete, ich würde in deutschen Gefängnissen enden und nicht auf einem amerikanischen Schiff. Sie hat genauso umsonst geweint wie damals die Greisin in meinem Dorf. Durch die Gefahren kam ich leicht und mit sportlicher Routine. Sie hätte weinen sollen darüber, daß mein Beruf so lange Zeit schlummern mußte. Auch als ich Ende 1941 über den Atlantischen Ozean fuhr, schlief er immer noch.

New York war laut, und Hollywood war neu und faszinierend, aber der Beruf schlief immer noch. Ich konnte gar nicht verstehen, warum er hier, in der Welthauptstadt der Filmindustrie, so lange nicht aufwachte. Bis mich eines Tages Paul Kohner anrief und sagte: »Ich zeige morgen ›Liebelei‹ — ich verrate noch nicht, wem. Halten Sie den Daumen.« Seit diesem Moment, glaube ich, ist er durch einen einzigen Mann so lebendig geworden, wie er es nie vorher war ...

Mit ihm endet heute vorläufig meine »Biographie«, meine Vergangenheit.

In der Freundschaft zu Preston Sturges liegt meine Zukunft.

Hollywood, August 1945 bis Dezember 1946

Nachwort

Sie lag nicht in der Freundschaft mit Preston Sturges, denn der Film, an dem sie beide — während eines durch diese Freundschaft schönen Jahres — arbeiteten, ging nach vier Tagen Dreharbeit in die Brüche, wie auch die Freundschaft selbst. Sie hatten diesen Film zu sehr geliebt, und der Regisseur Sturges, der ihn produzieren sollte, ertrug es einfach nicht, daß ein anderer ihn inszenierte. Max hat das nur allzugut verstanden, und obgleich er die tiefste Demütigung seines Lebens durch Preston Sturges erfuhr, blieb dieser für ihn immer eine der faszinierendsten Erscheinungen.

Nun erlebten wir aber ein Hollywood, das wir bis dahin noch nicht kannten. Wie ein Lauffeuer hatte sich das Gerücht verbreitet, daß in der Sturges-Produktion vier Tage lang ein sehr begabter Regisseur gearbeitet hatte. Und was die ganze künstlerische Vergangenheit in Europa mit all ihren guten Kritiken und soundsoviele Agenten in diesen vier Jahren nicht vermocht hatten, das taten diese vier Tage Atelier. Ehe es bei Max zu einer wirklichen Verzweiflung über seine grenzenlose Enttäuschung kam, nun nach so langem Warten doch nicht zum Start gekommen zu sein, waren neue Angebote da.

Nach seiner letzten Erfahrung war es nur natürlich, daß Max sich von der erfrischenden, unkomplizierten, reizenden Persönlichkeit Douglas Fairbanks' angezogen fühlte. Er nahm sein Angebot an. Und wenn dieser erste Hollywood-Film auch kein durchschlagender Erfolg wurde, so verdankte Max ihm — und das hauptsächlich durch das unerschütterliche Vertrauen, das Fairbanks vom ersten Drehtag an zu ihm hatte — seine wiedergewonnene Sicherheit.

Hollywood hatte mit einem Schlag für uns ein anderes Gesicht, seit Max dazu gehörte und morgens ins Atelier ging. Nichts mehr störte uns in diesem Land. Was war das schon, daß es keinen Frühling gab und unsere Nelken das ganze Jahr blühten — bis wir sie nicht mehr sehen konnten. Was war das schon, daß es das Langsam-Abend-Werden nicht gab, so daß Max einmal sagte: »Eben sehen Sie noch ihren Piquekönig beim Gin-Rummy, und in der nächsten Sekunde ist er weg.« Nichts störte uns mehr, Max stand im Atelier. Auch sonst atmeten wir natürlich auf. Kortner brauchte sich nicht mehr den Kopf zu zerbrechen, wie er mir auf die taktvollste Weise mal wieder etwas Haushaltungsgeld geben konnte, Helli Brecht mußte nicht mehr unseren Jungen »mal wieder aufpäppeln«, und wenn Max an einem freien Tag im Garten arbeitete, so tat er es als Hobby oder um sich zwischen Salaten die Szene für den nächsten Tag einfallen zu lassen. Auch kauften wir nun unser Haus. Die Geschichte des Hollywood-Hauses möchte ich ein wenig ausführlicher erzählen, weil sie uns eine Begegnung mit den einfachen amerikanischen Menschen brachte, die wir so sehr liebten.

Als wir in Hollywood angekommen waren, erlöste uns gleich in den ersten Tagen Robert Siodmak von dem unerschwinglichen Hoteldasein und gab uns einen möblierten Bungalow, der mit seinen zwei Räumen für ihn zu klein geworden war. Robert Siodmak, der in allen Ländern immer einige Jahre vor Max angekommen war, hatte gerade zu arbeiten begonnen und konnte schon in eine sehr schön eingerichtete Villa ziehen, was für uns Emigranten das zweite Stadium des Hollywoodlebens bedeutete. Das dritte war dann ein Haus.

Dieser Siodmak-Bungalow war sehr idyllisch in einem großen Garten gelegen und ganz von wilden Rosen überwuchert. Wir waren nach all dem Hin und Her der Flucht dankbar und zufrieden. Trotzdem ließ sich natürlich auf die Dauer dieses Idyll zwischen Bretterwänden mit Mann und Kind nicht halten, und während Max für kurze Zeit beim Information-Service in New York arbeitete, sah ich mich nach einer anderen Behausung um.

Ich war wochenlang von morgens bis abends auf der Suche gewesen und schon völlig mutlos, als mich eines Tages Frau Schüfftan* zum Kaffee einlud und das große Wunder geschah, ohne das die jahrelange Arbeitslosigkeit nicht zu ertragen gewesen wäre. Wir tranken unseren Kaffee auf einer himmlischen Terrasse mitten in den Hollywoodhügeln. Frau Schüfftan er-

* Frau des Kameramanns Eugen Schüfftan [siehe Seite 141 f.].

klärte mir, sie gehöre zu dem Haus, von dem ihr Bungalow eine Dependance sei.

»Wer wohnt denn in dem Haus?« fragte ich.

»Niemand«, sagte sie. »Und es wird auch niemand reinziehen. Die Besitzer gaben mir die Schlüssel, um es zu zeigen, falls jemand kommt. Aber da geht trotz der Wohnungsnot keiner rein. Vierundzwanzig Fenster, überall Parkett und alles verkommen.«

Gott sei Dank wollte ich es trotzdem sehen.

Nein! Ich traute meinen Augen nicht, so scheußlich war es. Hier herrschte inmitten der heitersten Landschaft, die durch die »vierundzwanzig« Fenster guckte, eine Trostlosigkeit wie im Wartezimmer eines alten, aus der Mode gekommenen Zahnarztes. Warum ich aber trotzdem Frau Schüfftan bat, mir ein Rendezvous mit den Besitzern zu vermitteln, kann ich nicht sagen. Es gehörte wohl zu dem Wunder und sollte so sein.

Die Begegnung mit ihnen war so was wie Liebe auf den ersten Blick. Herr Benson war Arbeiter und hatte dieses Haus von einem Onkel geerbt.

»Sehen Sie«, sagte seine Frau, »Sie sind arm, und wir sind arm. Wir haben kein Geld, um es hier zu investieren; wenn aber Sie Ihre Arbeit investieren wollen, können Sie billig wohnen.«

Das war ein guter, klarer Vorschlag. Die Miete war geringer als im Bungalow, und die Arbeit machte mir Spaß.

Als nach vier Wochen Max aus New York zurückkam, hatte unser Junge das Haus von außen und von innen gestrichen, waren alle scheußlichen Vorhänge durch Chlor gezogen und mit den überflüssigen der Plüsch zugedeckt. Max hatte eine große Freude, denn nun endlich hatte er einen Raum für sich allein, in dem er schreiben konnte und in dem auch diese Aufzeichnungen entstanden. Eigentlich sollte er für den Presseagenten nur einen dreiseitigen Lebenslauf skizzieren. Aber dann kam der Ball ins Rollen.

Nach anderthalb Jahren kam Papa Benson wieder. Er hatte einen guten Anzug angezogen und eine sehr feierliche Miene aufgesetzt. Verlegen und geniert erklärte er uns, daß er einen guten Job in San Franzisko bekommen hätte, wo seine verheiratete Tochter lebe, und da man auch dort keine Wohnung zu mieten bekomme, müsse er leider unser Haus verkaufen, um sich dort eins anzuschaffen. Er brauche nur die Anzahlung von zweitausend Dollar. — Max und ich standen wie vom Donner gerührt. Woher in aller Welt sollten wir zweitausend Dollar nehmen? Wir sagten, daß wir es uns überlegen wollten, und entwarfen abends einen Schlachtplan. Wir kannten einen steinreichen europäischen Produzenten, der einen Narren an Max gefressen hatte, und jedesmal, wenn er zu uns kam, sehr von unserem Haus angetan war; den wollten wir mit den Bensons zum Abendbrot einladen. Vielleicht — so rechneten wir uns aus — würde er das Haus kaufen und uns als Mieter drin lassen.

Das einzige, was bei dieser Einladung klappte, war das Essen, das ich gekocht hatte, und bei dem es auch sehr gemütlich war. Aber als wir uns danach zwanglos um den Kaffeetisch gesetzt hatten und die Bensons, wie verabredet, zufällig auf ihren Hausverkauf zu sprechen kamen, ging alles daneben. Ich hörte nur noch in der Küche beim Kaffeemachen, daß Max etwas von Kapitalanlage erwähnte und unser Produzent auf deutsch »Bruchbude« sagte. Nach dem Kaffee entdeckte Mama Benson plötzlich, daß der Mond schien, und bat uns um Entschuldigung, wenn sie mit ihrem Mann, der Kopfweh habe, etwas auf die Terrasse gehe. Nach einer Weile holte sie mich heraus.

»Dear Mrs. Ophüls«, sagte sie, »das ist nicht gut, was Sie versuchen. Der Herr da drinnen wird vielleicht eines Tages in diesem Land Filme machen und kann dann Ihrem Mann mit viel Wichtigerem nützlich sein, als wenn er jetzt dieses Haus kauft, das er doch ganz offensichtlich nicht mag. Insistieren Sie nicht mehr. Mein Mann und ich könnten in San Franzisko nicht glücklich sein bei dem Gedanken, Sie aus diesem Haus vertrieben zu haben, das Sie so schön eingerichtet haben. — Wir werden schon irgendwie unterkommen.«

Wir wußten, daß Bensons ein sehr gutes Angebot für unser Haus hatten; aber es gelang uns noch nicht einmal, ihnen wenigstens eine höhere Miete zu zahlen. Alles blieb beim alten. Durch diese Menschen haben wir in Amerika trotz mancher Not nie die Misere kennengelernt. Es war selbstverständlich, daß wir ihr Haus kauften, als wir die Anzahlung beisammen hatten.

Doch nun wieder zu Max.

Noch während der Dreharbeiten zu seinem ersten Film bekam er eine Anfrage, ob er die Stefan-Zweig-Novelle »Brief einer Unbekannten« machen wolle. Obgleich sie wegen der Zensur stark verändert werden mußte, interessierte diese Novelle Max sehr. Er schrieb das Drehbuch mit Howard Koch, einem Uramerikaner, dessen Freundschaft für Max von großem Wert wurde, weil er durch sie die erste wirklich geistige Beziehung zu dem Lande bekam, in dem er leben sollte. In »Brief einer Unbekannten« spielten Joan Fontaine und Louis Jourdan die Hauptrollen. Der Schauplatz dieser Liebesgeschichte blieb auch im Film das alte Wien. Es muß wohl ein Film für Frauen gewesen sein, denn als ich ihn zum zehnten Male sah, nahm ich Helene Thimig mit, und ich erinnere mich, daß wir dasaßen, uns die Hände hielten — vor Ergriffenheit ... ein klein wenig vielleicht auch aus Heimweh.

Dieser Film war es auch, der Greta Garbo später bestimmte, ihr Comeback, nach einer damals achtjährigen Pause, mit Max riskieren zu wollen.

Vom Heimweh waren Max und ich überhaupt sehr viel geplagt. Es gab auch so wenig Menschen, die den großen Schmerz über das harte Schicksal unserer Heimat teilten. Nicht alle hatten Fritz Kortners Mut, der zum Tod von Alexander Granach schrieb: »Wie furchtbar, daß er das Stirb und nicht mehr das Werde erlebte.« Ich glaube, daß diese Empfindungen auch dazu beitrugen, daß diese in ihrem Auf und Ab so temperamentvolle Männerfreundschaft so lange hielt. Kortner war einer der ganz wenigen Menschen, die Max noch kurz vor seinem Tode sah.

Sehr oft flüchteten wir mit unserem Heimweh zu Goethe, und für mich gehören die Stunden, in denen Max uns aus Goethe vorlas, zu den schönsten Hollywood-Erinnerungen. Ich sehe ihn noch in seinem großen Sessel sitzen, den ihm Kortner geschenkt hatte. Ich konnte mir nicht denken, daß es jemand auf der Welt gebe, der den »Tasso« schöner gelesen hätte als Max aus Sehnsucht nach seiner Sprache. Unser Junge gab sich seinem Vater zuliebe unendliche Mühe, diese Abendstunden mitzugenießen, aber immer wieder schlich er vollkommen verwirrt und verstört auf sein Zimmer. Wie hätte dieses Emigrantenkind, das nie deutschen Unterricht gehabt hatte, auch die Schönheit dieser Worte verstehen sollen? Für ihn war Deutsch die Familiensprache, in der man sagt: »Gib mir mal bitte die Butter rüber«; aber Verse las und liebte er von Shakespeare und Baudelaire. Auch Kortner bekümmerte das, und er versuchte einen ganzen Nachmittag, ihm den »Faust« näherzubringen; aber es war alles verlorene Liebesmüh. So ließen wir ihn denn in Ruhe. Welche Freude aber war es dann für seinen

Vater, als der Junge später einmal aus dem College, wo er deutsche Literatur belegt hatte, nach Hause kam und noch ganz erfüllt uns fragte: »Ja, wißt Ihr denn überhaupt, wie schön dieser Osterspaziergang ist?«

Eine Zeitlang war Max von den technischen Möglichkeiten eines Hollywood-Ateliers so überwältigt, daß es fast gefährlich für ihn hätte werden können, wenn er nicht in seinem nächsten Film drei so wunderbare Schauspieler wie Bob Ryan, Barbara Bel Geddes und vor allem James Mason gehabt hätte, die ihn so erfüllten, an die er sich so verlor, daß die Technik wieder an den Platz rückte, an den sie gehörte. James Mason wurde ein sehr guter Freund von Max, der wie unter einer Vorahnung — wie er mir später schrieb — im Sommer vor Max' Tod plötzlich nach Paris kam, um ihn zu besuchen.

Der nächste Film, in dem wieder Mason die Hauptrolle spielte, brachte Max mit dem Produzenten Walter Wanger zusammen, dessen Frau, Joan Bennett, Masons Partnerin war. Er war es, der Max mit der Garbo zusammenbrachte. Max war fasziniert von ihr und deshalb glücklich über die Aussicht, mit ihr arbeiten zu können. Es ließ sich auch alles zunächst sehr gut an. Die Balzac-Novelle »Die Herzogin von Langeais« wurde ein sehr gutes Drehbuch für sie. James Mason sollte ihr Partner sein. Die Vorbereitungen für die Dreharbeiten fanden in Paris statt. Verschiedene Umstände beeinflußten aber Wangers Projekt, was wir alle nicht ahnten, als wir uns noch auf der Überfahrt nach Europa befanden. Dort wollte Wanger gleich mit den Außenaufnahmen beginnen. Doch der Film wurde nie gedreht, da Wanger an seiner »Heiligen Johanna« zuviel Geld verloren hatte.

Zu unserem großen Wiedersehens-Erlebnis mit Europa kamen wir 1949 in diesen ersten hektischen Tagen noch nicht, denn kaum in Paris angekommen, flogen wir schon wieder nach Rom und von dort einige Tage später wieder zurück nach Paris. Immerhin hatte Max in Rom mit der Garbo schon seine ersten Unterhaltungen über ihre Rolle gehabt und war wieder hingerissen von ihr.

In Paris eröffnete Wanger uns, daß er in die Staaten zurückfahren müsse, bat aber Max dringend, Geduld zu haben und auf ihn zu warten. Wir warteten in einem tollen Appartement, das er uns zu diesem Zweck in einem ersten Hotel gemietet hatte — und mit einer sehr hohen wöchentlichen Gage. So weit, so gut. Wir genossen Paris und die Gage, aber allmählich wurde Max eine Gage ohne Arbeit entsetzlich langweilig, und als unter anderen Angeboten auch ein Stück von Schnitzler an ihn herankam, griff er zu. So entstand der »Reigen«.

Nun stand er wieder in einem Pariser Atelier, in dem es noch so viele seiner alten Mitarbeiter gab. Ringsherum herrschte Wiedersehensfreude. Welcher Kontrast aber zu den Ateliers, in denen er inzwischen gewohnt war zu arbeiten! Er konnte sich gar nicht mehr vorstellen, wie in diesem Durcheinander, in dem hier ein Kabel brannte und dort ein Beleuchter von einem wackligen Gerüst ihm vor die Füße purzelte, je ein Film zustandekommen sollte; aber er hatte vergessen, was seine französischen Arbeiter für wunderbare, schnelle Improvisateure waren, und so versammelte er denn abends seine Equipe um sich und dankte ihnen für die Marneschlacht, die sie für ihn schlugen.

Max fühlte sich jetzt erst wieder richtig in Paris zu Hause, und auch der Umstand, daß prominente Schauspieler sich bereit erklärt hatten, bei ihm kurze Episoden zu spielen, war ein Zeichen, daß sie ihn nicht vergessen hatten. Das machte ihn sehr froh.

Eine sonderbare Geschichte aus dieser Zeit fällt mir ein, weil sie für uns zu diesem Nachkriegs-Paris gehört. Wir hatten eine möblierte Wohnung gemietet und mußten mit ihr gleichzeitig eine alte Wirtschafterin übernehmen. Sie war eine verhutzelte bretonische Bäuerin, ganz unansehnlich, die aber hinter ihren dicken Brillengläsern ein Paar erschreckend helle blaue Augen hatte, von denen wir immer dachten, daß sie durch uns hindurchsahen. Eines Abends, als wir besonders lang mit dem Abendbrot auf Max zu warten hatten, erschien sie plötzlich in der Tür und überraschte mich mit der merkwürdigen Frage, ob sie mir die nächsten vierundzwanzig Stunden voraussagen dürfe. Es war ein bißchen unheimlich, aber ich war neugierig. Sie sagte jedoch für die kommenden vierundzwanzig Stunden lauter belanglose Dinge voraus, die ... allerdings alle eintrafen. Max und ich machten daraus ein Gesellschaftsspiel, und seine erste Frage, wenn er abends aus dem Atelier kam, war immer: »Was passiert morgen?« Mir wurde aber dadurch bald die ganze Atmosphäre der Wohnung ungemütlich, und ich stellte »die vierundzwanzig Stunden« ab. Max war das gar nicht recht, und nachdem er eines Abends erklärte: »Du kannst mich doch schließlich nicht ganz ins Ungewisse hinein leben lassen«, bat ich am nächsten Abend wieder unsere Hellseherin um die »nächsten vierundzwanzig Stunden«. Das erste, was sie sagte, war, daß ich am nächsten Mittag einen Anruf bekäme, auf den hin Max seine Arbeit unterbrechen und mit mir noch am gleichen Abend abreisen müsse. Max seine Arbeit unterbrechen! Welch ein Irrsinn! Ebensogut hätte sie mir sagen können, daß der Eiffelturm die Champs Elysées herunterspazieren würde. Max lachte auch, als ich ihm das abends erzählte. Als dann am nächsten Mittag das Telefon läutete und mein Schwager mir mitteilte, er habe soeben ein Telegramm erhalten, daß Max' Vater im Sterben liege, da wankten mir die Knie nicht nur dieser Nachricht wegen. [Die arme Bäuerin wurde später wahnsinnig, und als Max einmal aus dem Atelier heimkam, trat ihm die Alte – als Straßendirne gekleidet – aus einer Hausnische entgegen und sprach ihn an.]

Max' Vater lag in einem kleinen katholischen Klosterspital in der französischen Provence. Als wir in sein Zimmer kamen, verließen ein paar alte Damen ein wenig verlegen den Raum, und mein Schwiegervater, der sich inzwischen erstaunlich gut von seinem Schlaganfall erholt zu haben schien, klappte ein Buch zu, aus dem er offensichtlich den alten Damen vorgelesen hatte, und legte es auf den Nachttisch. Später sah ich, daß es der »Faust« war.

Dieser Mann, der mit dreizehneinhalb Jahren, als er eines Nachts zufällig die Existenzsorgen seiner Eltern mitangehört hatte, am nächsten Tag sein Ränzlein packte, Elternhaus und Schule verließ und der Ernährer der Familie wurde, dieser Mann war eine starke Persönlichkeit. Sein Geist hatte auch jetzt nichts von seiner Lebendigkeit eingebüßt, und man hatte den Eindruck, als drehe sich in dem katholischen Haus alles um diesen einen jüdischen Kaufmann. Die Nonnen himmelten ihn geradezu an, obgleich er sie schrecklich tyrannisierte, und erzählten uns — fast möchte ich sagen mit Stolz —, daß er stundenlange Religionsgespräche mit einem hohen katholischen Geistlichen führe. Ach, ich ahnte damals nicht, daß ich in nicht allzu ferner Zeit ähnliche Situationen in einem anderen katholischen Krankenhaus erleben sollte. Max' Vater starb ein paar Tage nach unserem Besuch.

Es war gut, daß sich Max gleich wieder an seine Arbeit begeben konnte. Er hatte manchen lieben alten

Bekannten um sich. Da war vor allem der Meister Oskar Straus, der sich in diesen »Reigen« geradezu verliebt hatte. Max hatte immer Angst, daß der alte Herr sich zu sehr ermüde. Als er ihn einmal aufforderte, da gerade nichts los war, sich in seiner Garderobe auszuruhen, war Straus ganz erschrocken, und als er sich dann doch überreden ließ, brummelte er noch im Hinausgehen: »Sie, dös is aber gar net lustik.« Ein anderes Mal, als Max ihm keinen Wagen geschickt hatte, weil er wollte, daß Straus zu Hause bleibe, um sich zu schonen, kam er auf eigene Faust an, und Max entdeckte ihn erst, geduckt hinten am Klavier sitzend, als er sich über das herrlich abgestimmte Orchester begeisterte.

Dann war da sein Freund aus schönen Berliner Jugendtagen, Adolf Wohlbrück, und auch sein Produktionsleiter Baum, mit dem er schon vor dem Krieg manchen Film zusammen gemacht hatte und der ihm nun beim Zurückkommen in die veränderten Verhältnisse eine große Hilfe war. Ich habe Max und seinen Produktionsleiter übrigens nie anders miteinander sprechen hören als frankfurterisch.

»Der Reigen« war für Max die erste künstlerische Begegnung mit Danielle Darrieux. Er wurde von dieser großen Schauspielerin so angeregt, daß er sich später kaum noch einen Film ohne sie vorstellen konnte, und sie sagte mir einmal, daß sie — wenn sie mit einem anderen Regisseur arbeite — oft vor einer

Szene die Augen schließe, um sich vorzustellen, wie Max sie wohl gesehen hätte.

Ach, Danielle! Wieviel Freude hatten wir durch sie in all den Jahren seitdem, und nicht nur in der Arbeit. Der Zufall wollte es nämlich, daß wir im Vallée de Chevreuse Nachbarn wurden und dort mit ihr und ihrem so gescheiten Mann unvergeßliche Stunden verlebten. Abends bei ihnen, weil es dort so gemütlich war, und mittags bei uns wegen der schönen Aussicht. Später konnte ich es lange nicht über mich bringen, allein zu ihnen zu gehen, und auch jetzt, wenn ich sie besuche, ist Max immer noch lebendig unter uns. Unser lieber Hund Danny, den Danielle zu sich nahm, als ich unser Haus verkauft hatte und für dieses schöne große Tier kein Platz mehr war, liegt dann still zu meinen Füßen, und wenn ich wieder gehe, begleitet er mich ganz ruhig zum Tor und sieht mich an, als wollte er sagen: »Mach dir keine Sorgen, mir geht es gut hier.« Danielle antwortete einmal, als sie gefragt wurde, welchen Wunsch sie habe, wenn eine Fee erschiene: »Daß meine Tiere für einen Tag sprechen könnten!« Wie gut verstehe ich das jetzt.

Von einem anderen großen Künstler, der im »Reigen« zum erstenmal mit Max arbeitete, gab es auch keine Trennung mehr. Es war Georges Annenkoff, der die Kostüme entwarf und der nicht nur Maler, Schriftsteller und Bühnenbildner, sondern auch ein großer Regisseur in Rußland gewesen war. Daher waren die

Figurinen, die er für die Kostüme zeichnete, oft meisterhafte Charakterisierungen der Rollen. Es wurde zur Gewohnheit, daß Max und er sie mir zeigten, ehe sie in die Produktion kamen, und es war deshalb für mich erschütternd, als Annenkoff nach Max' Tod mir die Figurinen zu dem Modigliani-Film brachte, ehe er sie seinem neuen Regisseur zeigte.

Fast alle seine Mitarbeiter aus seinem ersten, wieder in Europa gedrehten Film blieben ihm bis zur letzten Klappe treu, so auch Christian Matras, dessen meisterlicher Kameraführung Max so viel zu verdanken hatte, und d'Eaubonne, der die Dekorationen schuf. Nicht zuletzt: Ulla, seine Sekretärin. Sie wurde bald für Max unentbehrlich. Sie konnte alle Drehbücher, die Dialoge, die technischen Anweisungen wie auch alle früheren Fassungen auswendig und korrigierte die Schauspieler im Atelier.

Als der »Reigen« beendet war, taten wir endlich das, wonach wir uns so lange sehnten, wovor wir uns aber auch sehr fürchteten: Wir fuhren nach Deutschland. In irgendeinem kleinen Garten auf einem Hügel an der Autobahn München-Salzburg tranken wir Kaffee und verloren uns an dem Blick in die Landschaft. Beim Weggehen sagte einer von zwei jungen Burschen aus der Gegend, an deren Tisch wir vorbeikamen: »Viel Freude an der alten Heimat!« Max lief schnurstracks zum Auto, und als ich zu ihm kam, lag sein Kopf auf dem Steuerrad, und er weinte. Ich glaube, es war auf dieser Fahrt, daß wir uns entschlossen, endgültig in Europa zu bleiben.

Einer, der Max' Kummer darüber, noch immer nicht wieder in seiner Sprache arbeiten zu können, verstand, war Friedrich Bischoff, der Intendant des Südwestfunks, mit dem ihn aus gemeinsamen Breslauer Tagen eine große Freundschaft verband. Er gab ihm die Möglichkeit, in Baden-Baden als erste Funkinszenierung die »Novelle« von Goethe zu machen und dann mit Käthe Gold »Bertha Garlan« nach Schnitzler.

Diese zwei deutschen Hörspiele waren für Max wie ein Anschluß an die eigene Vergangenheit. Sie waren für ihn ein Moment der Ruhe und der Harmonie in seinem künstlerischen Schaffen, und diesen Moment benötigte er dringend, denn seine nächste Arbeit, und zugleich sein letzter Film, »Lola Montez«, hatte eine schwierige, höchst schmerzliche Geburt und eine unerfreuliche Kindheit.

Aber wenn jetzt manchmal diese interessanten, filmverfallenen jungen Pariser Menschen zu mir kommen ... diese jungen Leute, die damals, vor vier Jahren, noch Studenten waren und nun zum Teil schon ihre eigenen Filme drehen — wenn sie sich mit mir unterhalten und mir ihren Kummer über den Verlust eines großen Vorbilds klarmachen wollen, dann sprechen sie immer wieder von »Lola Montez«. Wenn da ein junger Lehrer und Journalist sein bißchen Freizeit opfert, um herumzureisen, und in Vorträgen versucht, diesen

Film dem Publikum näherzubringen, oder ein Student mir berichtet, mit welcher Begeisterung gerade dieser Film an der Sorbonne aufgenommen wird, so frage ich mich, ob Max nicht vielleicht auch noch in einem zweiten Sinn ziemlich jung gestorben ist.

Hilde Ophüls

Aus »Die verkaufte Braut«, 1932, mit Max Nadler, Jarmila Novotna, Hermann Kner, Maria Janowska, Paul Kemp.
Weitere Darsteller siehe Filmografie

Aus »Die verkaufte Braut«.

Aus »Liebelei«, 1932, mit Magda Schneider, Luise Ullrich, Wolfgang Liebeneiner, Willy Eichberger.
Weitere Darsteller siehe Filmografie.

Aus »Liebelei«.

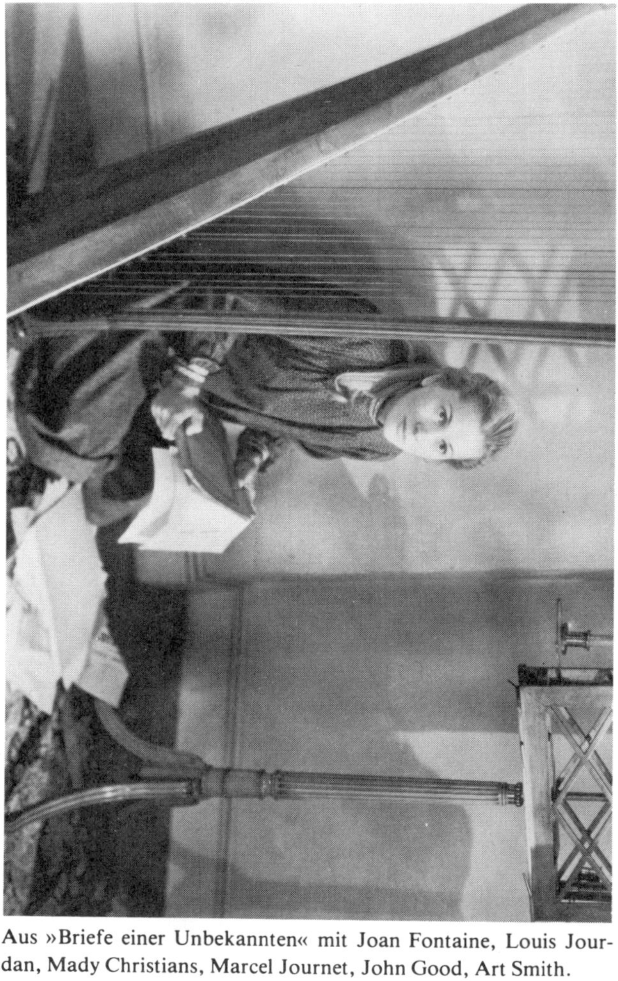

Aus »Briefe einer Unbekannten« mit Joan Fontaine, Louis Jourdan, Mady Christians, Marcel Journet, John Good, Art Smith. Weitere Darsteller siehe Filmografie.

Aus »Der Reigen«, 1950, mit Anton Walbrook, Simone Signoret, Serge Reggiani, Simone Simon, Jean Clarieux.
Weitere Darsteller siehe Filmografie.

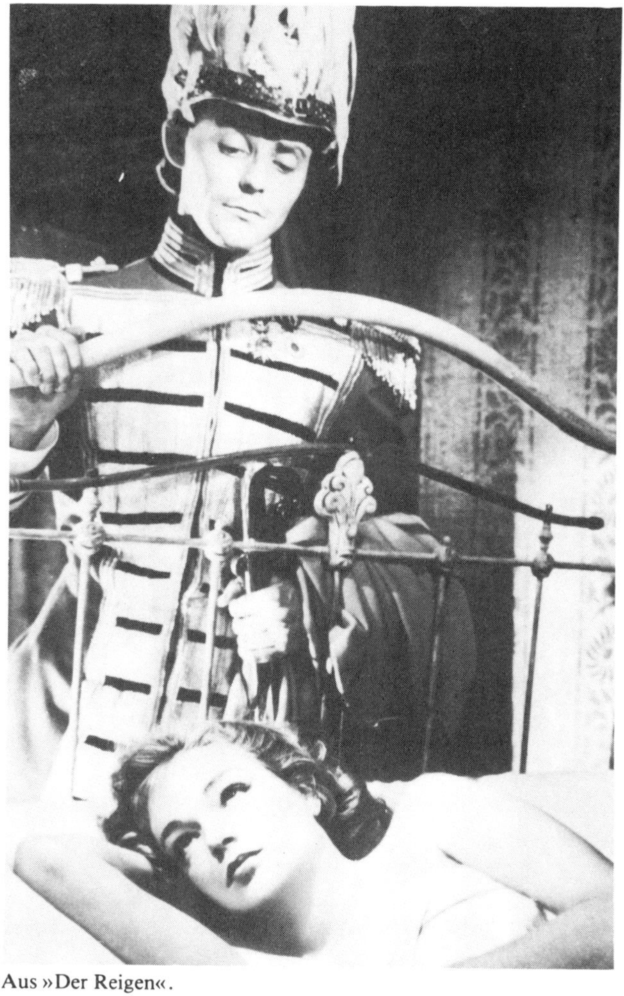

Aus »Der Reigen«.

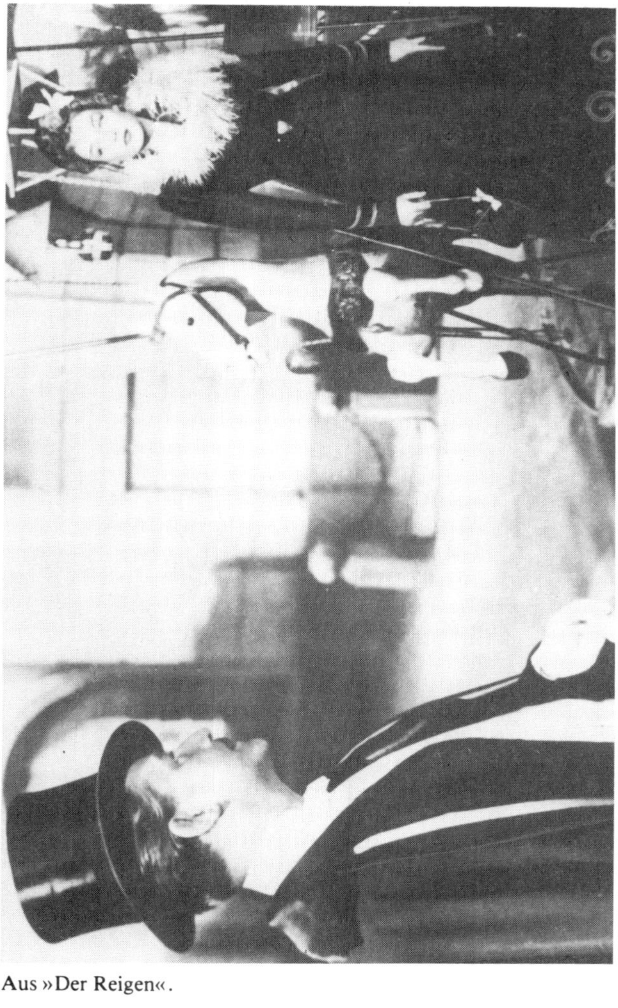

Aus »Der Reigen«.

Aus »Pläsier«, 1952, mit Claude Dauphine, Janine Viénot, Jean Galland, Gaby Morlay, Paul Azaîs, Emile Genevois.
Weitere Darsteller siehe Filmografie.

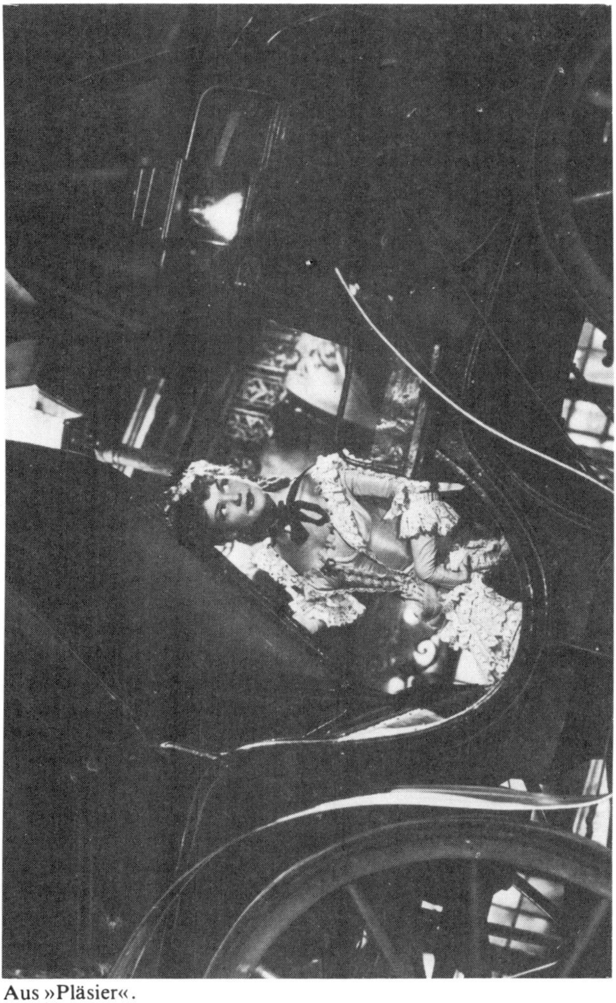
Aus »Pläsier«.

Aus »Madame de...«, 1953, mit Danielle Darrieux, Charles Beyer, Vittorio de Sica, Mireille Perrey, Jean Debucourt, Serge Lecointe. Weitere Darsteller siehe Filmografie.

Aus »Madame de...«.

Aus »Madame de…«.

Aus »Madame de...«.

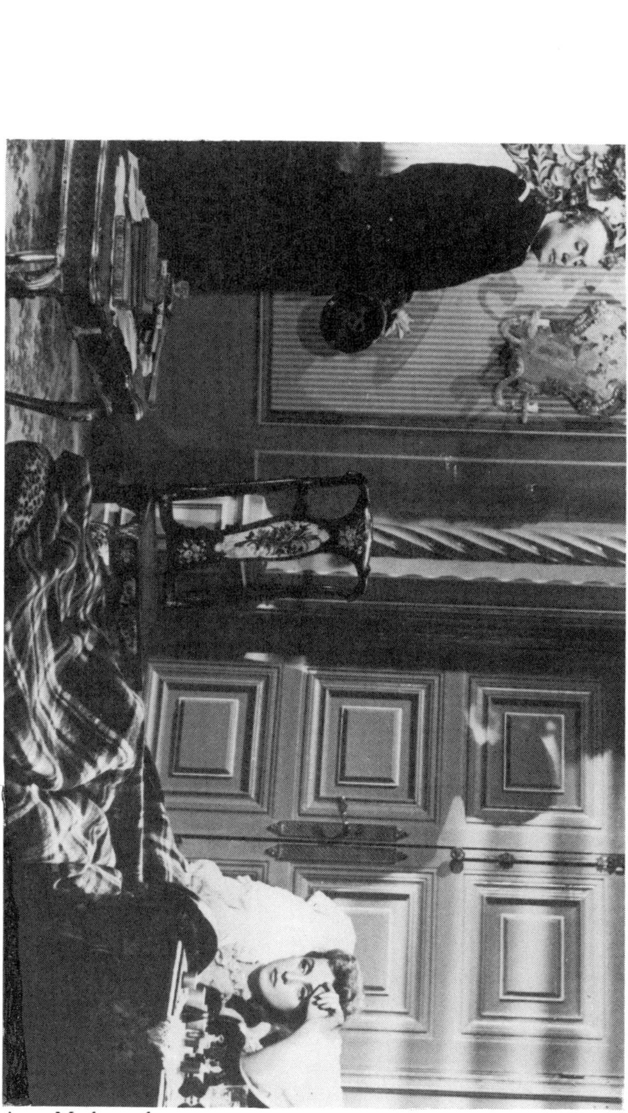
Aus »Madame de...«.

Aus »Lola Montez«, 1955, mit Martine Carol, Peter Ustinov, Adolf Wohlbrück, Ivan Desny, Will Quadflieg, Oskar Werner. Weitere Darsteller siehe Filmografie.

Aus »Lola Montez«.

Aus »Lola Montez«.

Aus »Lola Montez«.

Max Ophüls

Der Dimitroff-Film »Kämpfer«

Ich wollte mich hinsetzen, und dem Regisseur einen Brief schreiben: Lieber Gustav von Wangenheim! Ich habe gestern in einem kleinen Vorführungszimmer zusammen mit ein paar in Moskau lebenden deutschen Arbeitern Ihren Film »Kämpfer« gesehen. Die Tonwiedergabe war schlecht, das Licht war zu schwach — aber der Film ist stark. So stark und so mächtig, daß ich als Ihr Kollege Ihnen Dank sagen muß. Das hat nichts mehr mit Kritik zu tun und nichts mit kollegialer und persönlicher Wertschätzung. Sie haben etwas zustandegebracht, wofür Ihnen die große Einheitsfront der Filmschaffenden, die vom Nationalsozialismus über Deutschlands Grenzen gehauen wurden, dankbar sein muß und eines Tages dankbar sein wird. Sie haben als Erster deren Ehre gerettet.

Die aus Deutschland emigrierte Literatur hat schon lange Stellung genommen. Dem Film fällt es schwerer. Es gibt für ihn, mit Ausnahme der Sowjetunion, noch keinen »Verleger«. Der internationale Produzent geht jedem politischen Bekenntnis ängstlich aus dem Weg. Wir wollen nicht ungerecht sein, vielleicht zwingen ihn Zensur, Gefahr diplomatischer Verwicklungen, die eingegrenzten Bestimmungen für Arbeitserlaubnis, dazu.

Von allen diesen Dingen sind Sie unabhängig. So haben Sie den Auftrag angenommen, einen Dimitroff-Film herzustellen. Ein großer und ein schwerer Auftrag! Und Sie haben ihn mit soviel Verantwortungsbewußtsein, Charakterfestigkeit und Noblesse ausgeführt, daß sich Ihre Gegner, die Sie mit der Strafe der Ausbürgerung ehrten, an dieser Art zu kämpfen ein Beispiel nehmen könnten.

Da gibt es keine billige und glorifizierende Heldenverehrung. Es existieren heutzutage Länder, in denen die Staats-Oberhäupter Verordnungen erlassen müssen gegen die allzuhäufige Verwendung ihrer Porträts auf Taschentüchern, Bartcrêmedosen, Spielkarten und Bierseideln. Ihr Film ist weit weg von solchen Gefahren. Der große Mann, der sich wehrlos und allein in seinem Prozeß der gigantischen Übermacht des Nationalsozialismus entgegenstellte, ist in dem Film »Kämpfer« mit Ausnahme von ganz wenigen Großaufnahmen am Schluß, überhaupt nicht sichtbar. Und trotzdem ist er immer da. In jedem Meter dieses Films! Und mit dem unsichtbaren Dimitroff und seiner Stimme, die mühsam und unbeholfen mit den Worten einer fremden Sprache ringt, ist die Idee da, die in jenen Tagen niedergeknüppelt werden sollte. Und mit ihm und seiner Stimme und der Idee ist der Glaube da, der in dem Prozeß den Angeklagten zum Sieger machte, und der nicht vergehen wird, dieser Glaube an das andere — das neue Deutschland. In dem »Kämpfer«-Film zeigt sich dieser deutsche Glaube in einer geradezu freudigen und optimistischen Form. Da gibt es eine Szene, die dauert noch nicht eine Minute. Nazi-Autos sausen am frühen Morgen hinter einem jungen illegalen Kämpfer her. Der läuft um eine Wegbiegung. Straßenbauarbeiter schippen Steine. Blitzartig hat der Junge die Situation erfaßt. Lachend kommt er herangesaust, lachend zieht er sich seinen Rock aus, schnell drückt ihm einer der unbekannten Kameraden eine Schippe in die Hand, und lachend schippt er mit, und sie schippen alle zusammen — und die Nazis fahren vorbei. Ähnliche Szenen gibt es viele.

In all diesen Szenen spiegelt sich diese geheime Solidarität wieder, die sich optimistisch die Hand reicht — eine Zusammengehörigkeit, die nie abreißt, die blitzartig an unzähligen Stellen des täglichen Lebens, in unzähligen Kleinigkeiten aufflackert, unerwartet schnell auflebt — und wenn sie verfolgt wird, ebenso schnell wieder untertaucht. Und sie ist in diesem Film nicht da wie eine Geheimorganisation, sie ist da wie ein großes, breites Element in den Volksmassen. Sie ist da wie eine große, verbrüdernde Herzlichkeit, in jedem Gespräch, in jedem Händedruck, in jedem Blick. Diese Herzlichkeit hüllt alle die Kämpfer des Films ein, manchmal beinahe sorgsam und rührend, wie Mutter ihre Jungens einpackt in einen Mantel, wenn's draußen kalt ist im Winter. Und deshalb fühlt man sich in dem Film so Zuhause.

Und deshalb weiß man auch, wo das Zuhause ist, und wer das Zuhause ist, wenn ein Prolet den Satz sagt: »Die Schafsköpfe wollen uns lehren, was Heimat ist!«

Die uns das lehren wollen, haben im »Kämpfer«-Film ihre Photographie gefunden. Keine Schwarz-Weiß-Photographie. Wenn es noch so hart hergeht (Verhaftung, Konzentrationslager, Machtübernahme, Säuberung, Aktionen) — und da geht es doch in Wirklichkeit sehr hart her — nie sind die Figuren der Gegenseite überzeichnet, karikaturhaft oder mit blindem Haß gesehen. Oft bleibt in ihnen ein Rest von Menschlichkeit, der sie zurückführen könnte — eines Tages vielleicht — dorthin, wo sie hingehören, auf die andere Seite.

Aber der Film ist nicht nur ein Zwei-Fronten-Film. Er ist auch ein Denkmal für das ehemalige unpolitische, parteilich nicht festgelegte, von der Hitlerbewegung überraschte und überrannte anständige Deutschland.

Da ist der Doktor Hillstedt. Er sollte einmal eine Todesursache feststellen und bescheinigen — einen von den vielen »Selbstmorden«. Er wehrte sich. Dann saß er in der kleinen gemütlichen Kneipe am Stammtisch beim Bier und wartete auf seine guten Freunde, die Honoratioren, die Herren vom Gericht und von der Wissenschaft. Sie kamen nicht. Stattdessen kamen der junge Sturmbannführer und seine neuen Volksgenossen in neuer Uniform. Sie setzten sich »alle mal ran«, die Bengels, an den Stammtisch und eroberten ihn und hoben lärmend und schneidig die Gläser. Und dem Doktor war traurig zumute, wie er eingekreist wurde, von der Bewegung. Dann — später — half er einem, der verfolgt wurde, er kam zu ihm in die Sprechstunde, nur schnell, um einen Notverband. Da gabs plötzlich im Treppenhaus Schritte und Krach, und der Doktor öffnete die Tür, um nachzusehen. Da traf ihn eine Kugel in die Brust. — Das anständige Deutschland. — Lieber Gustav von Wangenheim! Für das alles wollte ich Ihnen danken. Ich glaube, daß mit mir viele Ihnen dankbar sein werden, die mit uns im gleichen Beruf stehen, die diesen Film nicht mehr beurteilen werden, wie sie andere Filme beurteilen, die plötzlich nicht mehr die Photographie sehen, und die Dramaturgie, die Dialoge, die Übergänge, die Geschicklichkeiten, die Ungeschicklichkeiten, die Leistung im Metier — sondern die in dieser Arbeit das spüren, was noch keiner vollbracht hat: Die Tat. Diese Tat, konzentriert auf Ihren Namen, getragen von allen Ihren Schauspielern, die alle so sprechen und wirken, als lebten sie nicht in Moskau, sondern als wären sie eben vom Wedding oder aus Schöneberg mit der Stadtbahn ins Atelier gefahren, wird in ihrer Wirkung auf keine Schicht, auf keine Partei und auf kein Land beschränkt bleiben.

Ihr Film heißt »Kämpfer«. Könnte man ihn nicht auch — und wird man ihn nicht eines Tages »Triumph des Willens« nennen, oder »Sieg des Glaubens«?...

(aus: »Das Wort«, Moskau, Heft 1, Juli 1936)

Max Ophüls:

Kunst findet immer Wege

Vor 20 Jahren habe ich in Breslau etwas Entscheidendes erlebt. Im Kino applaudierten die Leute, als Hans Albers jemandem auf der Leinwand Feuer gab, weil sie deutlich das Geräusch hörten, wie das Zündholz an der Schachtel entlangstrich. Ich war ein bißchen traurig, denn bis dahin fand ich es so schön, daß man sich im stummen Cinematograph solch einen Krach dazu träumen konnte, jeder nach seiner Fasson. Nun war Tonfilm.

In den späteren Jahren entwickelte sich der Ton. Man verstand, was Albers sagte, und man bekümmerte sich nicht nur darum, daß er Feuer gab, sondern auch warum.

Nun sind wir wieder ein Stück weitergekommen. In Paris stand es sogar in der Zeitung:

Eine Dame setzt sich vorn in die dritte Reihe. Weil sie zu spät gekommen ist, hat sie keinen ihr sehr genehmen Platz. Sie flüstert einem kompakten Herrn vor ihr zu: »Bitte nehmen Sie den Hut ab.« Da dreht sich der um: »Pardon, gnädige Frau, aber ich gehöre zum Film.«

Das ist Relief.

Ein sehr berühmter englisch-amerikanischer Schauspieler hat mir geschrieben: »Ich beginne an mir zu zweifeln. Vielleicht bin ich kein dreidimensionaler Schauspieler, vielleicht bin ich nur ein flacher.« Es wird also Ernst.

Heute veröffentlicht der *Film français* eine Statistik: *Saison 1953/54 CinemaScope Sieger am Broadway — Das Gewand 604500 Millionen Franken Einnahmen — Die neue Dimension, 2,55 x 1, 2,30 x 1, sogar 1,85 x 1, hat sich definitiv durchgesetzt — Es gibt keinen Weg mehr zurück* — Schade.

Zurückkommen kann doch schön sein, und beim Vorwärtsmarschieren - besonders heutzutage, wo man so oft die Empfindung hat, die Erde unter den Füßen sei nur ein Rollteppich — weiß man gar nicht, ob die Schritte, die man macht, wirklich Sinn haben. In der Theatergeschichte z.B. erscheint mir die Erfindung des Rampenlichtes weniger interessant als die Geburt von Friedrich Schiller, das versenkbare Orchester war von weniger Bedeutung als Mozart oder Kurt Weill.

Ich bin kein Gegner technischer Neuerungen, aber auch nicht ihr Fahnenträger. Fritz Kreisler wurde gefragt, was er von der Television halte. Er soll geantwortet haben: »Als das Grammophon erfunden wurde, war ich gegen das Grammophon; als das Radio erfunden wurde, war ich gegen das Radio; weil ich ein fortschrittlicher Mensch bin, bin ich jetzt

„Ich glaube, am Ende aller Technik sollte ihre Überwindung stehen."

gegen die Television.«

Veraltete Erfindungen hingegen finde ich reizvoll, poetisch. Ich liebe in Paris, in den spärlich erleuchteten Treppenhäusern, die alten, hydraulischen Wasseraufzüge. Meistens sind sie außer Betrieb, und ihre Existenz bedeutet nur eine höfliche Geste, aber wenn sie funktionieren, dauert es schön lange, bis so ein Ding von der 6. Etage heruntergerauscht kommt. Man ist dann gezwungen, seine heutige Ungeduld für ein paar stille Minuten abzulegen, man findet — wie ein Geschenk — plötzlich Muße, noch einmal in Ruhe nachzudenken, was man eigentlich dem Freund erzählen will, den man treffen wird; man kann noch einmal vorspüren, warum man die Freundin besucht.

Vielleicht gehöre ich zu denen, die im Wettrennen mit den maschinellen Errungenschaften Zeit brauchen zum Atemholen. Eines aber weiß ich:

Im Film gehört ein Menschenalter dazu, sich in schwarz und weiß auszukennen, die Maschinerie so zu überkommen, daß man mit ihr auf Du und Du steht, daß man alles von ihr verlangen kann, ohne sich von ihr imponieren zu lassen. Ich glaube, am Ende aller Technik sollte ihre Überwindung stehen. Man sollte sie so beherrschen, daß sie nur noch dem Ausdruck dient, daß sie transparent wird, über die Wiedergabe der Wirklichkeit hinaus dem Gedanken gehört, dem Spiel, dem Zauber, dem Traum.

»Fingerübungen, Fingerübungen«, hat mein Klavierlehrer in Saarbrücken gesagt, »erst lange nach den Fingerübungen, Max, kommt die Melodie!« Noch vor der ersten Beethoven-Sonate habe ich aufgesteckt. Ich hatte nicht genug Talent. Meine Mutter hatte Herrn Nelius 2,50 Mark für die Stunde bezahlt, aber ich glaube, für die Erkenntnis, die er mir gegeben hat, über die Beziehung zwischen Fingerübungen und Melodie war er nicht zu hoch honoriert.

Der Film scheint mir gerade aus den Fingerübungen herauszuwachsen. Wir fangen gerade an, uns den Melodien zu nähern, manchmal gar Themen zu hören, wesentlich zu sehen — bums! — da kommt eine neue Erfindung dazwischen, kommen gleich zwei, drei kurz aufeinander, lauter Meilensteine der Entwicklung, Farbe und Relief und Panorama — bums — wird die Tastatur umgebaut, als man gerade drauf und dran war, sich mit Mühe und Vergnügen einzuspielen.

Ich will nichts dagegen sagen. Einer Entwicklung ist das ja auch egal. Entwicklungen lassen sich nicht aufhalten, das haben sie so an sich; aber bitte, ich möchte ein wenig Angst haben dürfen. Vielleicht kann das uns beiden helfen, der Entwicklung und mir. Vor »Panoramen« bin ich scheu. Ihr Mangel an Intimität erschreckt mich. Ich habe zuviel Panoramen gesehen, in denen der Humor verlorenging: Napoleon bei Leipzig, Reichsparteitag in Nürnberg, der Durchzug durchs Rote Meer. Die Größen werden so grenzenlos. Da hatten einmal zwei jüdische Großeltern für ihr letztes Geld ihr Enkelkind aus Europa kommen lassen. Am ersten Abend in New York bringen sie das vierjährige Mädchen glücklich sofort hinauf auf die oberste Plattform vom Empire State Building. »Na, was sagst du jetzt?« fragt der Großvater mit stolzer Rührung. »Ich habe es mir eigentlich größer vorgestellt«, meint die Kleine.

Ich möchte verschnaufen.

Ich möchte bedauern dürfen, daß wir Filmmacher, die wir lernen mußten, höflich mit Firmen umzugehen, mit Budgets, mit Verleihorganisationen, mit vielen Apparaturen, mit Mikrophonen, Scheinwerfern und Objektiven, uns nun mit noch mehr Geräten befreunden müssen, mit neuen Linsen, Beleuchtungsformeln, Kopierverfahren. Das soll uns nun wieder mal fehlerlos in Fleisch und Blut übergehen. Und so haben wir mehr und mehr weniger Zeit für den Umgang mit den Seelen in unserem Beruf, mit den Schauspielern, mit den Visionen, mit dem Unwahrscheinlichen hinter den Wahrheiten, mit den Wahrheiten hinter den Unwahrscheinlichkeiten, mit dem Nebensächlichen neben den großen Hauptsachen. Kein Aufenthalt mehr im Drang nach dem noch nicht Dagewesenen. Und beim Reisen habe ich doch gerade diese Aufenthalte am liebsten.

In einem mitteleuropäischen Kino habe ich neulich erlebt, wie das Publikum in eine ernstgemeinte, tragische Szene hineingelacht hat, sogar in eine historische und patriotische, sogar in eine farbige und dreidimensionierte. Dem instinktiven Verlangen des Publikums nach Tiefe hatte man in diesem Film nur technisch Rechnung getragen. Man hatte es an Sensibilität fehlen lassen, an Entgröberung, am Vertrauen, dem Publikum den guten Geschmack zu geben, den es hat. Der Glaube unserer Zeit an die äußerlichen Lösungen scheint mir gar oft barbarisch.

Auch einen anderen Verdacht werde ich nicht los: Wäre vor 50 Jahren der Film auf großen Leinwänden erfunden worden und farbig, hätte man ihn aus der aktuellen Geschäftskrise heraus klein schwarzweiß gedreht.

Trotzdem möchte ich eines Tages ein Thema finden, ohne zu suchen, »so im Walde vor mich hin«, das mir nicht anders vor die Augen kommt als in Farbe, drei Dimensionen und auf erweiterter Leinwand — wo alle solche Elemente sich nicht nur ins Spiel einordnen, sondern aus ihnen heraus auch eine Dramaturgie entstehen könnte. Vielleicht blüht so was im Verborgenen. Es muß ja nicht vom Vorspann bis zum Ende gleichmäßig bunt und vielfältig zugehen und vielseitig und mehrseitig, solche Mittel abwechselnd und mäßig

„Außerdem kann ich nicht ohne Film existieren, wie ein Mann nicht ohne die Frau sein kann, die er liebt."

verwandt, können der Mittelmäßigkeit aus dem Wege gehen. Ein Tanz kann sich, von der Musik getragen, von der Fläche in die Dimension steigern, wie Licht sich bricht und in Prismen vervielfältigt. Und wenn im Lustspiel einer das große Los gewinnt, dann kann sich sein Lebensstandard sichtbar so schnell erweitern wie sein Büro — und so weiter erweitern, und so weiter...

Einer der intelligentesten, hellhörigsten und weitest entwickelten Produzenten von Frankreich hat mit mir vorgestern zu Mittag gegessen. Er war gerade aus London gelandet und hatte dort ein taufrisches superdimensionales Verfahren kennengelernt, das nichts ausläßt, und er besprach mit mir eine Idee für das neue System, schlug eine Offenbach-Operette vor. Ich sagte ja. Ich hätte auch zu Offenbach auf Laterna magica ja gesagt.

Außerdem kann ich nicht ohne Film existieren, wie ein Mann nicht ohne die Frau sein kann, die er liebt. Und wenn die nach Hause kommt mit einem neuen Hut, den er übertrieben findet, dann stört das die Liebe vielleicht, aber bedroht sie selten; dann hat sie schon so oft gesagt: »Du siehst das noch nicht richtig! Das kommt schon! Warte mal!« Außerdem kann man den Hut ja zurechtbiegen, bis er einem hübsch erscheint. »Siehst du«, meint sie, »du wirst dich schon dran gewöhnen!«

Ich muß mich dran gewöhnen, damit es mir nicht so geht wie einem französischen Akrobaten, den ich in Amerika traf. Er hatte ein ganz kleines Restaurant in Hollywood, es hieß *Die Tricolore,* und er war schon seit Jahren nicht mehr beim Handwerk. Er hinkte. »Das war so gekommen, wissen Sie, ich war immer nur in Zirkussen mit einer Arena engagiert«, erzählte er, »aber in Chikago bin ich aufgetreten in einem Etablissement mit vier Manegen. Ich war nicht dran gewöhnt. Und wie ich da oben hing im Trapez, auf einmal kam mir der Gedanke: die Leute schauen mich vielleicht gar nicht an, die gucken weiß Gott wohin, vielleicht zu den Kamelen in Arena I, andere zum Zauberer in Nummer II oder zur Pferdepyramide in III. Und unter mir waren 20 Clowns, die trieben ihre Scherze. Aber ich, dachte ich, ich bin doch eine Person, keine Nummer... und da bin ich abgestürzt.«

Er war halt nicht zeitig genug dran gewöhnt.
Und wenn unsereiner plumpst, dann fällt er nicht so geschickt, dann bricht er sich mehr als den Fuß.

(aus: Die Neue Zeitung, 1.8.1954)

Max Ophüls

Der letzte Drehtag

Es gibt keinen letzten Drehtag. Es gibt an einem letzten Tag ein paar letzte Stunden, aber die füllen keinen Tag mehr aus. Film hat keinen Schluß, keine Apotheose, keinen letzten Akkord mit dem niedergelegten Kapellmeisterstock auf dem Pult. Film geht auseinander, verliert sich.

Schon tagelang vorher fängt das Abbröckeln an. Leute kommen zu einem, die sich vor vier Monaten eine ganze Stunde Zeit nahmen, um bei Engagementsverhandlungen zu beweisen, wie unentbehrlich sie sind. Sie wollen weg. Sie können umsteigen in einen anderen Film, der diese Woche noch anfängt.

»Sehen Sie, Sie wissen doch, wie gewissenhaft ich bin — aber mit einem einzigen Skriptgirl kommen Sie doch aus. Eva kann das genauso gut wie ich, und in diesem Falle ist ja auch die französische Gewerkschaft... doch, doch, ich habe schon telephoniert... damit einverstanden, daß ein deutsches Mädchen eingesetzt wird. — Ja, schon, ich verstehe... Aber außerdem habe ich hier ein Telegramm, lesen Sie...!«

Die Telegramme aus anderen Städten, von anderen Firmen, aus anderen Kontinenten stoßen überhaupt wie Dolchstöße aus kriegsführenden Hinterländern in die letzten Kampftage des Films.

Der Star hat ein Telegramm. Der andere Star hat zwei. Der Architekt und der Kameraassistent, die Garderobiere... Man greift unwillkürlich in irgendeine seiner Taschen und wundert sich, daß man selbst keins hat.

Molière war besser dran. Er war ein 'Chef de troupe' mit unangenehmen, autokratischen Vorzeichen. Und es gab damals noch keine Telegramme, keinen anderen Film und keinen Film. Dabei können unsere Leute noch nicht einmal etwas dazu: das laufende Erwerbsband ist dran schuld, die Rolltreppe des Erfolges. Deshalb sind auch die Deserteure meist sehr traurige Deserteure. Sie sind ja sensibel, wenn sie talentiert sind, und beinah so empfindliche Membrane wie die überkompensierten Tongeräte, und sie spüren das große Einpacken, das in der Atelierluft liegt, schon bevor es stattfindet.

Plötzlich sehen sie hinter den Dekorationen die schwarze Atelierwand. Plötzlich wird eine Perücke nicht mehr so durchgekämmt wie noch am letzten Donnerstag, wird ein Gamaschenknopf nicht mehr

nachgezählt, eine verlorene Skriptseite nicht mehr nachgeklebt, glaubt man beinah, der Strom brenne dünner, fragt die Kellnerin in der Kantine, wie es denn mit der Rechnung stünde und bittet der Friseur um ein Autogramm: »Nicht für mich, bitte — für meine Tochter. Sie sammelt nämlich von *allen* Künstlern...« Und vorn singt der grün ausgeleuchtete Stallmeister ins 75er Objektiv: »Wer Lola besaß, der war von ihr besessen...«

Hinter mir tuschelt es: »In der Bretagne, im Süden sind so viele Leute, und ich zahle nur 500 Franc pro Mahlzeit!« Ich tue so, wie wenn ich nur Ohren nach einer Richtung hätte und sagt: »Peter, bitte noch einmal. Und ein bißchen lauter!« Nur damit ich diese Ferienerinnerungen nicht zu hören brauche.

»Wer vorm ersten Ferientag an die Ferien denkt, wird an meinem Theater nicht mehr viel Ferien erleben« hat einmal ein Theaterdirektor gesagt, bei dem ich als Anfänger engagiert war. Aber das war nur bei einem kleinen Stadttheater und bei keinem großen Film. Außerdem war der Direktor subventioniert.

Die Produzenten sind es nicht. Sie geben gern Ferien. Sie lächeln, wenn die Aufnahmen in den letzten Zügen liegen. Sie lächeln ein »Endlich!«-Lächeln. Zu Beginn — man weiß schon gar nicht, wie lange das her ist — hatten sie ein Anfangslächeln gelächelt. Mathematisch genau verging ihnen die gute Laune von der zweiten Hälfte an. Sie sahen kein Ufer

„Produzentenanekdote"

mehr, zumal wenn, wie so oft, der Film zu kurz geplant war und deswegen zu lange dauerte. Sie mußten weiterschwimmen ohne Land vor sich, kaum einen Horizont zur Verfügung.

Ich verstehe sie. Zeit in unserer Zeit ist besonders viel Geld. Unter heutigen Bedrängungen Spekulant zu sein, hat etwas besonders Heroisches. Zwischen Börsenmanöver und Wohltätigkeit verwischen sich die Grenzen. Der letzte Drehtag ist wie ein Waffenstillstand für sie. — In solcher Stimmung soll man einmal einen Hollywood-Präsidenten gefragt haben: »Warum mögen Sie Schriftsteller so gern? Und warum lieben Sie die Regisseure so gar nicht?« Und er soll soll geantwortet haben: »Wenn der Schriftsteller da ist, handelt es sich um eine Geschichte. Wenn der Regisseur anfängt, handelt es sich um ein Budget.«

Wenn ich Kaufmann geworden wäre, wäre ich kein Produzent geworden. Eigentlich sollten nur Künstler diesen Beruf ausüben. Die schweren finanziellen Verantwortungen und Alpdrücke trägt man wahrscheinlich leichter mit artistischen Hoffnungen und gleicht sie aus durch unrealistischen Leichtsinn. — Am letzten Drehtag habe ich unseren Generaldirektor eingehakt.

Am letzten Drehtag saßen wir einmal, als die Lichter über der letzten Einstellung ausgegangen waren, im leer gewordenen Atelier, drei Schauspieler und ich. »Was für eine harte und gute Zeit ist nun vorbei!« sagte einer. »Was für eine gute Zeit — und ohne Vorhang! Wie wäre es, wenn wir jetzt diese Dekoration zerhacken könnten, damit wenigstens Schluß ist!« Ein paar Minuten später hatten wir Äxte in der Hand und zerschlugen die Gipswände. Das war um 1930. 1955 würde man seinen grauen Haaren und meiner Glatze solche Hitzköpfigkeiten nicht mehr glauben. Trotzdem war mir wieder so zumute.

Heute früh wollte ich noch einmal in den abgedrehten Zirkus gehen. Es standen schon fremde Leute drin. Ich sah nur ihre Rücken. Sie kamen mir breit vor. Sie verhandelten mit dem Atelierverwalter, wie sie meine Dekoration noch einmal verwenden könnten und umbauen. Ich denke wohl zu Unrecht, Leute, die meine Träume noch einmal frisch aufkochen und umträumen wollen, hätten breite Rücken. Ich bin nicht mehr in den Zirkus zurückgegangen.

Auch mit der neuen Freizeit weiß ich noch gar nichts anzufangen. In der Nacht, als es zu Ende ging, habe ich im Gerümpel meine Brille verloren. Ich wollte heute, nach dem Essen, zum Optiker gehen und mir eine neue anfertigen lassen. Aber eben kommt der nette Produktionsleiter und bringt sie mir zurück. Was soll nun aus meinem Nachmittag werden?

Er würde untergehen in der Trauer um den letzten Drehtag, wüßte ich nicht einen Trost:
Ein letzter Drehtag muß sein. Sonst kann es keinen nächsten ersten Drehtag geben!

(aus: »*Die Welt*«, Nr. 193, 20.8.1955)

Max Ophüls:

Notwendigkeit, Qual und Unfug des Drehbuchs

In mancher Bibliothek von Filmleuten habe ich es schon in Leder gebunden gesehen, mit goldener Aufschrift.

Das scheint mir verfrüht. Denn es führt noch eine unsichere Existenz. Das merkt man schon an seiner Bezeichnung. Es nennt sich auf französisch: Decoupage — also Aufschnitt; es nennt sich auf englisch: Screenplay — das heißt Leinwandspiel. Es ist noch nichts Vollkommenes. Mit Recht. Ein Liebesgedicht ist, was es ist; ein Roman hat sein fertiges Leben; ein Stück kann morgen da sein, so wie es im Buch steht, man braucht es bloß zu interpretieren. Aber ein Drehbuch versucht im Vorhinein festzulegen, was noch nicht fertig ist, ein Universum von Ahnungen, Ahnungen von Bildern, Bewegungen, Wort, Spiel, Ton, Rhythmus und Bildwechsel. Sie leben vorerst nur als etwas Unverrückbares, Unbedingtes in Hirn und Herz eines Filmschöpfers, froh, schmerzlich und eigensinnig.

Aber er kann sie erst dann wirklich zeigen und verkörpern, wenn sie ein Bildstreifen geworden sind.

Über viele Wochen und Monate trägt er die Vision, die er sich erträumt und erarbeitet hat, durch Büros und Schreibmaschinen bis in die Nerven seiner Darsteller, zwängt sie durch Schneidetische und Laboratorien bis ins Kino zum Premierenabend. Bis zu diesem Augenblick kommt mir das Drehbuch nur vor wie eine Partitur für seine Phantasie. Auf jeder Seite und hinter jeder Einstellungsnummer versucht er mit Herzklopfen sie in Form von Anweisungen an die weiterzugeben, die ihm helfen sollen, sie in Zelluloid umzusetzen.

Das Drehbuch will bestimmt, aber unaufdringlich, ein Spiel- und Traumrezept sein für die Schauspieler, den Tonmeister, den Operateur, Architekten, Kostümzeichner, Cutter, Musiker, ein Fahrplan für den Aufnahmeleiter und die Assistenten und außerdem ein Erinnerungsskelett für den Regisseur, damit er weiß, wie er es einmal gemeint hat, was ihm einmal vorgeschwebt hat, bevor noch die unbarmherzigen Scheinwerfer der Industrie technische Bestimmtheit für die Durchführung von ihm verlangten.

»... Wo ist denn mein Drehbuch?« ruft er dann nervös.

»Das Buch... das Buch...« tönen aufgeregte Echos durch den Studiotrubel.

»... in der Garage ist es auch nicht. Aber es ist auch vielleicht besser, wenn du es verloren hast«, meinte

„Das Drehbuch muß da sein, um überwunden zu werden."

meine Frau einmal übers Telefon, »denn entweder hast du's im Kopf, oder du läßt dir was Neues einfallen...«

Seit dieser Zeit findet man in meinen Filmen immer gewisse Momente, die spontan wirken und in den Budgets unvorhergesehene Posten. Es ist schon so. Das Drehbuch muß da sein, um überwunden zu werden. Deshalb soll man es auch nicht ernster nehmen als ein Korsett. Und die Korsettmacher (Decoupagisten — Drehbuchautoren) tun gut daran, zu wissen, was ihr Beruf ist. Schlimm genug, wenn wir einen Dichter für den Film adoptieren und ihm das Drehbuch zu eng schneidern oder zu weit. Schlimmer noch, wenn die ledergebundenen Filmleute, nur damit das Korsett paßt, den Dichter ummodellieren.

Maupassant, zu kurz — muß man länger machen; Thomas Mann, zu lang — muß man kürzen; Musset, zu fein — muß man vergröbern; Zuckmayer, zu grob, muß man verfeinern. Nein. Der Film, meine ich, sollte sich bescheidener verhalten zu den dramatischen und epischen Kunstausdrücken, die lange vor ihm bestanden haben. Er könnte ihnen dann als Mittler dienen, wenn er respektvoll in sie hineinhört. Der Film ist noch ein junger Ausdruck.

Das Bedürfnis, schon bevor der Film gedreht ist, zu wissen, wie er aussieht, ist international. Man hat

Angst. Film ist so teuer. Man möchte so gern schwarz auf weiß auf dem Papier sehen, was eines Tages schwarz auf weiß auf der Leinwand sein wird. Deshalb reden auch so viele Leute ungeduldig ins Drehbuch hinein: die Spitzenschauspieler aus Prestige, sie glauben, sie dürfen; die Verleiher, sie glauben, sie müssen; der Produzent, er glaubt, es gehört ihm, und er möchte berechnen für wieviel. Das ist zwar verständlich, aber ändert doch nichts daran, daß ein Drehbuch Phantasieluft sein sollte. Und wenn auch alle Luftfinanziers der Welt ängstlich, energisch, weit- und kurzsichtig, gern sehen möchten, was für eine Luft sie sich für ihr Luftgeld bestellen, deshalb bleibt Luft doch Luft, und Phantasie bleibt Phantasie.

Das Drehbuch muß aufpassen, daß diese Phantasie von Erklärungen und technischen Definitionen nicht zu sehr verängstigt wird und verlorengeht. Zum Beispiel: der König liegt zu Hause bei seiner Geliebten auf dem Boden. — Originalgeschichte! — Es ist Abend, und er liest Hamlet.

Das fachgemäße Drehbuch dazu sieht so aus: »Blende«, Mitte der Seite, großgedruckt, »Kleines Palais«.

Zeile darunter, großgedruckt, »Boudoir. Gegen Abend. Winter«. Rechte Seite: Musik von weither, Leitmotiv. Linke Seite: Einstellung 231-232 (Kamera halbnah, von oben nach unten, kleiner Kran, langsamer Travelling).

Unter dem Fenster (von draußen Mondlicht, Schnee auf den Dächern der Häuser gegenüber) liegt im Durcheinander des Boudoirs (halb abgeräumter Teetisch, Mantel des Königs überm Stuhl, usw. usw.) der König (Lichtreflex vom Kaminfeuer her) und liest, Einstellung 233, groß, das Buch, 234 groß, Titelseite »Hamlet«. Das ist genau und technisch einwandfrei. Nur, durch die viele Arbeit, die es macht, es so genau zu präzisieren, weiß man gar nicht mehr, ob es überhaupt gut ist, daß der König Hamlet liest. Vielleicht sollte er etwas ganz anderes lesen, oder vielleicht sollte er gar nicht lesen.

Paris, November 1954. Per Luftpost

Cher Ami.

Wir haben Ihr Drehbuch erhalten und freuen uns, Ihnen mitteilen zu können, daß unser Generaldirektor R. es über Sonntag mitgenommen hat, um es im Flugzeug von Madrid nach London zu lesen und Notizen zu machen. In Paris soll dann sofort am Montag eine Besprechung aller verantwortlicher Herren stattfinden. Herr Direktor S. kommt extra aus Wien her, Herr Direktor T. extra aus Lausanne, und Herr Direktor U. bleibt extra hier. Wir werden uns dann mit Ihnen zusammensetzen und sehen: 1. wie wir das Buch verbessern und 2. entscheiden — definitiv, ob wir den Film überhaupt machen.

Herzlichst *Unleserlich*

(aus: Der Kurier, 22.11.1956)

Gedanken über den Film

EINE IMPROVISATION VON MAX OPHÜLS

PERSONEN

Max Ophüls - Marianne Kehlau - Friedrich Schoenfelder
Sprecher: ... andere Stimme: ... neue Stimme: ... Regisseur: ...
Schaffner: ... Kontrolleur: ... Herr: ... Frauenstimme: ...

Musik: Reigen — wird ausgeblendet — geht in Beifall über.

Dahinein

Sprecher: Der Hessische Rundfunk bringt heute abend eine Experiment, eine Paraphrase, so wollen wir das nennen, über eine Rede. Wir wissen nicht, ob der Titel Sinn hat, oder gar die ganze Sendung. Es kam so: neulich wurde in Frankfurt ein Vortrag gehalten von dem Filmregisseur Max Ophüls. Er...
Ophüls unterbricht: Ich hielt ihn nicht, um über mich selbst zu sprechen, mehr über...
Sprecher: Schon gut, schon gut... Unterbrechen Sie nicht, es hat ja noch gar nicht angefangen.
Ophüls: Gerade deshalb, bitte. Noch vor Beginn wollte ich festlegen, daß jeder andere Regisseur statt meiner hätte auftreten können und daß nicht ich sprach oder spreche, sondern mein Beruf. Ich habe eine Abneigung gegen persönliche...

Sprecher: Schon gut, schon gut. Und wir haben nun um diesen Vortrag ein Hörspiel von Gedanken, Nebengedanken, Hintergedanken, Abschweifungen, Zwischenspielen, Meinungen und Gegenmeinungen zurecht fabuliert, in sorglosem Sendedurcheinander, gleichzeitig und im nachhinein. Vor dem Auditorium der Frankfurter Gesellschaft für Handel, Industrie und Wissenschaft fing es an. Der Vortrag hieß, so stand es wenigstens auf der Eintrittskarte: *Gedanken über Film.* Wir waren mit unseren Aufnahmegeräten im Saal, ein sehr vorkriegsmäßiger, vorweltkriegsmäßiger Saal, ein sehr gebildeter Saal...

Einblenden in Applaus. Kleiner Beifall des Auditoriums.

Ophüls: Meine Damen und Herren!
Es ist nicht so einfach, wie ich es mir vorgestellt habe. Das merke ich schon.
Schönfelder. Natürlich ist es nicht so einfach. Er hat Lampenfieber. Jeder Regisseur hätte es an seiner Stelle auch, wenn er einem Publikum dicht gegenübersteht, das er sonst nur in dunklen Sälen als etwas Anonymes ahnt: und jetzt sitzen sie ihm dicht auf der Pelle.
Ophüls: Ich bekam einen Brief eines Tages. »Unsere heutige Anfrage an Sie geht dahin, ob Sie in unserem Kreise über ein ähnliches Thema, wie Sie es neulich in einer Zeitung«, ich hatte irgend einen

Artikel in einer Zeitung geschrieben, »bei uns sprechen würden.«

Aber ich bekam, nachdem ich zugesagt hatte, Lampenfieber und las ein Buch von Hermann Hesse zufällig, das heißt *Der Kurgast.* Und in diesem Buch schrieb er, eines Tages ging er auf eine Vortragsreise, ihm machte das weiter keine Angst, denn er hatte überall zugesagt, das war in Süddeutschland, ich glaube vor 20 oder 30 Jahren, denn er dachte sich, nachdem er zugesagt hatte, er kann ja immer wieder in letzter Minute abtelegrafieren, und das half mir auch, mich langsam diesem Vortrag und Ihnen und dieser Stadt zu nähern.

Schönfelder: Na, es scheint schon besser zu gehen. Das Lampenfieber läßt nach.

Ophüls: Denn Vorträge halten ist, glauben Sie mir das, also ich habe im Ganzen vielleicht drei oder vier Vorträge in meinem Leben gehalten — das ist keine einfache Sache. Ein Herr aus Frankfurt hat darüber gesprochen, und ich finde, seine Stimme sollte man nicht überhören, denn ich finde, man hört diese Stimme sowieso viel zu selten.

Ich höre es immer nur mit Musik — mit Haydn-Musik. Ja, das paßt dazu. Und wie von einer Frau gesprochen, so schön scheint es mir.

Ich habe mir das aufgeschrieben und werde Ihnen vorlesen, was er über Vorträge geschrieben hat. Vielleicht ist das gegen Ihre ganze Unternehmung gerichtet, überhaupt Vorträge zu halten. Aber ich habe es nun mal aufgeschrieben, ich lese es vor: hier schreibt er:

Anschließend Haydn-Musik
und Goethe-Zitat in der neuen Fassung
von Marianne Kehlau gesprochen.

Die ersten Zeilen des Zitats von Ophüls gesprochen, bis: »...eine Vorlesung zu halten.«

Dann erste Stimme Kehlau einblenden und bis zum Schluß des Zitats weitersprechen lassen.

Zitat unter Musik.

»Woher kommt es wohl, daß man, obgleich dringend aufgefordert, sich doch so ungern entschließt, über eine Materie, die uns geläufig ist, eine Vorlesung zu halten?

Man hat alles wohl überlegt, man hat sich den Stoff vergegenwärtigt und so gut man konnte, geordnet, man hat sich aus allen Zerstreuungen zurückgezogen und nimmt die Feder in die Hand, und doch zaudert man, anzufangen. Daher mag es kommen, der Mensch ist kein lehrendes, er ist ein lebendes, handelndes und wirkendes Wesen.«

Musik ausgeblendet

Ophüls: Der Herr, der das geschrieben hat, hieß Wolfgang von Goethe. Ich habe mich dann in meiner Unsicherheit nach Ihnen erkundigt. Ich wollte wissen, zu wem ich spreche. Da hat man mir gesagt, vor allen

Dingen aber sind es Herren, die viel gearbeitet haben, die meisten kommen nicht, und die, die kommen, die sind meistens so müde, daß sie gar keinen Vortrag hören wollen. Ich möchte keinen halten. Sie wollen keinen hören, ich denke, jetzt wäre eigentlich die Zeit, daß wir auseinandergehen können.

Aber ich denke, daß das vielleicht eine gute Grundlage ist, Gedanken anzuknabbern, so zu streifen, einfach zwanglos mal vielleicht darauf loszudenken, wenn uns das gelingt. Wir haben dann, der Vortrag hat immer noch nicht angefangen, merke ich, wir haben dann über den Titel des Vortrags korrespondiert und ich begehe eine zweite Indiskretion. Ich lese Ihnen aus dem Brief vor, den ich bekam. Da heißt es: »Sie hatten bei unserem Treffen in Frankfurt die Freundlichkeit, uns den Vorschlag zu einem Thema Ihres Vortrages bei uns freizugeben, vorausgesetzt, daß uns etwas einfalle. Hier ist nun der Vorschlag: *Filmschaffen als Aufgabe und Verpflichtung.*

Man hört auf einem Band im Hintergrund, vielleicht mit Echo, wie eine Platte, die sich immer wiederholt, von anderen Stimmen gesprochen, die Worte:

...als Aufgabe und Verpflichtung...

als akustischer Hintergrund in den nächsten drei Sätzen.

Das war mir zu viel. Diesen Titel habe ich nicht angenommen, denn schon in meiner frühesten Jugend waren mir Aufgaben unsympathisch in der Schule. Und ich habe mich ihnen entzogen, weil sie meine Verpflichtung darstellten.

Einblendung

Schönfelder: Während er das so vorträgt, irren seine Gedanken ab, und ein französisches Bonmot kommt ihm in den Sinn.

Kehlau: Eine Paraphrase über die Pflicht.

Ophüls: Der Engländer tut seine Pflicht, der Deutsche sucht sich eine Pflicht, um etwas zu tun, der Franzose tut alles, was nicht seine Pflicht ist.

Schönfelder: Er erinnert sich, aber er sagt das natürlich nicht.

Ophüls: Und ich habe mich immer ins Fantasieren gerettet. Das ging ungefähr folgendermaßen:

Wir schrieben in der Quarta, ich ging in Saarbrücken zur Schule, einen Aufsatz in der Geografie über den Lauf des Rheins. Und ich habe geschrieben die Erlebnisse eines Regentropfens, der fiel bei Schaffhausen in den Rhein, und dann schwamm er mit. Und an allen Städten, wo ich nicht genau Bescheid wußte, da wurde er müde, hat geschlafen und hat sich vom Wasser tragen lassen. Als wir den Aufsatz zurückbekamen, da hat der Lehrer, der Studienrat, Dr. Lippert hieß er, druntergeschrieben: »Dieser Aufsatz scheint mir eines deutschen Quartaners unwürdig.«

Dieses Retten in die Fantasie ist natürlich auch schon damals, nehme ich an, ein kleiner Hinweis auf meinen Beruf. Den interessantesten Hinweis aber fand ich, und den Hinweis zum Thema, zu dem ich heute abend sprechen will, fand ich wieder in der Erinnerung an meine Jugend und seltsamerweise in der Erinnerung an Frankfurt am Main. Ich hatte einen Großvater hier, und ich kam in den frühesten Kindertagen zu ihm, und er hatte — wie alle Großväter — den Ehrgeiz, daß der kleine Junge schon lesen kann, bevor er lesen muß — etwas, was ich gar nicht verstehe.

Wenn ich Großvater wäre, würde ich das nicht tun. Denn ich denke, man lernt noch Lesen zeitig genug. Jedenfalls, ich konnte also schon ungefähr mit fünf Jahren lesen, und wir fuhren mit der 1 oder 2 oder 3 oder ich glaube auch die 4 am Opernhaus entlang. Großvater war da abonniert, war ein Geschäftsmann, hatte ein Geschäft auf der Zeil, und im Vorbeifahren las ich, was ich heute abend wiedergelesen habe, als ich mit meinem Wagen hierherfuhr, die Inschrift: *Dem Wahren Schönen Guten.* Und abends, als die Familie beim Nachtisch saß, sagte der Großvater: »Nun erzähl doch mal Max, was Du heute gesehen, Du heute doch gelesen, was hast Du denn gelesen?« Da mein Großvater ein Kaufmann war, ein Kaufmann, der immer Kaufmann war, und da ich also ein Geschöpf dieser Familie schon mit fünf Jahren war, sagte ich: »Ich habe gelesen: Den schönen guten Waren.«

Dieses seltsame Versprechen bedeutet eigentlich meinen Beruf. Es bedeutet Film, zumindest Film, wie es ihn heute gibt. Die beiden Thesen zueinanderzubringen, miteinander zu vermengen, ohne daß die eine die andere totschlägt, ist wohl die Aufgabe der Menschen in den leitenden Positionen, die in diesem Beruf stehen, wie wir Regisseure und wie unsere Industrieführer.

Film muß ein Kampf sein zwischen den schönen, guten Waren und dem Wahren — Schönen — Guten. Gelingt der Austausch, dann kommt etwas zustande, was nach meiner Auffassung lebensberechtigt ist. Gelingt er nicht, und bleibt es nur einseitig zwischen den beiden Thesen, wird es sehr gefährlich. Ich möchte nun an den Problemen mit Ihnen entlanggehen, die diese beiden Thesen hervorrufen, und ich möchte, daß wir schnell entlanggehen, daß die Straßenbahn weiterfährt, die da an der Oper entlangfuhr, und daß Sie mit mir einsteigen. Wollen Sie?

Straßenbahnklingel

Sprecher: Fertig! Noch jemand ohne Fahrschein bitte?

Andere Stimme: Ein sonderbarer Vortrag, ich finde ihn zu ausschweifend, ein extravaganter... zu imaginär...

Frauenstimme: Mindestens so interessant wie ein richtiger, nein?

Schaffner: Einsteigen, bitte.

Ophüls: Und daß wir nun an den Fragen dieser Industrie oder dieser Kunst oder dieser Industriekunst oder Kunstindustrie entlangfahren, ohne uns dabei aufzuhalten. Wie jeder, der in ein gewisses Alter kommt und seinen Beruf liebt, denke auch ich daran, eines Tages einmal ein Buch zu schreiben.

Zu schreiben über meinen Beruf — nicht, daß ich es in diesem Buch besser wissen will als Leute, die das Buch lesen, sondern es soll mir vielleicht helfen, mich zu Klarheiten zu bringen, die man sein ganzes Leben lang, wenn man in einem Beruf tätig war, gesucht hat.

Ich habe für dieses eventuelle Buch Notizen gemacht. Und ich werde Ihnen ein paar von diesen Notizen einfach vorlesen. Und vielleicht werden wir durch diese Notizen mit den Problemen bekannt. Das Interessanteste an diesen Problemen für mich sind nicht die Lösungen, sondern das einzig Interessante beinahe sind die Ungelöstheiten, sind die Merkwürdigkeiten, und von diesen Merkwürdigkeiten will ich Ihnen ein paar von diesen Karten hier vorlesen.

Schönfelder: Der Regisseur legt die Karten auf den Tisch.

Neue Stimme: Echte Karten?

Andere Stimme: Falsche Karten?

Wieder andere Stimme: Sicher nicht nur Trümpfe!

Ophüls: Die Entdeckung der Talente. Ein Mysterium für mich. Denn es steckt voller Widersprüche. 'Gibt es ein verkanntes Genie?' Das ist eine Notiz, von der ich nicht weiß in unserem Beruf, wie man darauf antworten soll. Ist die Karriere ein Zufall, ist sie Schicksal, kann man sie der persönlichen Energie verdanken? Ich weiß, ich bin zum Beispiel vor einem Jahr ungefähr oder zwei Jahren... fuhr ich eines Morgens von meinen Aufnahmen zu einem Film zurück nach Paris.

Einblendung: Glocken von Sacre Cœur.
Irgendwelche Glocken.

Wir hatten die ganze Nacht durch gedreht, und ich fuhr mit einer jungen Schauspielerin, die vielleicht im ganzen zehn Sätze gesagt hatte, und wir fuhren über den Place de la Concorde, und die Sonne ging auf. Es kam dieses Licht, das die gelben, grauen Steine rosa machte, bei dem sich sehr schön denken und plaudern läßt.

Einblendung: Mädchenstimme in französischer Sprache, so daß Rede Ophüls' wie Übersetzung klingt. Die französische Stimme bleibt hinter der von Ophüls.

»Tu sais, cette nuit, je me suis decidée... si dans un an, ça ne marche pas... eh bien, moi, je fait un coup de tête, je te dis, Max...«

Und das kleine Mädchen sagte zu mir: »Also, heute nacht habe ich mich entschlossen, wenn ich nicht in einem Jahr eine anerkannte Schauspielerin bin, dann geschieht ein Unglück, dann nehme ich mir das Leben.«

Ein Jahr später habe ich sie wiedergetroffen. Sie war verheiratet mit einem amerikanischen Hotelbesitzer. Das ist ein Geheimnis der Berufung, und der Hotelbesitzer, der begann sich für Filmfinanzierung zu interessieren. Das scheint mir ein noch größeres Geheimnis zu sein. Dieses Geheimnis der Berufung hat natürlich zu tun auch mit uns, mit uns Regisseuren. Man verlangt von uns, wir sollten die Entdecker sein, um Entdecker zu sein, brauchen wir etwas, was man — der Beruf hat dazu einen Ausdruck geprägt — man nennt das Flair. Wir haben also die gute Nase, wir riechen.

Einblendung: Straßenbahngeräusch.

Schaffner: Nächste Haltestelle! Wollen Sie zum Film? Goldene Brücke... Erfolgsstraße... Wollen Sie zum Film? *Er läutet.*

Viele Stimmen: Oh, bitte ja... bitte ja... oh, bitte ja.

Schaffner: Nicht drängeln.

Sprecher: Nächstes Problem. Wollen Sie zum Film?

Ophüls: Im Jahre 1932 ungefähr in Berlin, als Berlin die kosmopolitische Theater- und Filmkunststadt war, die wir heute noch immer wieder suchen, in dieser Zeit hatte ich eine große Förderin. Es war eine Schauspielerin, die hieß Rosa Valetti, der ich sehr viel verdanke. Sie hatte ein literarisches Kabarett, das

spielte nachts nach den Vorstellungen. Dort konnte man die Musiken von Spoliansky oder Hollaender hören.

Einblendung: Musik auf zwei Flügeln.

Da erhielt ich eines Nachts einen Anruf, und die Valetti sagte zu mir: »Du suchst doch immer junge Leute, neue Gesichter. Ich habe jemanden. Du mußt kommen, die Zeit mußt Du finden, das dauert doch nur eine halbe Stunde, nun sei doch mal nicht faul. Nun komm' schon, komm' eben nachts um ein Uhr. Das ist eine Frau, ein kleines Mädel. Sie ist nicht so klein, sie sieht gut aus, sie sieht übrigens sehr gut aus, sie singt einen dritten Schusterbuben, das ist nix. Aber die paar Worte, das — das wirst Du sofort hören, die Art, wie sie singt — ich habe das Gefühl, das ist eine große Schauspielerin.«

Ich ging also hin und rief am nächsten Morgen die Rosa Valetti an, und sagte ihr: »Ich habe das gehört. Ich verstehe nicht. Also, es hat ja nicht lange gedauert, aber wenn's länger gedauert hätte, hätte ich die Empfindung gehabt, ich habe meinen Abend verloren.« Die Frau, die den Schusterbuben gespielt hat, war die Marlene Dietrich. Das ist also unser Flair.

Einblendung: Lied von Marlene Dietrich.
Nur die Melodie, nicht die Stimme.

Sagen wir aber, es gibt wirklich so etwas Ungelöstes wie die Berufung, dann führt sie zu einem interessanten anderen ungelösten Problem.

Schönfelder: Er legt eine zweite Karte auf den Tisch. Er spielt mit offenen Karten.

Ophüls: Ist in einem Beruf wie dem Filmberuf die Intuition der Motor, der nach vorne bringt oder ist es das Akademische? Ein Problem, das in allen Berufen des Ausdrucks bis heute noch keine Lösung gefunden hat. Am interessantesten für mich und am ungelöstesten darin ist eine Anekdote aus dem Leben der Isadora Duncan. Isadora Duncan, der man zuschreibt, die Erneuerung des Tanzes, der weggeht von der klassischen Ballettform zur Befreiung des Körpers.

Da habe ich herausgefunden, meine Bildung ist eine sprunghafte. Ich bilde mich nur dann, wenn ich einen neuen Film machen muß und muß mich mit den Problemen beschäftigen, die dieser Film in sich trägt. Dann gehe ich hinein und dann erfahre ich sehr viele Details. Ich sollte also einmal einen Film über die Isadora Duncan machen, und da habe ich das ausgeknobelt in Briefen und Dokumenten.

Einblendung: Ballettmusik Sommernachtstraum.

Diese Isadora Duncan war ein kleines Ballettmädchen, das seiner Mutter half, sich durchzuschlagen und kam als solches nach Chikago und ist im *Sommernachtstraum* aufgetreten. In griechischer Toga, und kam zu spät im zweiten Akt, und sie konnte die Schuhe nicht mehr zumachen, und da hat sie die Schuhe weggeworfen. Das hätte ihr zu viel Zeit gekostet, sie zurechtzubinden, und raus, und hatte keine

Schuhe an, nackte Füße, und hat zur Musik getanzt. Das Theater ist aufgestanden und hat geklatscht. Wahrscheinlich der größte Moment von Gelöstheit und Unbedenklichkeit, von Intuition und Ursprünglichkeit. Später hat diese Isadora Duncan Schulen gegründet, in denen man die ursprüngliche Form, so zu tanzen, wie sie tanzte, gelernt hat.

Ophüls oder Sprecher, nachsprechend: So ist also aus der Ursprünglichkeit eine Theorie geworden.

Ophüls: Das ist für mich eines der Probleme, zu denen ich überhaupt keine Lösung weiß.

Einblendung: Straßenbahnklingel.

Schaffner: Ungelöste Haltestelle. Also, weiterfahren. nicht aussteigen.

Sprecher: Eine neue Karte, bitte.

Ophüls: Ohne jeden Zusammenhang zwischen den Notizen, die ich mit hierher gebracht habe, steht, das hat überhaupt nichts damit zu tun, *CinemaScope.* Ich habe dazu geschrieben, würde ich mich darüber auslassen, müßte ich notgedrungen zu breit werden.

Sprecher, kurz: Eine ziemlich abgegriffene Karte.

Ophüls: Andere Karte: Zensur. Beliebtes Thema für Filmkongresse. Bei freien Reisen, freien Spesen, freien Zigarren läßt sich gut über geistige Freiheit sprechen. Ich gehöre zu denen und werde deswegen sehr oft von meinen Kollegen nicht ganz ernst genommen, die für eine Zensur sind. Aber für eine seltsame Zensur. Nicht für eine Zensur der Politik, sondern für eine Zensur gegen Verbanalisierung, die zwangsläufig zur Geschmacksverrohung führt. Die Zensurbehörde dafür stelle ich mir vor nur aus Künstlern. Irgendwelchen staatlichen Autoritäten Zutritt verboten. Es scheint mir, daß meine Auffassung über eine solche Zensurbehörde abzulegen ist unter unlösbare Probleme.

Einblendung: Sprechertext. (?)

Ophüls: Kritik ist eigentlich eine Geheimkarte. Ist Kritik nötig? Wie stellt sich ein Regisseur zur Kritik? Ich glaube, wenn ich überhaupt von mir aus spreche, möchte ich um Entschuldigung bitten. Ich habe das Gefühl, ich spreche für andere Regisseure, nicht für mich. Ich glaube, wenn sie wahre Antworten darauf geben, so ist die Einstellung zur Kritik ungefähr folgende: Eine schlechte Kritik, von der man nichts lernen kann, muß man wegschmeißen. Eine gute Kritik, von der man nichts lernen kann, schmeißt man nicht weg. Eine schlechte Kritik, von der man was lernen kann, muß man aufheben, und eine gute Kritik, aus der man was lernen kann, hebt man wirklich auf.

Einblendung

Kehlau: Gunter Groll schrieb über die Rolle der Filmkritik:

Kritik soll Wege bahnen. Kritik soll klären. Was sie auch tut, ob sie rühmt oder zerreißt, fragt oder fordert, zürnt oder lächelt: nur klärende Kritik ist echte Kritik. Drei Grundzüge der guten Kritik: Die Fähigkeit zu klären, die Distance zum Objekt und die Liebe zur Sache.

Ophüls: Und das habe ich mir rot angestrichen und in meiner Bibliothek aufgehoben.

Kehlau: Danke.

Einblendung bei: »Ein Problem im Vorbeifahren«: Straßenbahn — Schaffner — Sprecher. (?)

Ophüls: Ein Problem im Vorbeifahren: Muß der Film eine weltanschauliche oder politische Einstellung haben? Meine Antwort: — sehr persönlich — Muß der Mensch eine haben?

Problem: Ist der Film überhaupt nötig? Meine Antwort für mich: Ja!

Und hier habe ich, das kann ich jetzt nicht herausnehmen aus dem Heft, etwas, da habe ich auf eine Konzertkarte etwas draufgekritztel, weil mir das ein Thema schien, das mal eines Tages ins Buch kommen soll. Ich sah das Orchester, während es spielte, was man eigentlich kaum sollte...

Einblendung: Bruckner-Symphonie VII, Mittelsatz

Aber natürlich, Filmregisseure deformiert beruflich sehen sehr viel, und während des Orchesters dachte ich an eine Überschrift, die einmal ein großer Feuilletonist, Alfred Polgar, über eine Sammlung von Essays geschrieben hat. Diese Überschrift hieß »Vom Segen der kleinen Leute«. Ich sah, mit welcher Demut und Hingabe der Mann hinter der Trommel und der Pauke auf seinen Einsatz wartet. Und ich sah den Flötisten, und sie erinnerten mich mitten in einer Bruckner-Symphonie an ein Thema meines Berufes, an die kleinen Leute, die Dachdecker, die unsere Häuser bauen im Film, die Gärtner, die unsere Blumen pflanzen, die Elektriker, die auf den Brücken stehen, bei 40, was weiß ich was welchen Grad Hitze, ich bin darüber nicht sehr orientiert. Die sind die Menschen, denen wir ungeheuer viel verdanken, und es sind eigenartige Menschen, denn jemand, der einen Tisch baut, der eine Wand baut, der eine Tür baut, von der er weiß, sie muß morgen wieder abgerissen werden, man zerschlägt sie, sie war so gut wie gar nicht da. Dieser Handwerker ist ein Mensch, der uns Regisseure ungeheuer interessiert, denn er hat etwas gleiches, was ihn mit uns verbindet. Er ist angezogen von etwas Unlogischem, von dem Spiel, von dem Wunder der Fantasie, das nicht greifbar ist, das kommt und vergeht.

Wenn er das nicht wäre, dann wär er ein richtiger Maurer, wäre ein richtiger Elektriker, wär ein richtiger Maler.

Das geht sehr weit, und hier, hier ist das interessante Problem zwischen den schönen guten Waren und dem Wahren — Schönen — Guten. Die Leute, die im Film nur die schönen, guten Waren wollen, müssen sich davor hüten, daß sie durch die Industrialisierung, durch Zeitgewinn, durch den Run nach Planung nicht dieses Seelische, das an das Wunder glaubt, in der Industrie ersticken, sonst läuft sie Gefahr, leblos zu werden.

Bei einem Kostümgeschäft, das die Kostüme herstellt, Kerenska, auch eine Weißrussin, war ein solcher Pelz fertig da. Man zeigte mir den Pelz, ich habe so etwas noch kaum gesehen. Von einer solchen — er stand — man konnte ihn gar nicht legen, der stand fest. Er hatte einen Luxus — eine Einfachheit im Material, daß man Herzklopfen bekam, als man ihn sah. Ich sagte: »Wollen Sie den verkaufen, wie teuer werden Sie den verkaufen?« Eine kleine Verkäuferin, auch Weißrussin, sagte: »Ja, das wird wohl sehr viel kosten.« Und der Preis wurde genannt, wahrscheinlich in deutscher Mark, sagen wir mal 50000,— zu teuer, können wir uns nicht leisten.

Einblendung

Frauenstimme: (trotzdem ich sie vorher gelesen hab) (?)

Ja, der Pelz gehört einer weißrussischen alten Dame und ... *Sie zögert.*

Ophüls: Bitte...

Frauenstimme: ...und wurde von ihrem Liebhaber getragen, verstehen Sie? Der, als sie noch sehr jung war, in diesem Pelz viermal im Leben durch die zugeeiste Wolga zu ihr gefahren ist. Viermal, Monsieur.. und zugeeist. Also, wenn die Frau diesen Pelz hergibt, von einem so großen Erlebis kann man sich eigentlich nur für sehr viel Geld trennen.

Ophüls: Ja, das sagte das Mädchen.
Frauenstimme: Ja, das habe ich gesagt.
Ophüls: Und ich fragte: Glauben Sie nicht, daß man ihn ausleihen kann? Nein, meinte sie, nein, das wage ich überhaupt gar nicht der Gräfin zu sagen. Leihen ist ein unwürdiger Vorschlag.

(Da hat sie gesagt: »Wofür brauchen Sie den Pelz?« Und da habe ich ihr das erzählt, für den und den Film, und habe ihr den Film erzählt. Da hat sie gesagt: »Die Geschichte werde ich der alten Dame wiedererzählen«, und kam nach drei Tagen wieder und sie hat gesagt: »Sie können den Pelz haben, er kostet nichts.«) (?)
Frauenstimme: Ja, das stimmt: das habe ich gesagt.
Ophüls: Diese Wunder des Glaubens an unsere Träume im Film, an die Geschichten, dieses Wunder soll bestehen bleiben, müßte bestehenbleiben gegen die Industrialisierung. Und es ist deswegen so schwer, es stehen zu lassen, weil die heutige Zusammensetzung dieser Industrie Angst vor dem Wunder hat, denn sie hat Angst Geld zu verlieren. Vergibt sich nach meiner Auffassung, nach meiner bescheidenen Auffassung die Industrie aus Angst an dem Wunder, so mag sie eines Tages, bevor sie es weiß, gestorben sein.

Diesem Wunder müssen hauptsächlich die Regisseure ergeben bleiben, bescheiden ihm ergeben bleiben, und wir müssen es auch in unserer Arbeit respektieren. Infolgedessen ist das Problem der Regieführung eigentlich sehr einfach.

Einblendung.

Stimme: Warst du ihm eigentlich immer ergeben?

Schönfelder: Wer spricht denn jetzt? Was ist das für eine Stimme?

Regisseur: Das ist der Film.

Stimme: Ich, der Film, frage den Regisseur, ob er meinem Wunder, wie er das so groß ausdrückt, so ergeben war, wie er es von anderen Leuten verlangt. Ehrlich? Hast du immer diesem Idealismus nachgearbeitet? Immer?

Regisseur: Nicht immer, aber doch manchmal. Ich habe...

Schönfelder: Er hat... gute und schlechte Filme gemacht. Das geht halt auf und ab und ab und auf... wie im *Reigen* zum Beispiel...

ausblenden.

Stimme Kehlau, eventuell zur Reigenmusik:

Und hier müßte ihm jetzt ein Beispiel einfallen, was er selbst mal zitiert hat in einer Abhandlung über Filmregie. *Pause.*

Spricht er es aus?

Ophüls: Wir müssen die Menschen, mit denen wir es zu tun haben, glauben machen...

Stimme Kehlau: Nein, es fällt ihm nicht ein. Also wollen wir ihn daran erinnern.

Musik geht über in eine Violine.

(Bitte ein einfaches Violinthema wählen,
ohne Virtuosität.)

Stimme Kehlau, schon nach ein paar Takten:

Der Violinist Fritz Kreisler wurde einmal gefragt, ob er den Unterschied ausdrücken könne zwischen einem großen Virtuosen und einem großen Künstler, und er meinte: der Künstler loves it a little more, was zu deutsch in diesem Falle heißt: der Künstler gibt mehr Liebe her.

Ophüls: ... glauben an dieselbe Schönheit, an dieselbe Freude, die wir selber empfinden, wenn wir einen Film aufbauen. Dazu brauchen wir, daß wir ihnen ihre Freiheit lassen. Ich habe selbst diese Freiheit gelernt zu respektieren an einem Musiker. Musiker haben mich überhaupt oder beeindrucken mich überhaupt sehr viel.

(Eventuell Kreisler-Zitat.)

Ophüls: Da war eine Probe in Paris. Ich war noch sehr jung und glaubt noch bis dahin, daß ich einen Beruf habe, der achten muß auf die Aufrechterhaltung der Autorität. Ich war also damals ein autoritärer Regisseur. Da nahm mich Toscanini auf eine Probe mit in der Oper in Paris. Er war sehr viele Jahre nicht dort gewesen und man hatte auf das Programm gesetzt: die *Egmont*-Ouvertüre.

Einblendung: Egmont-Ouvertüre.

Dieser damals schon alte, etwas zögernde Herr kam in das große Haus. Das Orchester war voll versammelt, und er sagte zu ihnen:

»Sie haben doch die *Egmont*-Ouvertüre schon sehr, sehr oft gespielt. Wollen Sie nicht einmal sie mir vorspielen, so wie Sie es gewohnt sind! Und ich höre einfach zu.«

Da haben die angefangen zu spielen, da hat er ein paarmal den Platz gewechsel, hat ein paarmal abgewunken, hat gesagt:

»Vielleicht ist das ein bißchen zu schwach. Ich will doch mal in den ersten Rang gehen und von dort aus zuhören.« Dann hat er von dort zugehört, dann hat er noch mit den Herren ein paarmal gesprochen, sagt er: »Ich glaube, auf der Seite soundsoviel, die und die Takte möchte ich doch selbst einmal gerade etwas ausbessern.« Und alles andere hat er ihnen im vollen Zutrauen überlassen bis zum Abend. Natürlich, das, was er gesagt hat, wird sehr wesentlich und einmalig gewesen sein. Einmalig für mich aber, war auch das Erlebnis, wie ein Orchester an diesem Abend diesen Mann verehrt, geehrt und geliebt hat, der Freiheit wegen, die er ihnen überließ. Eine solche Art, meinen Beruf anzufassen, steht problematisch und ungelöst im Gegensatz zu den Notwendigkeiten der Fertigstellung, der Durchführung des Berufes. Ein Film kostet Geld. Ein Film muß zu errechnen sein, infolgedessen hat die Filmindustrie sehr viele Menschen hervorgebracht, die sich mit der planvollen, errechenbaren Durchführung eines Films beschäftigen, die damit Experten geworden sind, die man Produktionsleiter nennt.

(Einblendung: eventuell Straßenbahn.)

(Ophüls einverstanden.)

Schaffner: Kontrolle, bitte.

Sprecher, zum Straßenbahngeräusch: Der Kontrolleur ist aufgesprungen.

Kontrolleur: Ohne Kontrolle kein Verkehr. Kontrolle... Kontrolle...

Ophüls: In unseren Büros hängen Pläne, die ausgearbeitet sind bis auf die Minute, wann man dann und dann das und das zu drehen hat, wann dieser Schauspieler den Mund zum ersten Mal aufmacht, um wieviel Uhr er ihn schließt. Alles das ist eine Maschinerie, die der künstlerischen Freiheit und Intuition entgegengesetzt ist. Wie wird man damit fertig? Darüber hat jemand geschrieben, den ich wieder vorlese, und eigentlich dürfte ich es Ihnen kaum vorlesen, es müßte eine Frau sein, die es ihnen vorliest, so schön ist es, finde ich, geschrieben, mit so viel Zartheit.

Einblendung: Marianne Kehlau mit Haydn-Musik. Bitte versuchen, mit den ersten Worten in Stimme Ophüls ein- und mit den letzten wieder auszublenden.

Kehlau: »Der Künstler ruht auf seinem Gegenstand, er vereinigt sich mit ihm in Liebe, er teilt ihm das Beste seines Geistes und seines Herzens mit. Er bringt ihn wieder hervor. Bei der Handlung des Hervorbringens kommt die Zeit nicht in Anschlag, weil die

Liebe das Werk verrichtet. Welcher Liebhaber fühlte die Zeit in der Nähe des geliebten Gegenstandes verfließen? Welcher echte Künstler weiß denn von Zeit, wenn er arbeitet?«

Ophüls: Das ist geschrieben von Ihrem Mitbürger Wolfgang von Goethe.

Die Technik in unserem Beruf ist an dem Punkt angekommen, an dem sie unser Herz bedroht. Man sieht das, wenn man von unseren Technikern heutzutage etwas verlangt, was noch nicht erfunden ist, was aus dem Drang, sich auszudrücken, kommt. Wenn ich im Studio stehe und verlange, daß die Kamera plötzlich, sagen wir mal, anfängt hochzuschwingen oder anfängt zu tanzen. Die erste Reaktion, die ich finde, sind ängstliche technische Expertengesichter, die ich erst langsam zu Kameraden umformen muß. Und das müßte gelingen, und das gelingt auch meinen Kollegen, die zu großen Ergebnissen kommen. Sie haben nämlich empfunden, daß ein Objektiv, das man in eine Kamera hineindreht, eigentlich ein Menschenauge ersetzt. Was will ein Menschenauge, wann ist ein Menschenauge am schönsten? Nicht, wenn es neugierig ist, nicht wenn es exakt nachprüft, was es sieht, wenn es einen Wirklichkeitsausdruck hat.

Einblendung

Sprecher (Schönfelder): Der Regisseur ist nur ungern ein Naturalist.

Ophüls: Ich finde es am schönsten, wenn es sich verklärt. Infolgedessen ist es die Aufgabe des Regisseurs, eine ewig ungelöste, immer wieder neu anzufangende Aufgabe, mit dem Objektiv zu sprechen, wie mit einem menschlichen Auge. Der Mann, der das Objektiv im Studio vertritt, ist der Kameramann. Man muß ihn um den Arm nehmen. Man muß mit ihm spazierengehen.

Einblendung

Ophüls: Man muß mit ihm reden. Man muß irgendetwas erzählen, damit er verstehen, oder noch besser, erfühlen kann, worauf es ankommt. Baudelaire hat das gewußt, lange schon, bevor es Film gab. In ein paar hingeträumten Sätzen hat er es umrissen:

Musik von Debussy einblenden

Männerstimme, tief, rauh, die viel getrunken hat.

DAS FENSTER von Baudelaire.

Wer von außen durch ein offenes Fenster schaut, sieht nie soviel wie der, der ein geschlossenes Fenster betrachtet. Es gibt kein tieferes, kein mysteriöseres, fruchtbareres, undurchdringlicheres oder blendenderes Objekt, als ein von der Kerze erleuchtetes Fenster. Was man am hellen Tage sehen kann, ist immer weniger interessant als was sich hinter einer Scheibe abspielt. In diesem Loch, dunkel oder licht, lebt das Leben, träumt das Leben, leidet das Leben.

Über den Wellen der Dächer erspähe ich eine reife Frau, schon faltig, arm, immer über etwas gebeugt, und die nie ausgeht. Aus ihrem Gesicht, ihrer Kleidung, ihrer Geste, aus fast nichts habe ich die Geschichte, oder besser die Legende dieser Frau neu erstehen lassen.

Wäre es ein armer, alter Mann gewesen, hätte ich ebenso leicht die seine entstehen lassen. Und ich lege mich schlafen, stolz in jemand anderen als mir gelebt und gelitten zu haben. Vielleicht sagen Sie mir: »Bist du sicher, daß diese Legende die richtige ist?« Was bedeutete mir die wirkliche Wirklichkeit, wenn meine erfundene mir hilft zu leben und zu fühlen, daß ich bin und was ich bin?

Ophüls: Man muß ihn behandeln wie einen Schauspieler, der eine Szene zu spielen hat. Dann wird er dankbar zuhören, und dann wird das Objektiv anfangen, verklärt zu sein. Gerade wenn das passiert, und gerade wenn man meistens mit ihm auf und ab geht, kommt dann ein Vertreter der Produktion und sagt: »Was ist los? Geschieht nichts?« Diese Industrialisierung, die ich immer wieder anerkennen muß in meinem Beruf als die Garantie, die materielle seiner Existenz, sie läßt so viele Dinge außer acht. Da gibt es ein großes Wunder. Das Wunder der Faulheit. Für das ist überhaupt kein Platz mehr, und dieses Wunder ist so schön.

Einblenden einer Platte.

Männerstimme: Time is money, time is money, time is money.

Die Platte bleibt ein- und ausgeblendet, und erzielt

dann, richtig verwandt, seltsame Effekte.
Ophüls: Sie sahen sich alle gleich.
Stimme: Time is money, time is money.
Ophüls: ... und warum sehen sie sich alle gleich?
Stimme: Time is money, time is money.

Ab hier ausblenden.

Ophüls: Und so laufen wir Gefahr, uns immer mehr von dem Geheimnis FILM zu entfernen. Bei den augenblicklichen Filmfestspielen in Cannes hat ein Kollege von mir, den ich sehr schätze — er war Mitglied der Jury — folgendes über die Filme gesagt. Er hat gesagt:

»Ich habe zum ersten Mal eingesehen, was es für eine Qual sein muß, Filmkritiker zu sein. Ich habe zehn Filme in 14 Tagen sehen müssen. Sie sahen sich alle gleich. Die einzige Spannung, die ich empfand, lag vor der Vorführung. Ob der Film schwarzweiß sein wird, in Farbe, Cinemascope oder Vista-Vision.«

Und warum sehen sich alle gleich? Weil Drama kein Massenartikel sein kann. Ich habe mir meine Mathematik darüber schon längst gemacht. Wenn eine Nation in einer Generation drei oder vier Dramatiker hervorbringt, hat sie das große Los gezogen. Wenn wir in der deutschen Geschichte zum Beispiel zurückrechnen, werden wir wenig solche Zeiten finden, und die deutsche Nation hat große Dramatiker hervorgebracht. Wie soll es möglich sein, in einem Jahr 150 hervorzubringen. Infolgedessen sind wir im besten

Falle zum Plagiat gezwungen, und wir dürfen auch gar keine Angst haben vor dem Plagiat, solange wir es verantworten können, solange wir das kopieren, was uns gut und schön erscheint. Ich möchte deswegen meine Plagiat-Dankesbriefe in aller Schnelle fertigmachen. Sie gehen — Depeschen — man kann sie gar nicht alle schreiben, so viele — an René Clair, an Fritz Lang, an Jacques Becker, William Wyler, Carol Reed, Otto Preminger, David Lean, Clugot (= Clouzot?), Billy Wilder, Helmut Käutner.

Einblendung: Stimme der Sekretärin,
Schreibmaschine, übergehend in Morse.

Drei Telegramme extra an Sir Olivier. Dankesdepeschen gehen auch an die Vergangenheit, in diesem Fall müssen es wohl Nightletters sein und sollten erreichen Murnau, Alexander Korda, Jacques Feyder, Stiller und einen Mann, dessen Geist noch heute, ohne daß wir es wissen, von seinen Theatern hinüberstrahlt in alle Studios der Welt: Max Reinhardt. Dankesbriefe habe ich wie alle meine Kollegen zu schreiben an die Namenlosen, die neben uns auf der Kommandobrücke stehen, und die unsere Assistenten sind oder unsere Scriptgirls oder eine Sekretärin, die im rechten Moment, wenn man gerade etwas falsch macht, plötzlich den Kopf schüttelt.

Einblendung: Mozart-Musik.

Oder die abends — viel zu schüchtern — zu einem kommt und sagt: »Würden Sie nicht einmal versuchen, das morgen so und so zu machen?«

Diese Menschen, ihre Einwürfe, ihre Ideen, nie genannt, auf keinem Plakat, gehören zum Wunder des Films. Nun nähere ich mich einem der größten Wunder, —

Schönfelder: Er spielt seine letzte Karte aus — HERZ.

Ophüls: — das ich mir für heute abend vorgenommen habe, weil auf den Briefbogen steht: *Gesellschaft für Industrie.* Das ist das Wunder des Geldes. Wie kommt Geld in die Filmindustrie? Scheint mir das größte Wunder überhaupt. Ich glaube, weil das Geld, das in der Filmindustrie investiert ist, an Wunder glaubt, weil es glaubt, es kann sich verdoppeln und verdreifachen, und weil es an schnelle Wunder glaubt, und deshalb glaube ich, ist das Wunder Geld in unserer Industrie noch gar kein gutes Geld. Denn das Geld, das in unsere Industrie hineingesteckt wird, müßte geduldiges Geld sein, damit wir davon befreit werden, den Tagesgeldern nachzulaufen, die hinter einem Publikum herrennen, das man nur von Tag zu Tag in unsere Kinosäle hereinlocken kann. Dieses Publikum, glaube ich, ist, so zahlreich es sich auch erträumt wird von den schnellen Geldgebern, ein gefährliches Publikum. Denn, was wir brauchten, ist das Publikum, das das Theater gefunden hat. Ein Publikum, das bei uns bleibt über die Tageswerte hinaus, und das nicht nur eine Zerstreuung hat, die sich ja so schnell eines Tages zuende zerstreut. Der Tageserfolg, den bisher die

Filmindustrie mit Ausnahme von Ausnahmen sich erkämpft, dem sie nachrennt, der ist deswegen auch ein Trugbild, weil er sich ja gar nicht, wie die Industrie so oft glaubt, errechnen läßt. Ich habe in Hollywood miterlebt, nachdem ich einen Film gemacht habe, ich werde nicht erzählen welcher, so gut war er nicht, daß die Gallup-Pool-Einrichtung ins Studio gezogen kam, und zwar auf folgende Weise: Damals hat Gallup an unser Studio, in dem ich gearbeitet habe, eine Maschine verkauft, und die ging folgendermaßen vor sich:

Einblendung: Filmgeräusche.

Jedesmal, wenn genannt wird zum Beispiel: vier Frauen, ein Priester, usw.... antworten die betreffenden, aufgerufenen Stimmen, Yes, Sir...
yes Sir... with pleasure. Sir... zur Stelle...
yes Sir... (Frauen, Priester, Infanteristen usw.)

Man hat nachmittags Leute herangeholt. Man hat geholt vier Frauen über 50, einen halben Priester, zwei demobilisierte Infanteristen, einen Flieger, einen Jungen von neun Jahren, einen Herrn von 78, einen Kaufmann, einen Wissenschaftler usw. — das synthetische Amerika. Im ganzen waren es 120 Leute, die hat man in einen kleinen Saal gesetzt, wie Sie hier sitzen, und dort wurde der Film vorgeführt. Dann kam ein Herr und hat ihnen erklärt, wie das geht. Er hat gesagt:

»Wir brauchen Ihre Mitwirkung. Ihr Urteil ist für

uns maßgebend, ob der Film gut ist, ob wir ihn so rauslassen, auf die Menschheit loslassen oder ob wir ihn nach Ihrem Urteil verbessern oder schneiden. Sie finden an Ihrem Sessel auf der rechten Seite eine Schraube. Auf dieser Schraube steht: sehr gut — gut — langweilig — ganz schlecht. Bitte, während Sie den Film sehen, drehen Sie immer an dieser Schraube.«

Diese Schrauben waren an elektrischen Drähten, diese elektrischen Drähte liefen synchron mit dem Film und haben aufgezeichnet die Reaktion des Publikums. Ich stand hinten in der Ecke und hörte nur noch sssssss... Fürchterlich! Als der Film zuende war, war ein Band.

Filmgeräusche ausblenden.

Ophüls: Dieses Band wurde angelegt an den Film, und ich habe gesehen, wie die Leute, die ich sonst nur kannte von weit hinter den Schreibtischen, ich mußte immer vor den Schreibtischen sitzen, sehr würdige, elegante Menschen, plötzlich auf Vieren krochen und auf dem Boden nachschauten: 122, hier steht schlecht, was ist das? »I love you?« Sehen Sie, das habe ich Ihnen doch gleich gesagt, I LOVE YOU, das ist schlecht. Hier sehr gut, lacht, bitte, was ist das? Das ist 210. Ja, ja 210, das lassen wir drin!

Einblendung: Sprecher.

Schönfelder: Während er das so erzählt, erinnert er sich vielleicht weit hinter seinen Worten an ein Tagebuch, an sein Tagebuch, das ich einmal veröffentlicht sah... irgendwo...

Ophüls: So weit hatte die Angst um den Erfolg, um den Tageserfolg, die Industrie an dieser Stelle gebracht. Gott sei Dank gibt es diese Maschine nicht mehr. Trotzdem ist in allen Ländern der Wunsch, den Erfolg vorberechnen zu können, nicht abgestorben, und natürlich ist dieser Wunsch ein Irrglaube und vergeht sich an dem Geheimnisvollen unseres Berufes.

(Gespräch zwischen dem Herrn (Geldgeber) und dem Regisseur.)

Musik mit Echo.

Ophüls: Aus meinem Tagebuch (1.April 1956):
Traf heute einen Geldgeber. Einen noch ziemlich frischen. Ich hatte ihn nicht angerufen, er mich. Erfahrungsgemäß ist das besser so.

Herr: Also, sie machen Filme zu Ihrem Vergnügen?

Regisseur (ich): Nicht ganz so. Eher, weil es mir Vergnügen macht.

Herr: Sie amüsieren sich demnach permanent?

Regisseur: Nein, aber die Schmerzen, die man hat, machen Freude.

Herr: Und wer, entschuldigen Sie, daß ich das harte Wort gebrauche, garantiert mir, daß die Besucher auch Vergnügen haben an dem, was Ihnen Vergnügen macht?

Regisseur ausweichend: Man glaubt halt, man hat ein Herz, das für sie fühlt. Ahnungen, die für sie sehen, verkürzt gesprochen, Talent.

Herr: Gibt es sonst irgendeine Garantie?

Regisseur: Keine.

Herr: Keine?

Regisseur: Keine. *Pause.*

Herr: Und Ihre Erfahrungen?

Regisseur: Sind in dieser Beziehung gleich Null. Erfolg läßt sich nicht im voraus berechnen. Gestern ging ich mit Henri Jeanson über die Champs Elysées. Man spricht auf den Champs Elysées gut. Vielleicht heißen sie deswegen so. Und er erzählte »Als wir, Julien Duvivier und ich, den Film *Pepe, le moco* zu Ende gemacht hatten, (und Pepe ist, wie sie wissen, mein Herr, einer der größten Erfolgsfilme, die in Frankreich je gedreht wurden), als wir die erste Kopie sahen, waren wir fest überzeugt, es sei eine Katastrophe. In London fuhren wir sogar vor der Premiere ab, um bei dem Unglück nicht dabei zu sein.« Sie sehen, seine Garantie.

Herr: Sie gefallen mir, weil Sie nicht schwindeln.

Wir geben Ihnen alles Kapital, was Sie für den Film brauchen.

Regisseur:… …

Herr: Das heißt, wenn es nicht zuviel ist. Wir setzen dabei voraus, daß Sie außer Ihrem Talent alle Ihre Erfahrungen anwenden. Nicht nur einen guten Film, sondern auch einen ökonomischen.

Er schaut in seinen Aktendeckel, in dem meine Laufbahn liegt.

Herr: Sie haben doch Erfahrung, nicht wahr?
Regisseur: Ja, kleine.
Herr: Viele?
Regisseur: Viele kleine. Die machen aber wenig große aus.
Herr sprunghaft: Zum Beispiel Farbe. Was halten Sie von Farbe?
Regisseur: Wenn man ins Schwarze treffen will, muß man sie wenig sehen lassen.
Herr: Und mit der Kamera, Ton, Schnitt, Dekorationen, Kostümen, Script... Sie wissen damit umzugehen?
Regisseur überlegen: Wie ein Arzt mit dem Operationsgerät, ein Pilot mit dem Armaturenbrett, ein Maler mit den Tuben. Sowas lernt sich.
Herr: Mit Schauspielern?
Regisseur leichthin: Man befreit ihre Lust, sich auszudrücken, und versucht, daß sie dabei an sich glauben. Das ist eine Kleinigkeit. Mehr läßt sich dabei nicht viel machen.
Herr: Und mit der Zeit?
Regisseur, zum erstenmal wirklich ernsthaft, gründlich und bestrebt, den anderen zu überreden: Sehen Sie, das setzt sich eben aus vielen kleinen Erfahrungen zusammen. Und da ist man eigentlich einfach dran. Man kann sich Pläne ausarbeiten. Es gibt so viele. Sie gehen rund um die Erde, von »time is money« bis zu »Stachanow«. Und es gibt Leute, die kann man ein-

kaufen. Sie sind stark und wachen darüber, daß die Zeit ihre Listen einhält. Produktionsdirektoren, Aufnahmeleiter, Kommissare, Unitmanager.

Dazu trage ich öfters ein Memorandum in meiner Brieftasche bei mir. Darf ich es Ihnen vorlesen, auch wenn es Zeit in Anspruch nimmt?

Der Herr nickt; der Regisseur setzt die Brille auf.

Regisseur: Der Künstler ruht auf dem Gegenstand. Er vereinigt sich mit ihm in Liebe. Er teilt ihm das Beste seines Geistes, seines Herzens mit. Er bringt ihn wieder hervor. Bei der Handlung des Hervorbringens kommt die Zeit nicht in Anschlag, weil die Liebe das Werk verrichtet.

Welcher Liebhaber fühlt die Zeit in der Nähe des geliebten Gegenstandes verfließen? Welcher echte Künstler weiß von Zeit, wenn er arbeitet? *Pause.*

Der Verfasser dieser Erkenntnis ohne Bürgschaft, mein Herr, heißt mit dem Vornamen Johann Wolfgang, der Nachname ist unleserlich, weil abgegriffen. Hier sehen Sie, mein Herr, hier steht Aufnahmeleiter gegen Goethe.

Ich blickte aus den Papieren empor. Mein Geldgeber war weg. Auf leisen Sohlen. Es war kein Verlust. Er war ja sowieso nur imaginär.

Ende der Eintragung.

Ophüls: Er vergeht sich auch an unserer Aufgabe, wirklich und ohne große Worte zu machen, einfach an der Aufgabe, dem Publikum zu dienen, denn wenn wir ihm dienen, ist vielleicht ein zu subalternes Wort, für das Publikum da zu sein, mit dem Publikum zu leben, an dieser Aufgabe vergeht sich, denn wenn wir es so machen wollen, wie die Leute es von uns erwarten, müssen wir ihnen etwas geben, was gar nicht ihre Träume befriedigt und ihre Sehnsüchte, sonst kämen sie ja gar nicht zu uns.

Auch darüber hat Ihr Mitbürger Goethe, wie immer, wenn ich nicht weiterkam, alles was ich nicht selbst sagen kann, finde ich bei ihm so viel besser, das Entscheidende gesagt, er hat gesagt:

Einblendung: Goethe-Zitat; M. Kehlau.

Zitat erst nach ein paar Worten von Ophüls einblenden (mit Haydn-Musik).

Kehlau: So wenig der Pädagoge sich nach den augenblicklichen Einfällen der Kinder oder der Arzt nach der Sehnsucht und den Grillen des Patienten oder der Richter sich um die Leidenschaften der Parteien zu kümmern hat, ebenso wenig sieht der wahre Künstler das Gefallen als den Zweck seiner Arbeit an. Er meint es wie jene genannten Männer so gut er nur kann mit denen, für die er arbeitet. Aber er meint das noch besser mit sich selbst. Mit einer Idee, die ihm vorschwebt, mit einem fernen Ziel, das er sich steckt, und zu dem er andere lieber in ihrer Unzufriedenheit hinreißen mag, als daß er sich mit ihnen auf halbem Wege träfe.

Ophüls: Die Jagd nach dem Erfolg, die Jagd nach der Ausdehnung des Films sind seine Feinde. Man kann auch, wenn man einen macht, gar nicht dran denken, ob er da oder dort oder hier gefällt. Dürer hat sehr schön gemalt — er wußte nie, ob er in New York ein Erfolg sein kann. Im Gegenteil — Film braucht Mißerfolge, denn es gibt keinen geistigen Ausdruck, der ohne Mißerfolg auskommen kann, denn am Irrtum lernt man. Teuer, wenn wir uns Irrtümer im Film gestatten. Aber notwendig, deshalb — um wieder zurückzukommen auf den guten Geldgeber, von dem ich träume, er muß Geduld haben, ob das eine Riesenbank ist oder viele Banken oder eine einzige. Er muß so viel Geduld haben, daß er den Ausübenden auch ihre Irrtümer gestattet.

Das Publikum ist besser, als es unsere Industrie-Kapitäne glauben und uns glauben machen wollen. Es gibt dafür einen Beweis, ohne Plakate, ohne Publicity, ohne Beeinflussung hat das Publikum ganz allein die Überlebensdauer der Filme entschieden. Daß heute Menschen sich Garbo-Filme ansehen, oder Chaplin-Filme oder in den oder jenen alten Film hineinlaufen, haben sie ganz allein in ihrem sauberen Instinkt entschieden. Und nur aufgebaut auf den Respekt vor solchen Wundern, die die Industrie stehenlassen soll, glaube ich an eine Zukunft des deutschen Films. Ich habe in Paris gelesen, daß die Ufa neues Gelände kauft. Dieses Gelände wird nichts wert sein, wenn man auf dem neuen Gelände weiter Filme macht auf dem alten Terrain.

Einblendung: Meistersinger-Ouvertüre.

Ophüls: Das Gelände schaffts nicht. Ich habe auch in Paris gelesen, gerade vor wenigen Tagen, eine Kritik, bin schon wieder bei der Musik, über ein Konzert von Karajan. Diese sehr sensibel geschriebene Kritik endete ungefähr folgendermaßen:

Als die Musiker aufgestanden waren, sah man noch lange die leeren goldenen Stühle. Plötzlich merkte man dann, man hatte es an diesem Abend mit einer großen Sache zu tun gehabt. — Hinter solchen goldenen Stühlen, hinter denen man merkt, daß man es mit einer großen Sache zu tun gehabt hat, liegt die einzige Zukunft des deutschen Films, und kein Land ist so dazu gemacht, hat eine solche dramatisch-kulturelle Vergangenheit, und einen solchen Bestandteil wie Deutschland. Das Beispiel von Sir Laurence Olivier, dem ich die drei Telegramme schicken will, soll das Beispiel sein für die deutsche Filmindustrie.

Anschließend Einblendung:
Von weit weg den Hamlet-Monolog in englisch (wenn möglich Stimme L. Olivier) in Stimme Ophüls einblenden ohne anzuhalten.

Ophüls: Ich habe in Los Angeles gesehen, daß die Straßen schwarz waren vor Menschen, die versucht haben, *Hamlet* zu sehen. Das waren Jungens, die den Tag über mit Coca-Cola-Flaschen und weiß ich, vielleicht mit Revolvern und Jeeps durch die Stadt gejagt sind, und die haben abends drei Stunden gewartet, bis sie rein konnten und konnten *Hamlet* erleben. Ich glaube, und ich muß immer wieder darauf zurückkommen, daß Deutschland ausgerüstet ist für eine solche Zukunft, denn es ist ausgerüstet mit dem wichtigsten, was der Film überhaupt hat als Element, es ist ausgerüstet mit Schauspielern. Der deutsche Schauspieler sucht im Film sein Gesicht. Er sucht sich in der Welt durchzusetzen. Ich glaube, wenn er versucht, den amerikanischen Schauspieler nachzuspielen —

Von weit weg hier einen Männerdialog in amerikanisch, aus einem amerikanischen Film, einblenden.

— und seine Hände in die Hosentaschen steckt, daß er nur ein drittklassiger Hosentaschenstecker sein wird. Ich glaube, wenn er versucht, an die Nervosität und die Hypersensibilität und hochinteressante, faszinierende, morbide Komplexität der französischen Schauspieler —

Als Hintergrund französischen Frauendialog aus französischem Film einblenden.

— heranzukommen, daß er davon nur einen Aufguß uns bieten kann. Ich bin aber auch davon überzeugt, daß, wenn der deutsche Film sich zu seinen deutschen Schauspielern, und der deutsche Schauspieler sich zu seiner Erziehung bekennt, die lange vor ihm liegt, die nämlich sein Vater, Großvater, und alle, ihm vorgelegt hat, wenn er sich zu dem Klassizismus bekennt, der ihm in den Gliedern steckt, und den man so leicht nirgendwo anders in der Welt bei einem anderen Schauspieler findet, daß er dann den deutschen Film weit über die Grenzen seines Landes hinaustragen kann. Und die augenblickliche Spannung, ungesunde Trennung von Theater und Film in Deutschland, müßte aufhören und zur Verquickung von Theater und Film führen, und zwar anders, als es sich augenblicklich abspielt, so wie es mir meine Kollegen erzählen, die darunter leiden, daß sie heute, wenn sie am Theater inszenieren, laufen ihnen die Schauspieler weg, denn es kommt ein Filmvertrag. Sind sie bei dem Film, läuft ihnen der Schauspieler vom Film zurück, weil er hat noch im Theater zu tun. Es liegt in der Verquickung. Die Intendantenloge müßte Räder haben. Der Intendant müßte aus seinem Theater, wenn er seine beste Vorführung nach zwei Jahren erreicht hat, ins Studio fahren und dort seine beste Vorstellung mit den Leuten, die sie ihm geschaffen haben, in Film umsetzen.

Damit merke ich, daß wir schon längst nicht mehr an Problemen vorbeifahren, sondern daß ich mit der 2 oder 3 oder 4, mit dieser Straßenbahn, die ich Ihnen versprochen haben, schon längst stehengeblieben bin. Und ich bin stehengeblieben, vor dem einzigen großen Problem, das unlösbar ist und über das Thomas Mann gesagt hat:

FILM IST ETWAS NEBEN DER KUNST, STEHT ALS ROHE SENSATION TIEF UNTER DER KUNST UND VEREINIGT SICH IN DEN GLÜCKLICHSTEN FÄLLEN MIT KUNST!

Was aber ist Kunst? Darauf weiß ich keine Antwort. Da stehe ich fest. Ich danke Ihnen, daß Sie bis hierher mit mir gefahren sind.

ENDE

(Feature-Produktion des Hessischen Rundfunks, Regie: Ulrich Lauterbach, Erstsendung 28.11.1956)

Aus »Liebelei«

Aus »Liebelei«

Aus »Brief einer Unbekannten«

Aus »Brief einer Unbekannten«

Aus »Brief einer Unbekannten«

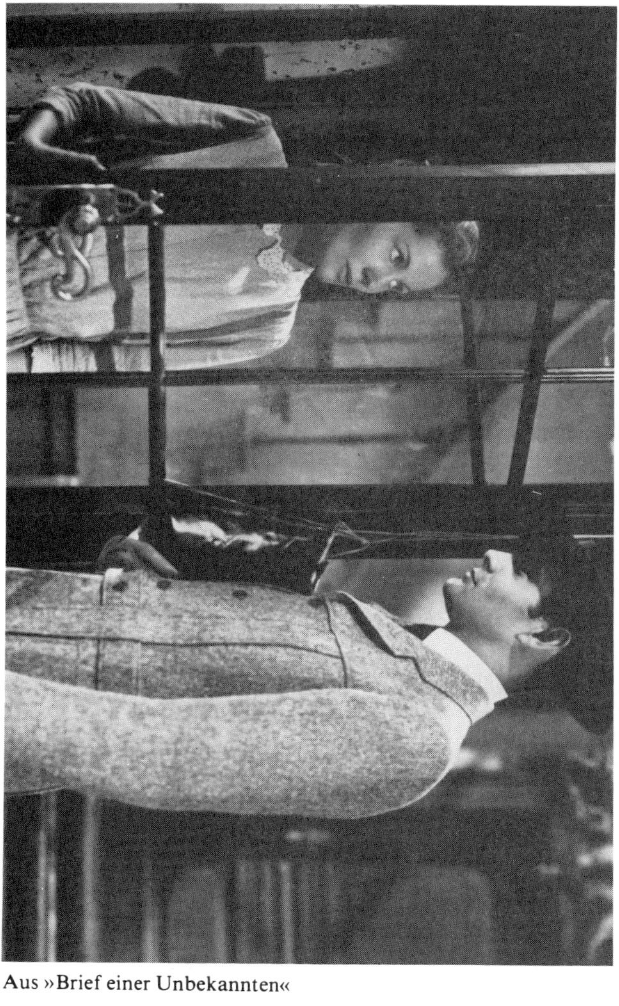

Aus »Brief einer Unbekannten«

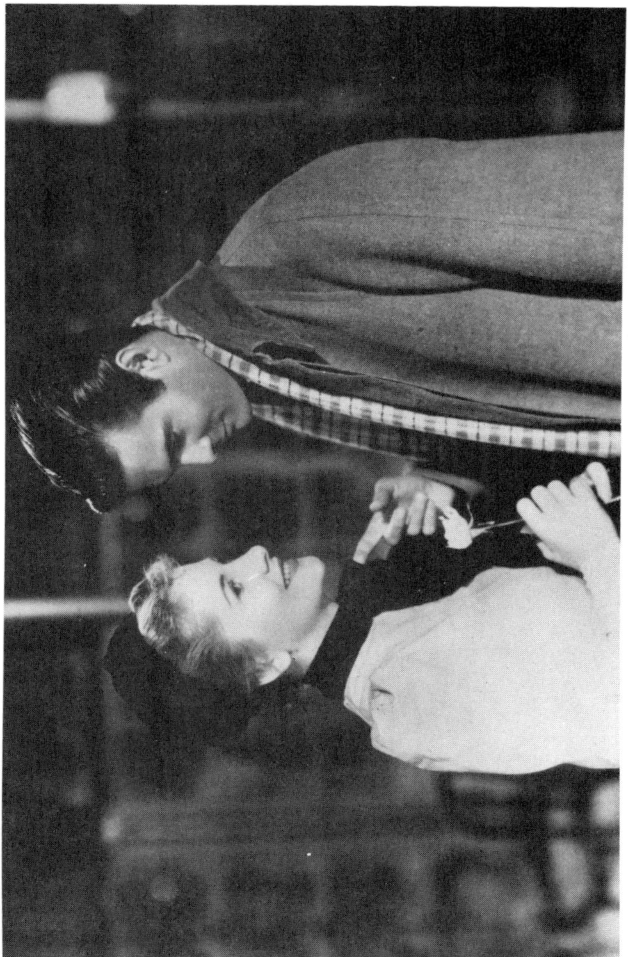
Aus »Brief einer Unbekannten«

Aus »Le Plaisir«

Aus »Lola Montez«

Aus »Lola Montez«.

Bei einer Premiere mit Frau Dr. Kraemer

Geburtstag von Max Ophüls

Michael Beckert / Siegmund Grewenig

Der Traum — ein Leben

Anmerkungen zu dem Film von Max Ophüls

...Kann ich nicht ohne Film
existieren, wie ein Mann nicht
ohne die Frau sein kann, die er liebt.

(Max Ophüls) (1)

Dabei kam er doch erst über einen Umweg und dazu eher zufällig zur 7. Muse, jener Max Ophüls, der als Max Oppenheimer am 6. Mai 1902 in Saarbrücken, »dieser kleinen Stadt... mit welthistorischen Stunden...«, geboren wurde. Hier, in *»Spiel im Dasein«*, beschreibt er seinen Lebensweg als amüsante Aneinanderreihung von Schlüsselerlebnissen, Anekdoten und höchst intelligenten Bemerkungen zu seinen Leidenschaften Theater und Film. Nur vor einem sollte man sich hüten: alle Angaben für bare Münze zu nehmen. Wie in vielen seiner Filme ist die eindimensionale Welt gebrochen, erscheint sie als Kaleidoskop: Das Spiel als Probehandeln: Die Ereignisse können so gewesen sein, sie könnten sich aber auch ganz anders abgespielt haben. Die Lebenserinnerungen als Spiel im Dasein. Und wie beim Spiel sind die Darstellungen nur Aspekte von Wahrheit, die jederzeit hätten anders ausfallen können. Und sie bleiben Spiel; wenn auch eines, das Spaß macht. Oder ändert es etwas an der Bedeutung von Ophüls, daß er sein Abitur nicht gemacht hat, wie übereinstimmend die überlebenden Klassenkameraden berichten (2) oder daß er vielleicht gar keine Theaterkritiken verfaßt hat? Gewiß nicht...

Die Biographie zeigt gerade in ihrer Selbststilisierung den Plauderer Ophüls, der, nur oberflächlich betrachtet, Oberflächliches berichtet. In Wirklichkeit zeigt das Buch in seinen inhaltlichen Aussagen und in seiner Machart viel über die Filme des Regisseurs. Denn auch hier geht Ophüls, wie nebenbei, häufig über die wesentlichen Abschnitte seines Lebens hinweg, um dann bei scheinbaren Nebensächlichkeiten zu verweilen, meist Anekdoten ausgrabend, die, und darauf hat schon Herbert Linder hingewiesen, die sogenannten wichtigen Fragen relativieren und ihm vom Leib halten (3). Aber nicht nur das: Es sind gerade diese kleinen Nebensächlichkeiten, die das Leben, die Liebe, den Tod auslösen, auch in seinen Filmen, ob dies das Collier in *»Madame de...«* ist oder der Brief in *»Letter from an unknown woman«*. »Die Tiefe verbirgt sich hinter dem Banalen« sagt Ophüls selbst an anderer Stelle (4).

Die 22 Spielfilme von Max Ophüls sind in mindestens 4 Entstehungsphasen zustande gekommen, über deren erste beiden die Lebenserinnerungen berichten:

— die Filme in der Weimarer Republik:
— *»Die verliebte Firma«* 1931
— *»Die verkaufte Braut:* 1932

— »*Lachende Erben*« 1932
— »*Liebelei*« 1932

— die Filme in der europäischen Emigration:
— »*Une histoire d'amour*« 1933, F
(franz. Version von »*Liebelei*«)
— »*On a volé un homme*« 1934, F
(»Man hat einen Menschen gestohlen«)
— »*La signora di tutti*« 1934, Italien
(Eine Frau für alle«)
— »*Divine*« 1935, F
(»Göttlich«)
— »*Komedie om Geld*« 1936, Niederlande
— »*La tendre ennemie*« 1936, F
(»Der zärtliche Feind«)
— »*Yoshiwara*« 1937, F
— »*Werther*« 1938, F
— »*Sans lendemain*« 1939, F
(»Kein Morgen«)
— »*De Mayerling à Sarajewo*« 1940, F

— die Filme in Hollywood:
— »*The Exile*« 1947
(»Der Verbannte«)
— »*Letter From An Unknown Woman*« 1948
(»Brief einer Unbekannten«)
— »*Caught*« 1948
(»Gefangen«)
— »*The Reckless Moment*« 1949
(»Schweigegeld für Liebesbriefe«)

— die Filme in Frankreich:

— »*La ronde*« 1950
(»Der Reigen«)
— »*Le plaisir*« 1951
(»Pläsier«)
— »*Madame de...*« F/It 1953
— »*Lola Montès*« F/BRD 1955
(»Lola Montez«)

Aber mit der Odyssee des Regisseurs waren die Irrungen der Wirkungsgeschichte seiner Filme noch lange nicht abgeschlossen. In der BRD lange verkannt oder unter »ferner drehten« eingereiht, wurde er eigentlich in den Endsechzigern erst entdeckt als einer der bedeutendsten Regisseure. (1966 erschien als Begleitmaterial zu einer Retroperspektive in Berlin ein Aufsatz von Martin Ripkens mit dem Titel: »Max Ophüls — Entdeckung eines Verkannten«) Nicht zuletzt durch die Tatsache, daß die deutsche cineastische Tradition durch Nationalsozialismus und Krieg abgebrochen war, und Ophüls seine letzten Filme in Frankreich drehte (erst für »Lola Montez« kehrte er wieder in seine Heimat (?) zurück), dauerte es lange, bis sein Stellenwert nicht nur in der französischen Filmgeschichtsschreibung, sondern auch in der deutschen herausgearbeitet wurde. Der Regisseur von »*Liebelei*« wurde zwar in die Galerie der »Großen Vier« (Murnau, Lubitsch, Lang, Ophüls) aufgenommen, doch das ist schon denkwürdig genug, kehrten doch alle vier Deutschland den Rücken, die einen freiwillig, die anderen vertrieben.

Die Franzosen hatten es einfacher: Sie vereinnahmten Max Ophüls (Ophüls-Biograph Claude Beylie rechnet auf einer halben Seite mit den Anhängern des »ü«-Umlauts in »Ophüls« ab) (5) kurzerhand für sich. (Auch mit dem Hinweis, daß er später naturalisierter Franzose wurde.) Aber Ophüls selbst, der Balzac liebte, aber in Übersetzungen las (6), dessen Liebe zur deutschen Bühne ihn nach Hamburg kommen ließ, um *»Figaros Hochzeit«,* ein Stück von Beaumarchais zu inszenieren, war wohl mehr als Deutscher und mehr als Franzose; er war auch kein Österreicher, wie seine literarischen Vorlieben vermuten ließen, und kein Rheinländer, wie Beylie schreibt und Saarbrücken einfach an »das Rheinufer« verlegt (7); Ophüls war auch mehr als Saarländer, obwohl die Harigsche Beschreibung des saarländischen Menschen als »harmonisch und lummer« (8), der als Armer und Frommer »Heiterkeit und Charme, das Relative und das Verzeihen, das Spiel (sic!) und die freie Entscheidung, die Nachgiebigkeit und den Zweifel verbreitet« (9), schon ziemlich exakt den Ton der Biographie und nach verschiedenen Äußerungen von Freunden und Mitarbeitern auch die Person Ophüls charakterisiert. Ophüls war Kosmopolit im besten Sinne des Wortes, wenn auch ein dazu Vertriebener.

Eine Frage, die sich nach der ersten Begegnung mit seinen Filmen immer wieder aufdrängt: Wie ist es möglich, daß ein Mensch, der zweimal ins Exil gehen mußte, darauf nicht nur in seinen Memoiren ohne Bitternis reagiert (10), sondern danach unpolitische Filme dreht, in denen das Schicksal waltet in der Umgebung schwelgerischer Dekors? Die Frage ist natürlich rhetorisch, denn Max Ophüls' Filme sind alles andere als unpolitisch. Aber anders als etwa Fritz Lang oder Jean Renoir, die ebenfalls in Hollywood in der Emigration drehten, thematisierte er Politik nie direkt. Selbst in dem Abenteuerfilm »*The Exile*« tritt die Betroffenheit des Regisseurs mit dem Thema hinter seiner Freude am naiven Erzählkino und seiner Liebe für genrehafte Atmosphäre zurück. Seine »Botschaft« liegt tiefer, hängt nicht von (tages-) politischen Themen ab: Und trotzdem kann man, wenn man will, seinen letzten deutschen Film, »*Liebelei*«, diesen melancholischen Abgesang auf die dem Untergang geweihte Welt der k.u.k. Monarchie auch als Schwanengesang auf die Weimarer Republik deuten. Und über »*De Mayerling à Sarajevo*«, seinem letzten Film vor Hollywood, der Darstellung von gesellschaftlicher und privater Tragödie, lag schon der Schatten der nächsten Katastrophe, der 2. Weltkrieg...

Bei Ophüls scheitern nicht die Gesellschaften und

Systeme; zugrunde gehen die Menschen, an den Normen der Gesellschaft: Franz Ferdinand und Sophie *(»De Mayerling...«)*, weil sie die Regeln des Lebens etwa verletzen. In *»Tendre ennemie«*, in *»Divine«*, in *»Caught«* und in *»The Reckless Moment«* werden die Individuen, die liebenden vor allem, immer wieder an der Verwirklichung ihrer Träume gehindert durch die »Spielregeln des Lebens«. Hier bekommt der Begriff »Spiel« gleich eine andere Wendung: Es ist nicht mehr die leichte, Spaß machende Tat; hier ist Dasein kein Spiel, sondern bitterer Ernst, dessen Normen euphemistisch und verlogen »Spielregeln« heißen. Bezeichnende Parallele: Auch Renoir hat diese »Spielregeln« gründlich demaskiert *(»La règle du jeu« 1939)*. All diese Träume müssen gegen die bestehende Welt aufgebaut werden. Die Sehnsüchte drohen an dieser Trivialität des Häßlichen, Unwahren, Schlechten zu scheitern: Madame de... bleibt zwischen den kalten Egomanen General André und dem Baron Donati auf der Strecke, Lola Montez ist nur noch Produkt der Vermarktung, Christine in *»Liebelei«* findet ihren Weg nur, indem sie Selbstmord begeht...

Aber auch die Happy-ends sind in Frage gestellt: Die Heirat Divines, gefilmt durch das dichte Gitter eines Standesamtes, so als wolle Ophüls auf die neue, andere Art des Gefängnisses aufmerksam machen (11); der Sieg Charles II über die Roundheads, der doch mit dem Abschied von Katie verbunden ist *(»The Exile«).* Die Leidenschaften und Sehnsüchte der Ophülsischen Figuren sind viel zu groß und zu rein, als daß man sie mit kleinbürgerlichen Lösungen abspeisen könnte. Die Liebe ist radikal, auch in der Infragestellung von angebotenen (Schein) - Idyllen. Sie setzt der »Vernunft« der Gesellschaft immer wieder die »konkrete Utopie« einer besseren Welt entgegen. Ophüls ist ein Meister der Traumfabrik — er läßt die Zuschauer träumen, ohne ihnen eine heile Welt vorzugaukeln.

Denn diese Scheinharmonien läßt Ophüls erst gar nicht aufkommen: Dazu ist seine Welt zu vieldeutig: Er liebt die komplexe Rahmenhandlung *(»Letter...»,* *»Lola Montèz«, »La Signora di tutti«),* die die Welt unter verschiedenen Aspekten zeigt, er führt eine Art »Spielleiter« ein, der die aus den Fugen geratene Welt mühsam zusammenhält *(»Komedie om Geld«, »La Ronde«)* und zugleich die Illusionen verfremdet.

Schon früh hat Ophüls auch hinter die Kulissen geschaut: in der *»Verliebten Firma«* hinter die Fassade seiner neuen Zunft, in *»Die Verkaufte Braut«* hinter die Manege des Zirkus und die der Oper, in seinem unvollendeten Projekt *»Die Schule der Frauen«* nach Molière hatte er vor, »den Schauspieler zu zeigen, wenn er die Szene verläßt, und ihm in die Kulisse zu folgen, während der Dialog des Stückes sich fortsetzt...« (12). Die Krönung ist zweifellos erreicht in *»Lola Montez«*, wo aus all den Musen das Showbusiness hervorlugt und Martine Carole ihren eigenen Mythos zelebriert.

Die Tatsache, daß Anfang und Ende des künstlerischen Lebens von Max Ophüls vom Theater begleitet wurden — die Leidenschaft des Schülers für die Bühne wird von heute noch lebenden Saarbrücker Klassenkameraden Max Oppenheimers bezeugt, die Inszenierung von Beaumarchais' *»Der tolle Tag«* für das Deutsche Schauspielhaus in Hamburg wurde für den Schwerkranken ein letzter psychischer und physischer Kraftakt — diese Tatsache der Theaterliebe also hat Ophüls dem Mißverständnis ausgesetzt, im Grunde auch in seinen Filmen immer ein Bühnenregisseur geblieben zu sein.

Verstärkt wurde dieser Verdacht natürlich durch die Vorliebe von Ophüls für das Dekor: Der Anfang von *»Der Reigen«* zeigt Adolf Wohlbrück auf einem Karussell, das auf einem Rummelplatz steht, der offensichtlich für eine Theaterbühne aufgebaut worden ist. In einem scheinbar endlosen Schwenk verläßt die Kamera bei der Überleitung zur ersten Episode diese künstliche Welt, aber die Szenerie, die jetzt zu sehen ist, erscheint — obwohl doch nun die Illusion von Wirklichkeit aufgebaut wird — nicht wesentlich realistischer als die Pappmaché-Interieurs der Rahmenhandlung auf dem Rummel. Noch deutlicher wird Ophüls' Neigung, naturalistische Bilder in eine ebenso befremdliche wie anheimelnde Kino-Künstlichkeit umzusetzen, in seinem letzten Film *»Lola Montez«:* Dort erscheinen die Szenen in den bayerischen Alpen beinahe unechter als die Innenaufnahmen des im Atelier nachgebauten Palastes von Ludwig I.

Im Frühsommer des Jahres 1955 ließ Max Ophüls bei Außenaufnahmen zu *»Lola Montez«* in Bamberg einen ganzen Straßenzug in eine Winterlandschaft verwandeln: Künstlicher Schnee auf Pflaster und Mauersteinen, weiße Laken auf den Dächern — und dies alles für eine kurze, noch dazu nächtliche Szene, in der Martine Carol als Lola Montez ein Haus verläßt und in eine wartende Kutsche steigt.

Die Detailbesessenheit von Ophüls zeigt sich allein an dieser winzigen Episode, aber es war doch noch mehr in diesem speziellen Fall: Der Schnee hat in den Filmen dieses Regisseurs eine eigene Qualität. Er ist Symbol für die Ursprünglichkeit und Natürlichkeit (bei *»Lola Montez«*), aber auch — in seiner klassischen metaphorischen Bedeutung — für Unschuld und Reinheit (wie bei Christine in *»Liebelei«*).

Überhaupt seine Ausstattungen: für *»Sans lendemain:* errichtete er eine ganze Straße, für *The Letter...« ließ er Wien im Hollywood-Studio perfekt* nachbauen, für *»Lola Montez«* waren die Produktionskosten so hoch und die Einspielergebnisse so gering, daß Ophüls keinen Kredit bei den Produzenten mehr bekam. Aber lieber verzichtete er ganz, als ohne diese Ausstattungen auszukommen. Die Verfilmung von Balzacs »*Lilie im Tal*« scheiterte aus diesen Gründen.(13)

Immer wieder fällt der Begriff »Barock« in diesem Zusammenhang, obwohl Ophüls selbst damit nichts anfangen konnte. Formulieren wir es lieber anders.

Ophüls baut mit seinen Kulissen (und selbst die natürliche Landschaft wird bei ihm zur synthetischen Kulisse) durch seine oft überladen wirkenden Bilder, durch die Einbeziehung von Treppen, Spiegeln, Käfigen, Vorhängen, Leuchtern und anderen Requisiten (14), diesem totalen Environment, in dem nichts Zufall ist und jedes Element Bedeutung trägt, erst die Welt auf, in die er seine Personen hineinversetzen kann. Es ist nicht die Beliebigkeit oder das Quasi-Dokumentarische so vieler Fernsehfilme, es ist eine eigene Ophülsche Kino-Ästhetik. Er stilisiert die Welt, die er zeigen will, diese dekadente Pracht, in der die Personen umgarnt sind wie Kokons; nur dann ist sie für ihn wahr. Es geht ihm nicht um naturgetreue Schlösser, Kirchen, Burgen... (15).

Zurück jedoch zum Mißverständnis vom Theaterregisseur. Es waren Bühnenstücke, deren Verfilmungen Ophüls die großen Kinoerfolge gebracht haben: »*Liebelei*« zuerst, nach dem Krieg dann »*Der Reigen*« — beide nach Arthur Schnitzler. Und dazwischen immer wieder literarische Stoffe: »*Werther*« (Goethe), »*Brief einer Unbekannten*« (Stefan Zweig), »*Le plaisir*« (Maupassant) und »*Madame de...*« (Louise de Vilmorin). Und trotzdem sind diese Leinwand-Stücke keine Literaturverfilmungen im herkömmlichen Sinn, weil Ophüls in ihnen ein so umfangreiches filmisches Vokabular entwickelt hat, daß man in der Tat von eigenständigen Kunstwerken sprechen kann.

Ophüls gehört zu jenen Regisseuren, die schon sehr früh begriffen hatten, daß die Leinwand trotz ihrer Zweidimensionalität eine Fülle von Möglichkeiten bot, gewissermaßen interdisziplinär neue formalästhetische Kategorien zu entwickeln. Theater und Kino — das waren für Ophüls zunächst die Extreme zwischen äußerster Künstlichkeit und dokumentarischer Wirklichkeit, letztere symbolisiert durch das scheinbar unbestechliche Auge der Kamera, des Objektivs, wie man es in schöner Ein-/Zweideutigkeit auch noch nennt. Ophüls hat in vielen Filmen die Kamera zum eigentlichen Hauptdarsteller gemacht und den Zuschauer über den voyeuristischen Charakter von Kino schlechthin nie im unklaren gelassen. »Liebelei« zum Beispiel beginnt mit einer Theaterszene: Dem Blick vom Parkett auf die Bühne im Theater entspricht der Blick vom Kinosaal auf die Leinwand. Und schon wechselt die Perspektive: Durch ein Guckloch im Vorhang sieht man nun die Zuschauer im Parkett. Eine ironischer Kunstgriff, der zum einen die verschiedenen Sehweisen deutlich machen soll, zugleich aber auch die Ambivalenz der Standorte: Der Zuschauer als sehendes Subjekt und als Objekt, das von der Kamera gesehen wird.

Auch in »*Madame de...*« gibt es mehrere Szenen, die im Theater spielen. Hier blickt die Kamera durch eine Logentür, enthüllt die Heimlichtuereien der Hauptfigur, macht uns zum heimlichen Mitwisser. Und noch einmal wird uns der direkte Zusammenhang zwischen den (fiktiven) Figuren auf der Leinwand und den (wirklichen) Menschen im Kino deutlich vor Augen geführt, in »*Lola Montez*« nämlich. In der Schlußszene drängen Zirkusbesucher zu dem Käfig, in dem Lola zur Schau gestellt wird; sie wollen die Frau, deren Leben sie eben in einer billigen Zirkusnummer vorgespielt bekommen haben, leibhaftig sehen, sie berühren. Die Kamera fährt zurück, die neugierige, sensationsgeile Menge drängt vor. Durch die Rückwärtsbewegung werden die Zuschauer *vor* der Leinwand in die Zuschauermenge *auf* der Leinwand integriert — eine optische Sogwirkung, deren Perfidität darin besteht, daß sich der arglose Kinobesucher unversehens in die Rolle des gedankenlosen Bildverzehrers versetzt fühlt. In einem Interview mit François Truffaut und Jacques Rivette hat Ophüls kurz vor seinem Tod eine aufschlußreiche Erklärung für diese Denunziation der Zuschauer gegeben, ohne dabei die eben genannte Szene direkt anzusprechen:

»Es ist eine wirklich unglaubliche Sache, daß es das Publikum eigentlich nicht mehr gibt. Es gibt eine Masse von Konsumenten, das ist alles... Das sind keine Individuen mehr, die bereit sind, etwas aufzunehmen, das sind lediglich Leute, die kommen und konsumieren und zerstören, was sie gerade konsumiert haben.« (16)

Peter Nau hat die Filme von Max Ophüls einmal »Meisterwerke einer kalkulierten Künstlichkeit« genannt (17), treffende Beschreibung eines Stils, dessen Konsequenz und Kontinuität sich umso deutlicher offenbaren, wenn man Gelegenheit hat — wie 1978 im Münchner Filmmuseum und 1979 bei der bislang größten und vollständigsten Retrospektive von Ophüls-Filmen in Saarbrücken — mehrere Werke in engem zeitlichen Abstand zu sehen und analysieren zu können. Da entdeckt man plötzlich, daß die berühmte »Nadel-und-Faden!«-Sequenz aus *»Lola Montez«*, wo mit drei Worten und einigen wenigen, eine Abwärtsbewegung suggerierenden Schnitten die soziale Hierarchie in einem monarchischen Staatsgefüge ironisch dargestellt wird, bereits einen Vorläufer in dem wenig bekannten Mantel-und-Degen-Film *»The Exile«* (Der Verbannte) aus dem Jahr 1947 hat. Und erst bei zusammenhängender Betrachtung der Ophüls-Filme offenbaren sich einem die rastlose Kamera, die scheinbar endlosen Fahrten durch Bauten und Dekors, die Kreisbewegungen, die so oft auf

Walzermusik aufbauen (angefangen von *»Liebelei«* über *»Brief einer Unbekannten«* bis zu *Madame de...«).* Die nervöse Unrast in diesen einzelnen Bewegungsabläufen zielt auf die direkte Einbeziehung des Zuschauers.

Hierin könnte man einen Widerspruch sehen: Auf der einen Seite die bewußte Künstlichkeit der Interieurs, die die Illusion von Wirklichkeit zerstört; auf der anderen Seite die Aufforderung an den Zuschauer zur völligen Identifikation mit dem Geschehen auf der Leinwand durch emotionale Einbindung. Es ist das Kennzeichen großen Erzählkinos, daß dieser Widerspruch aufgehoben wird. Indem der Regisseur die scheinbaren Gegensätze versöhnt, entsteht Kino eigener Prägung, Filmsprache von selbständiger Qualität, kurz: Stil. Man hat mittlerweile längst gelernt, mit Namen wie John Ford, Alfred Hitchcock, Ernst Lubitsch oder Jean Renoir ganz bestimmte filmische Erzählweisen zu verbinden. Die Bildsprache von Max Ophüls ist ebenso unverwechselbar. Sie bezeichnet eine Art von Filmemachen, die in der Geschichte des Spielfilms kaum eine Tradition und keine Nachahmer gefunden hat und die man griffig mit der Bezeichnung »Ophüls-Touch« umschreibt.

Untrennbar verbunden ist mit diesem »Ophüls-Touch« das Element der Musik. Max Ophüls benutzt Kompositionen in vielfältiger Weise: Sie können Leitmotiv sein wie der berühmte Walzer von Oscar Straus in *»Der Reigen«;* sie können bloße melodramatische Funktionen erfüllen, indem sie die Gefühlslage der handelnden Personen illustrieren, wie dies besonders vordergründig in der weniger bekannten, im Stil der »Schwarzen Serie« Hollywoods, gedrehten Krimi-Tragödie *»The Reckless Moment«* verwendet hat. Am liebsten jedoch benützt Ophüls die Musik als Zitat, und hier wiederum besonders die Oper. Dafür drei Beispiele: Der glanzvolle Theaterabend in *»Liebelei«* mit der Aufführung von Mozarts »Entführung aus dem Serail« hat 16 Jahre später seine Entsprechung in der Theaterszene aus *»Brief einer Unbekannten«, wo* man wiederum Mozart spielt, diesmal »Die Zauberflöte«. In beiden Sequenzen spielen im übrigen Augengläser eine Rolle: In *»Liebelei«* reißen sich Christine und ihr Leutnant das Opernglas aus der Hand, um den Kaiser in seiner Loge zu sehen; und im *»Brief einer Unbekannten«* schauen Theatergäste durch ihr Lorgnon von Loge zu Loge. Der dritte Film, in dem der Opernmusik eine bestimmte dramaturgische Funktion zugewiesen wird, ist *»Madame de...«* Dort gibt es gleich mehrere Theaterbesuche. Bei einem jedoch gewinnt ein Opern-Zitat ironische Qualität: »Ach, ich habe sie verloren« hört man da Orpheus seiner Eurydike nachsingen. Die Arie aus Glucks Oper wird in direkte Beziehung gesetzt zur Filmhandlung: Madame de nämlich hat ihre Diamanten in

Form eines wertvollen Colliers verloren. Der Theater- und Opernnarr Ophüls brilliert gern mit mehr oder minder verhüllten Anspielungen, offenbart auch hier seine Lust am Spielerischen, am Spiel mit Versatzstücken bürgerlichen Bildungsgutes.

Wer die Biographie liest, wird schnell bemerken, welcher Fähigkeit Max Ophüls einen guten Teil seines Erfolges verdankt: seiner Menschenkenntnis und seinem sympathischen Umgang mit anderen. Man braucht etwa nur die Passage über Karl Valentin zu lesen und sieht schon an diesen wenigen Seiten, welch ein Gespür Ophüls für die Größe eines Mannes entwickelte zu einer Zeit, als Valentin nicht wie heute, kultisch verehrt wurde, sondern längst vergessen war.

In den Filmographien tauchen immer wieder dieselben Namen auf, — Leute, die mit Max Ophüls zusammengearbeitet haben. Aus einer Vielzahl von Namen seien nur vier herausgegriffen: Eugen Schüfftan, der hervorragende Kameramann, der *»Dann schon lieber Lebertran«*, *»Komedie om Geld«*,, *»La tendre ennemie«*, *»Yoshiwara«*, *»Werther«*, *»Sans lendemain«* fotographierte; oder Christian Matras, der in der zweiten französischen Periode in allen vier Filmen Kameramann war; oder der Kostümdesigner Georges Annenkov, der über seinen Freund Max ein Erinnerungsbuch schrieb; oder etwa auch Jean d'Eaubonne, zuständig für die Dekorationen, mit dem Ophüls »sehr, sehr gut zusammenarbeitete, weil er versteht« (18). Sie alle arbeiteten über mehrere Jahre zusammen, und es war sicherlich mehr als nur das rein Geschäftliche, was sie dazu veranlaßte: Geistesverwandtschaft, Freundschaft. So gesehen ist die Ophüls-Familie Vorläufer der Warhol-Factory, des Fassbinder-Clans oder der Altman-Firma. In dieser Kontinuität der Arbeit, trotz aller Brüche, liegt sicherlich mit ein Geheimnis der Qualität seiner Filme.

Schon in den Filmtiteln werden Ophüls Hauptthemen deutlich: Neben der Liebe (*»Liebelei«, »Die verliebte Firma«)* stehen immer wieder Frauengestalten im Zentrum: *»La signora di tutti«, »Madame de...«, »Lola Montez«, »Divine«*. Aber nicht nur dort. Wie ein roter Faden zieht sich die Frauenthematik durch sein Oeuvre, selbst in seiner *»Werther«*-Verfilmung rückt Charlotte in den Mittelpunkt des Geschehens. Truffaut und Rivette bemerkten dazu: »Max Ophüls machte sich immer zum Komplizen seiner Heldinnen: endlos tüftelte er an seinen Frauengestalten herum, während er die männlichen Personen stilisierte: die Frau gibt sich her, der Mann leiht sich aus.« (19) In einer Welt der Ge- und Verbote können die Männer sich mit ihren Prinzipien behaupten, die Frauen mit ihrer Emotionalität und Unberechenbarkeit sind verloren.

Sofern ein Mann überhaupt Frauenfilme drehen kann, hat dies Max Ophüls getan: Nicht im zeitgenössischen Sinne als konkrete Auseinandersetzung mit sozialer Wirklichkeit, aber doch als ganz moderner Beitrag über Beziehungsprobleme auch zwischen Mann und Frau.

Schon 1956 in »*Lola Montez*« nahmen Liszt und Lola voneinander Abschied:

Lola: Sag mir ruhig Adieu, trotz allem. So geht man doch nicht fort.

Liszt: Ich wollte Sie nicht wecken.

Lola: Sag ruhig »du« zu mir, wenn das ein Abschied sein soll.

Liszt: Es ist besser so für uns beide. Finden Sie nicht auch!

Lola: Ja. Zum erstenmal verstehen wir uns. Komm, küß mich!

Lola: Aber nicht nur so. Um zu vergessen.

Lola: Naja. Dann ist es also aus.

Liszt: Vorbei. Weißt du — die Liebe — das Leben —

Lola: Ich weiß

Liszt: Eben. (20)

1956, zu einer Zeit als in Deutschland sich der 50er Jahre Mief so richtig breitmachte, mußte diese Modernität von Max Ophüls »*Lola Montez*« auch im Kino scheitern.

Es ist an der Zeit, sie neu zu entdecken.

Anmerkungen

(1) *Ophüls, Max:* Kunst findet immer Wege in: Die Neue Zeitung 1.8.54 abgedruckt in: Filmkritik 3/67 S. 165

(2) *Saarbrücker Zeitung* Nr. 177 vom 4. August 1978 (Michael Beckert: »Ein Saarbrücker, der sich Ophüls nannte»).

(3) *Linde, Herbert:* Max Ophüls — Die Lust am Sehen in: Filmkritik 5/67 S. 67 S. 285/286

(4) *Ophüls, Max* in dem von Jacques Rivette und François Truffaut geführten Gespräch, das zum erstenmal veröffentlicht wurde in »Cahiers du Cinéma« Nr. 72, Juni 1957. In der Filmkritik übersetzt, nachgedruckt in Nr. 11/77, hier S. 539

(5) *Beylie, Claude:* Max Ophüls, Paris 1963, S. 16

(6) *Ophüls, Max:* s. Anmerkung 4 in: Filmkritik 11/77 S. 539

(7) *Beylie, Claude:* Max Ophüls, a.a.O. S. 13

(8) *Harig, Ludwig:* Die saarländische Freude/Ein Lesebuch über die gute Art zu leben und zu denken. München/Wien 1977, S. 22: »Die lummere Vollkommenheit des Saarländers ist ganz von dieser Welt, es ist nicht die apollinische Schönheit, es ist auch nicht die aristotelische Güte, aber es ist die hiesige Rundheit, die ihn kennzeichnet.«

(9) *ebda* S. 41

(10) *Luft, Friedrich* in seiner Einleitung.

(11) *vgl. Beylie,* a.a.O. S. 47

(12) *Ophüls, Max:* s. Anm. 4, S. 530

(13) *ebda* S. 539

(14) *vgl. Beylie* a.a.O. S. 99

(15) *Ophüls Max:* s. Anm. 4, S. 537, 538 Nicht umsonst findet er die Kritik am Interieur er normannischen Kirche in »Le Pleisir« »sehr komisch« (ebda)

(16) *ebda* S. 542

(17) *Nau, Peter:* in: Die Zeit vom 15. Juli 1977

(18) *Opühls:* s. Anm. 4, S. 538

(19) *ebda* S. 525

(20) *Nau, Peter:* in: Filmkritik 11/77, S. 562

Filmografie

Die hier abgedruckte Filmografie ist die leicht überarbeitete Vorlage von Claude Beylie (1963).

Zusatzquellen: Filmkritik 4/68, 5/68, 10/70 und Paul Willemen (1978). Weitere Ergänzungen und Korrekturen werden in einem geplanten Materialienbuch zu Max Ophüls veröffentlicht werden.

Erfaßt sind nur die Filme, in denen Max Ophüls selbst Regie geführt hat. Das sind 22 Spielfilme, 1 mittellanger Spielfilm, 2 begonnene Spielfilmprojekte und 2 Kurzfilme.

Abkürzungen:

A = Ausstattung/Bauten
B = Drehbuch
D = Darsteller
Dial = Dialoge
K = Kamera
Ko = Kostüme
L = Originallänge
M = Musik
P = Produktion
Pd = Produzent
Ra = Regieassistenz
Sch = Schnitt
T = Ton
U = Uraufführung

1930 DANN SCHON LIEBER LEBERTRAN

B : Erich Kästner, Emerich Pressburger und Max Ophüls nach einer Vorlage von Erich Kästner
K : Eugen Schüfftan
D : Paul Kemp (Hl. Michael), Heinz Günsdorf (Hl. Peter), Käthe Haack (die Mutter), Hannelore Schroth (die Tochter)
P : UFA 1930
L : 25-30 Min. (40 Min. nach anderen Quellen)

1931 DIE VERLIEBTE FIRMA
B : Bruno Granichstädten und Max Ophüls nach dem Szenario von Hubert Marischka und Fritz Zeckendorf
K : Karl Puth
D : Gustav Fröhlich, Anny Ahlers, Hubert von Meyerinck, Leonard Steckel, Ernst Verebes, Werner Finck, Lien Deyers, José Wedorn, Fritz Steiner, Hermann Krekan
M : Bruno Granichstädten, Grete Walter und Ernst Hauke
P : D.L.S.
L : 72 Min.

1932 DIE VERKAUFTE BRAUT
B : Curt Alexander, Jaroslav Krapil und Max Ophüls nach der komischen Oper von Friedrich Smetana
K : Reimar Kuntze, Franz Koch, Herbert Illig, Otto Mirsching
M : Theo Mackeben (Arrangement)
Robert Vomberg (Gesangstexte)
A/Ko : Erwin Scharf
D : Max Nadler (Bürgermeister), Jarmila Novotna (Marie, seine Tochter), Hermann Kner (Micha), Maria Janowska (Frau Micha), Paul Kemp (Wenzel), Willy Domgraf-Faßbaender (Hans), Otto Wernicke (Kezal), Karl Valentin (Brummer, Zirkusdirektor), Liesl Karlstadt, (Frau Brummer), Annemie Soerensen (Esmeralda), Kurt Horwitz (Moritatensänger), Therese Giehse (Ansagerin).
P : Reichsliga-Film
L : 76 Min. (2050 m)
U : München 18.8.1932

1932 LACHENDE ERBEN
D : Felix Joachimson und Max Ophüls nach dem Szenario von Trude Herka
K : Eduard Hoesch
M : Clemens Schmalstich und Hans-Otto Borgmann
D : Heinz Rühmann, Lien Deyers, Max Adalbert, Lizzi Waldmüller, Ida Wüst, Julius Falkenstein, Walter Jannsen, Friedrich Ettel

P : UFA
L : 75 Min (2000 m)
U : Berlin 6.3.1933

1932 LIEBELEI
B : Curt Alexander, Hans Wilhelm und Felix Salten nach dem Stück von Arthur Schnitzler
Ra : Ralph Baum
K : Franz Planer
M : Theo Mackeben (Motive von Brahms, Mozart und Beethoven)
A : G. Pellon
D Magda Schneider (Christine Weiring), Luise Ullrich (Mizzi Schlager), Wolfgang Liebeneiner (Leutnant Fritz Lobheimer), Willy Eichberger (Oberleutnant Theodor Kaiser), Gustav Gründgens (Baron v. Eggersdorf), Olga Tschechowa (Baronin v. Eggersdorf), Paul Hörbiger (Hans Weiring), Werner Finck, Theo Lingen, Lotte Spira, Bruno Kastner, Walter Steinbeck
P : Elite-Tonfilm
L : 90 Min. (2500 m)
U : Leipzig 3.3.1933

1933 UNE HISTOIRE D'AMOUR (franz. Version von Liebelei)
D: : identisch mit dem deutschen
Dial : André Doderet
K : Ted Pohle (Interieurs)
Ra, Sch Ralph Baum
D : Magda Schneider, »Georges« Liebeneiner, Georges Rigoud (Théo), Simone Héliard (Mizzie), Abel Tarride (Hans Weiring), Georges Mauloy, André Dubosc, Pierre Stéphen, Paul Otto
P : Alma-Sepic 1933
L : 88 Min (2400 m)
U : Paris 26.2.1934

1934 ON A VOLÉ UN HOMME

B : René Pujol und Hans Wilhelm — nach Vorlage von René Pujol.

Dial : René Pujol

Ra : Ralph Baum

K : René Guissart

M : Bronislav Kapper und Walter Jurman

D : Henri Garat (Bankier Jean de Lafaye), Lili Damita (Annette), Fernand Fabre (Robert), Charles Fallot (Victor, ein Diener), Nina Maryl (die alte Dame), Pierre Labry, Robert Goupil, Raoul Marco, Lucien Callamand, Pierre Piérade, Guy Rapp

P : Fox-Film Europa, Erich Pommer, 1934

L : 90 min. (2500 m)

U : Paris 13.3.1934

1934 LA SIGNORA DI TUTTI

B : Curt Alexander, Hans Wilhelm und Max Ophüls, nach dem Roman von Salvator Gotta

Ra : Ralph Baum

A : Guiseppe Capponi

Ko : Sandro Radice

K : Ubaldo Arata

M : Isa Miranda (Gaby Doriot), Nelly Corradi (Anna, seine Schwester), Memo Benassi (Leonardo Nanni), Tatiana Pawlova (Alma, seine Frau), Frederico Benfer (Roberto, ihr Sohn) und Lamberto Picasso, Franco Coop, Gildo Bicci, Mario Ferrari, Egisto Olivieri, Vinicio Sofia, Attilio Ortolani, Alfredo Martinelli, Andrea Checchi, Elena Zareschi, Inès Christina Zacconi, Giulia Puccini, Luigi Barberi, Achille Majeroni, Mattia Sassanelli

P : Novella Films, Emilio Rizzoli 1934

Pd : Tomaso Monicelli

1935 DIVINE

B : Jean George Auriol und Max Ophüls (nach dem Buch von Colette de Jouvenel

Dial : Colette
Ra : Ralph Baum und Pierre de Hérain
A : Jacques Gotko et Robert Gys
K : Roger Hubert
T : Fred Behrens
M : Albert Wolff (Chansons von Roger Féral und Jean George Auriol)
D : Simone Berriau (Ludivine Jarisse, genannt »Divine«) Catherine Fonteney (ihre Mutter), Yvette Lebon (Roberte), Georges Rigaud (Antonin), Marcel Vallée (Der Direktor des »L'Empyrée«), Paul Azais (Victor, der Regisseur), Philippe Hériat (der Fakir), Gina Manès (Dora), Sylvette Fillacier (Gitanette), Thérèse Dorny (»der Fisch«), Gabriello (Coirol, genannt »Nero«, der Dompteur), Nane Germon (Zaza), Jeanne Véniat (Frau Martelli), Pierre Juvenet (der Wächter), Jeanne Fusier-Gir (Frau Nicou), Roger Gaillard (Pierre-Paul), Lucien Callamond (erster Inspektor), Tony Murcy (zweiter Inspektor), Floyd Dupont (Fergusson) und Paul Lluis, Claude Roussell
P : Eden-Productions, Paul Bentata, 1935
L : 80 Min. (2200 m)
U : Saint Jean de Luz, im August 1935

1936 VALSE BRILLANTE DE CHOPEN (»Cinéphonie«)
Konzeption: Emile Vuillermoz
K : Franz Planer
M : Frédéric Chopin
D : Alexandre Broilowski (Piano) —
P : C.G.A.I für Fox-Film, 1936
L : 6 Min (160 m)
U : Paris, Ende Januar 1936

1936 AVE MARIA DE SCHUBERT (»Cinéphonie«)
Konzeption: Emile Vuillermoz
Ph : Franz Planer
M : Franz Schubert

Int : Elisabeth Schumann (Gesang)
P : C.G.A.I. für Fox-Film, 1936
L : 5 Min. (150 m)

1936 KOMEDIE OM GELD
B : Walter Schlee, Alex de Haas und Max Ophüls
A : Heinz Fenschel
K : Eugen Schüfftan
M : Max Tak (Arrangement: Heinz Lachmann)
T : I.J. Citroën
D : Herman Bowber (Brand), Rini Otte (Willie), Matthew van Eysden (Ferdinand), Cor Ruys (Direktor Moorman) und Arend Sandhouse
Sch : Noël von Ess und Gérard Bensdorp
P : Cinetone Productie, Maatschappij, 1936
L : 81 Min. (2350 m)
U : Amsterdam, 25. Oktober 1936

1936 LA TENDRE ENNEMIE
B : Curt Alexander und Max Ophüls, nach dem Stück von André-Paul Antoine »L'Ennemie«
Ra : Ralph Baum
A : Jacques Gotko
K : Eugène Schüfftan
T : Antoine Archimbaud
M : Albert Wolff
Sch : Pierre de Héroin
D : Simone Berriau (Annette Dupont), Catherine Fonteney (seine Mutter), Georges Vitray (ihr Ehemann), Marc Valbel (ihr Geliebter, der Dompteur Rodrigo), Jacqueline Daix (seine Tochter), Maurice Devienne, Lucien Nat, Pierre Finaly, Germaine Reuver, Laura Diana, Camille Bert, Roger Legris, André Siméon, Henri Marchand, Janine Darcey, Liliane Lesoffre
P : Eden-Produktion, Paul Bentata, 1936
L : 69 Min. (1800 m)
U : Paris, 12.11.1936

1937 YOSHIWARA

B : A. Lipp (= Arnold Lippschutz), Wolfgang Wilhelm, Jacques Companeez und Max Ophüls, nach dem Szenario von Maurice Dekobra

Ra : Ralph Baum

A : André und Léon Barsacq

K : Eugène Schüfftan

Sch : P. Meguérian

T : Sauvion

D : Pierre-Richard Willm (Leutnant Serge Polenoff), Mitschiko (oder Michiko) Tanaka (Kobana), Foun-Sen (seine Schwester) Sessue Hayakawa (Isamo), Roland Toutain (Pawlik), Camille Bert (der Kommandant), Lucienne Lemarchand (Namo), Gabriello, Léon Larive und Ky Duyen, Georges Paullais, Maurice Devienne, Léon Arvel, Philippe Richard, Martial Rèbe, Georges Saillard

P : Milo-Films, M. Milakowski, 1937

L : 88 Min (2400 m)

U : Paris, 23.6.1937

1938 WERTHER

B : Hans Wilhelm und Max Ophüls, nach dem Roman von Johann Wolfgang Goethe »Die Leiden des jungen Werther«

Dial : Fernand Crommelynck

Ra : Henri Aisner

A : Eugène Lourié und Max Douy

Ko : Annette Sarradin

K : Eugen Schüfftan

M : Paul Dessau, nach Liedern, Menuetten oder Motiven von Schubert, Haydn, Mozart, Grétry und Beethoven

Sch : Jean Sacha und Gérard Bensdorp

D : Pierre-Richard Willm (Werther), Annie Vernay (Charlotte), Jean Périer (der Präsident), Jean Gallan (Albert Hochstätter), Paulette Pax (Tante Emma), Georges Vitray, Roger Legris, le petit Jean Buquet, Génia Vaury, Denise Kerny, Léon Larive, Martial Rèbe, Léonce Corne, Edmond

Beauchamp, Joseph Nossent, Henri Beaulieu, Henri Darbret, Pierre Darteuil, Henri Herblay, Philippe Richard, Henri Guisol, Maurice Schutz, Maurice Devienne, Georges Bever.

P : Nero-Films (oder Chronos Films), Seymour Nebenzahl, 1938

U : Paris, 17.11.1938

1939 SANS LENDEMAIN

B : André-Paul Antoine, Jean Jacot (= Hans Jacobi) und Max Ophüls, nach dem Szenario von Jean Villème (= Hans Wilhelm)

Ra : Henri Aisner

A : Eugène Lourié

K : Eugen Schüfftan

T : Pierre Calvet

M : Allan Gray

Sch : L. Sejourné und Jean Sacha

D : Edwige Feuillère (Evelyne Morin), le petit Michel Francois (Pierre), Georges Rigaud (der Doktor Georges Brandon), Paul Azaîs (Henri), Daniel Lecourtois (Armand), Georges Lannes (Paul Mazuraud), Gabriello (Mario), Pauline Carton, Jeanne Marken, Mady Berry, Louis Florencie, Roger Maxime, Yvonne Legeay

P : Ciné-Alliance und Inter-artistes films, Gregor Rabinovitsch und Oscar Dancigers, 1939

L : 82 Min. (2200 m)

U : Alger, Dezember 1939.

1940 DE MAYERLING A SARAJEVO

B : Curt Alexander, Marcelle Maurette, Jacques Natanson und Max Ophüls, nach der Vorlage von Carl Zuckmayer

Ra : Jean-Paul Dreyfus und Jean Faurez

A : Jean d'Eaubonne

Ko : B.Balinsky

K : Curt Courant und Otto Heller (Supervision: Eugen Schüfftan)

T : Giradon und Yvonnet
M : Oscar Straus
Sch : Jean Oser und Myriam
D : Edwige Feuillère (Gräfin Sophie), John Lodge (Erzherzog Franz Ferdinand), Gabrielle Dorziat (Erzherzogin Maria Theresia), Jean Worms (Kaiser Franz-Joseph), Marcel André, Colette Régis, Aimé Clariond, Aimos, Jean Debucourt, Jan Paul Dreyfus, Henri Bosc, Gaston Dubosc, Jacques Roussel, Sylvain Itkine, Jacqueline Marsan, Henri Beaulieu, Edy Debray, Primerose Perret, Philippe Richard, der kleine Jean Buquet, William Aguet, Monique Clariond, Francine Claudel, Geneviève Morel
P : B. u. P. Française
Pd : Ivan Forwell
L : 89 Min. (2400 m)
U : Paris, 1.5. 1940

1940 L'ECOLE DES FEMMES (unvollendet)
B das Stück von Molière, aufgeführt im Theater in Zürich
A : Christian Bérard
K : Michel Kelber
D : Louis Jouvet (Arnolphe), Madeleine Ozeray (Agnès) und die Truppe der Athene
P : Schweiz (X...), 1940

1946 VENDETTA (von anderen vollendet)
B : W.R. Burnett und Preston Sturges nach der Novelle von Prosper Mérimée »Colomba«
R : Max Ophüls, dann Preston Sturges, Stuart Heisler, Howard Hughes und Melchior Gaston Ferrer (« Mel Ferrer)
K : Frank (= Franz) Planer und Alfred Gilks
M : Werner Heymann
Sch : Stuart Gilmore
D : Nigel Bruce (Orso della Rebia), Faith Domergue (Colomba, seine Schwester), George Dolenz, Hilary Brooke, Joseph Calleia, Hugo Haas, Robert Warwick, Donald Buka
L : 84 Min (2300 m)
U : in den USA, 24.11.1950

1947 THE EXILE

B : Douglas Fairbanks Jr. und Max Ophüls, nach dem Roman von Cosmo Hamilton »His Majesty, the King«

Ra : Ben Chapman und George Lollier

A : Russell A. Gausman und Ted Offenbecker

K : Frank Planer (Spezialeffekte: David S. Horsley)

T : Charles Felstead und William Hedycock

M : Frank Skinner

Sch : Ted J. Kent

D : Douglas Fairbanks Jr (König Charles II. Stuart), Maria Montez (Comtess of Courteuil), Paule Croset (Katie), Henry Daniell (Colonel Ingram), Nigel Bruce (Sir Edward Hyde), Robert Coote (Pinner), Otto Waldis (Jan), Eldon Gorst (Seymour), Colin Keith-Johnson (Kapitän Bristol), Milton A. Owen, Collin H. Wright (Millbank), Colin Kenny (Ross), Peter Shaw (Higson), Will Stanton (Tucket), William Trenk, Michèle Haley

P : Fairbanks Company Inc. für Universal International, 1947

Pd : Douglas Fairbanks Jr.

L : 97 Min. (2650 m)

1948 LETTER FROM AN UNKNOWN WOMAN

B : Howard Koch und Max Ophüls, nach der Novelle von Stefan Zweig »Briefe einer Unbekannten«

Ra : John Sherwood

A : Russell A. Gausman und Ruby R. Levitt

K : Frank Planer

T : Lesley I. Carey, Glenn E. Anderson

M : Daniele Amfitheatrof

Sch : Ted I. Kent

D : Joan Fontaine (Lisa Berndle), Louis Jourdan (Stefan Brand), Mady Christians (Frau Berndle), Marcel Journet (Johann Stauffer), John Good (Leutnant Leopold von Kaltnegger), Carol Yorke (Marie), Art Smith, Howard Freeman, Otto Waldis, Leo P. Pessin, Sonja Bryden, Erskine Sandford

P : Rampart Prod., John Houseman, für Universal 1948
L : 90 Min. (2500 m)

1949 CAUGHT
B : Arthur Laurents, nach dem Roman von Libbie Block »Wild Calendar«
Ra : John Berry
A : Frank Sylos
K : Lee Garmes
T : Max Hutchinson
M : Frederik Hollender (= Friedrich Holländer)
Sch : Robert Parrish
D : Barbara Bel Geddes (Leonora), Robert Ryan (Smith Ohlrig), James Mason (Larry Quinada), Frank Ferguson (Dr. Hoffmann), Curt Bois (Franzi), Marcia Mae Jones (Leonora's Schwester), Ruth Brady (Maxine), Natalie Schaefer (Dorothy Dale), Art Smith (Psychiater) u.a.
P : Enterprise Studios für MGM
L : 88 Min.

1949 THE RECKLESS MOMENT
B : Henry Garson und R.W. Soderberg, überarbeitet von Mel Dinelli und Robert E. Kent nach E.S. Holding's »The Blank Wall«
Ra : Earl Bellamy
A : Frank Tuttle und Cary Odell
K : Burnett Guffey
M : Hans Salter
Ko : Jean Louis
D : James Mason (Martin Donelly), Joan Bennett (Lucia Harper), Geraldine Brooks (Beatrice Harper), Henry O'Neill (Mr. Harper), David Blair (David Harper), Roy Roberts (Nagel), Francis Williams (Sybil), Shepperd Strudwick (Ted Darby)
P : Walter Wanger für Columbia
Pd : Walter Wanger
L : 82 Min. (2200 m)

1950 LA RONDE

B : Jacques Natanson und Max Ophüls, nach dem Stück von Arthur Schnitzler »Der Reigen«

Dial : Jacques Natanson

Ra : Tony Aboyantz und Paul Feyder

A : Jean d'Eaubonne, Marpaux und M. Frédérix

Ko : Georges Annenkov

K : Christian Matras

M : Oscar Straus (Orchester: Joe Hajos) (Chanson von Louis Ducreux

Sch : Léonide Azar

D : Anton Walbrook (Spielleiter), Simone Signoret (Léocadie, die Prostituierte), Serge Reggiani (Franz, der Soldat), Simone Simon (Marie, das Zimmermädchen), Jean Clarieux (der Soldat auf der Bank), Daniel Gélin (Alfred, der junge Mann), Robert Vattier (Professor Schüller), Danielle Darrieux (Emma Breitkopf), Fernand Gravey (Charles, ihr Ehemann), Odette Joyeux, Marcel Mérovée, Jean-Louis Barrault, Isa Miranda, Charles Vissière, Gérard Philipe, Jean Ozenne, Jean Landier, René Marjac, Jacques Vertan

P : Sacha Gordine, 1950

Pd : Ralph Baum

L : 97 Min. (2650 m)

U : Le Touquet-Paris-Plage, 17.6.1950

1952 LE PLAISIR

B : Jacques Natanson und Max Ophüls nach drei Erzählungen von Guy de Maupassant: »Le Masque«, »La Maison Tellier«, »Le Modèle«

Dial : Jacques Natanson

Ra: : Tony Aboyantz und Jean Valère

A : Jean d'Eaubonne und Jacques Guth

Ko : Georges Annenkov

K : Christian Matras (1. u. 2. Sketch), Philippe Agostini (3.)

T : Jean Ricul und Pierre Calvet

M : Joe Hajos und Maurice Yvain (Themen von Offenbach)

Sch : Léonide Azar

D : 1) Claude Dauphin (der Doktor), Janine Viénot (seine Freundin), Jean Galland (Ambroise, »die Maske«), Gaby Morlay (Denise, seine Ehefrau), Paul Azaîs (der Herr vom »Palais de la Danse«), Emile Genevois, Gaby Bruyère (Frimousse, Partnerin der »Maske«), Huguette Montréal, Liliane Yvernault (zwei Tänzerinnen);

2) Madeleine Renaud (Frau Tellier), Danielle Darrieux (Rosa), Ginette Leclerc (Flora), Paulette Dubost (Fernande), Mila Parély (Raphaële), Mathilde Casadesus (Louise, genannt »Cocotte«), Amédée (Frédéric), Michel Vadet, Jo Dest, (der Deutsche), Claire Olivier (Madame Tournereau), Georges Vitray (der Kapitän), Zélie Yzelle (seine Frau), Pierre Brasseur (Julien Ledentu), Jean Gabin (Joseph Rivet), Helena Manson (Marie, seine Frau), Joëlle Jany (ihre Tochter Constance), René Blancard (der Bürgermeister), René Hell, Antoine Balpêtre, Marcel Pérez, Louis Seigner, Robert Lombard, Henri Crémieux, Jean Meyer, Palau, Georges Baconnet;

3) Daniel Gélin (Jean), Simone Simon (Joséphine), Michel Vadet (der Journalist am Strand) Jean Servais, René Pascal, Marcel Reuzé

P : Stera-films CCFC, Francois Harispuru und Ben Barkay, 1951

Pd : Ralph Baum

L : 95 Min. (2600 m)

U : Paris, 29.2.1952

1953 MADAME DE

B : Marcel Achard, Annette Wademant und Max Ophüls nach dem Roman von Louise de Vilmorin

Dial : Marcel Achard

Ra : Willy Picard und Marc Maurette (Vorbereitung: Tony Aboyantz)

A : Jean d'Eaubonne

Ko : Georges Annenkov und Rosine Delamare

K : Christian Matras

T : Antoine Petitjeans
M : Georges van Parys (Thema von Oscar Straus) und Meyerbeer
Sch : Boris Lewyn
D : Danielle Darrieux (die Gräfin Louise), Charles Beyer (ihr Ehemann, der General André de), Vittorio de Sica (Baron Fabrizio Donati), Mireille Perrey, Jean Debucourt (der Juwelier), Serge Lecointe (Jérôme, sein Sohn), Jean Galland (M. de Bernac), Hubert Noël (Henri de Maleville), Madeleine Barbulée, Jean Degrave, Georges Vitray, Beauvais, Léon Walther, Guy Favières (Julien), Lia di léo, Jean Toulout, Robert Moor, Claire Duhamel, Germaine Stainval, Emile Genevois, Pauléon, Colette Régis, Paul Azaîs, Albert Michel, Georges Poulais, Michel Salina, Roger Vincent, Charles Bayard, René Worms, Max Mégy, Gérard Buhr
P : Franco-London-Films (Paris), Indusfilms Rizzoli (Rom), 1953
Pd : Henri Baum
L : 100 Min. (2800 m)
U : Paris, 16.9.1953

1955 LOLA MONTÈS / LOLA MONTEZ.
Cinémascope Eastmancolor
B : Jacques Natanson, Annette Wademant, Max Ophüls und (für die deutsche Version) Franz Geiger, nach dem Roman von Cecil Saint-Laurent »La vie extraordinaire de Lola Montés«
Dial: : Jacques Natanson
Ra : Willy Picard, Tony Aboyantz, Claude Pinoteau, Marcel Wall (= Ophüls) und für die deutsche Version Schlissleder
A : Jean d'Eaubonne, Jacques Guth und (für die deutsche Version) William Schatz
Ko : Georges Annenkov, assistiert von Madeleine Rabusson und Jean Zay, Monique Plotin, Marcel Escoffier
K : Christian Matras

M : Georges Auric
Sch : Madeleine Gug (zweiter Schnitt: Etiennette Muze)
D : Martine Carol (Lola Montez), Peter Ustinov (Stallmeister), Adolf Wohlbrück (König Ludwig I. v. Bayern), Ivan Desny (Leutnant James), Will Quadflieg (Franz Liszt), Oskar Werner (Student), Lise Delamare (Mrs. Craigie), Henri Guisol (Maurice), Paulette Dubost (Josephine), Willy Eichberger (Lolas Arzt), Werner Finck (Maler), Gustav Waldau (Professor Jeppner), Jacques Fayet (Steward), Daniel Mendaille (Kapitän), Jean Galland (der Sekretär des Barons im Foyer der Oper), Claude Pinoteau (Orchesterchef), Helena Manson, Walter Kiaulehn, Germaine Delbot, Willy Rösner, Friedrich Domin, Beatrice Arnac ...
P : Gamma Films / Florida Films (Paris), Unionfilm (München), 1955
Pd : Ralph Baum
L : 140 Min.
U : Paris, 23.12.1955; München, 12.1.1956

Bibliographie Max Ophüls

Ein vollständiges Verzeichnis der Werke von Max Ophüls käme dem Versuch eines Itinerars gleich.[a] *Herbert Linder*

Max Ophüls (i.e. Max Oppenheimer), geboren in Saarbrücken am 6. Mai 1902, gestorben am 26. März 1957 in Hamburg, hat vielerorts Station gemacht — machen müssen.

Diese Bibliografie versucht zu einem vollständigen Werkverzeichnis beizutragen.

Burckhard Schmidt

Anlage

A. Bibliografien
B. Texte von Max Ophüls.
C. Literatur über Autor und Werk (Auswahl)
   1. Allgemeines; mehrere Filme.
   2. Einzelne Filme.
   3. Funkbearbeitungen.

A. BIBLIOGRAPHIEN

1 CLAUDE BEYLIE: *Max Ophuls.* (Paris:) Seghers (1963). (Cinéma d'aujourd'hui. 16.) *Bibliographie Seite 212-218.

BZ[b]: 1933 - 1963. S: deutsch, englisch, französisch, italienisch, spanisch. P: selbständige und unselbständige Veröffentlichungen von und über Max Ophüls. BF: Titelverzeichnis, teils mit Erläuterungen und/oder kritischen Anmerkungen. Ô: a. Beylies Artikel aus französischen Zeitschriften *(Radio-Télévision-Cinéma, Cinéma 57, Cahiers du cinéma, Education du cinéma),* deren wesentlicher Inhalt in Beylies Buch — umgearbeitet — wieder erscheint; b. anstößige oder diffamierende Texte (u.a. von Rebatet und Pierre Laroche). U: ca. 80 Titel.

Beylies »bibliographische Blütenlese ist getroffen unter dem Gesichtspunkt der »Hochachtung des Werkes und seines Autors«.

Das Verzeichnis der Texte Ophüls' nennt seine wichtigen Arbeiten, die ins Französische übersetzt wurden. Beylie bedauert, daß das nicht mehr als ein kleiner Teil der sehr wichtigen im Ausland publizierten Literatur sein kann. Die angezeigten Ophüls-Texte machen »nur einen sehr geringen Teil einer unermeßlichen Produktion aus«.

2 *Filmlexicon degli autori e delle opere.* Vol. 5. Rom (1962). *Bibliographie Spalte 130.

BZ: 1935 - 1958. S: englisch, französisch, italienisch. P: unselbständige Veröffentlichungen von und über Max Ophüls. BF: Titelverzeichnis. U: 26 Titel.

Das *Filmlexicon* nennt mehrere italienische Arbeiten, die bei BEYLIE nicht verzeichnet sind.

3 G(EORGES) ANNENKOV: *Max Ophuls.* Paris: E. Losfeld (1962). (Le Terrain vague.) *Bibliographie Seite 137-139.

BZ: (1941-1959)[c]. S: deutsch, englisch, französisch, italienisch. P: selbständige und unselbständige Veröffentlichungen von und über Max Ophüls. BF: Titelverzeichnis. U: 85 Titel.

Die bibliographischen Angaben Annenkovs sind oft ungenau, falsch oder fehlen gänzlich. Dennoch nützlich als Wegweiser zu den in deutschsprachigen Zeitungen verstreuten Ophüls-Texten, die alle nicht bei BEYLIE, *Filmlexicon* und *Enciclopedia* (s. u.) angezeigt werden.

4 Enciclopedia della spettacolo. Vol. 7 Rom (1960). *Bibliographie Spalte 1374.

BZ: 1948-1959. S: englisch, französisch, italienisch. P:selbständige und unselbständige Veröffentlichungen von und über Max Ophüls. BF: Titelverzeichnis. U: 14 Titel.

In der Enciclopedia sind mehrere italienische Arbeiten angezeigt, die nicht bei BEYLIE, *Filmlexicon* und ANNENKOV enthalten sind.

5 *Filmkritik. Register der Jahrgänge 1957 bis 1974.* Erst. von Franz Josef Knape. (München:) Filmkritiker Kooperative (1975). *Bibliographie Seite 71, 223.

BZ: 1962-1974. S: deutsch. P: Veröffentlichungen von und über Max Ophüls in der *Filmkritik.* BF: Titelverzeichnis. U: 9 Titel.

Nützlich als Nachweis deutschsprachiger Literatur über die Berichtszeit von 1 bis 4 hinaus.

B. TEXTE VON MAX OPHÜLS

In dieser Rubrik sind nur solche Texte angegeben, die in den Bibliographien 1 bis 5 *nicht* verzeichnet sind. Dennoch können auch diese Angaben nur die Richtung zu einem kompletten Itinerar weisen.

6 (Theaterkritiken.) (Um 1919/20.)

»... und so landete ich vorerst mal bei der Presse als Theaterkritiker, war siebzehn Jahre alt, und stellte mich auf eigene Füße, indem ich mein Leben mit einer Jugendsünde verdiente, die manche Leute bis ins hohe Alter nicht aufgeben: Ich kritisierte das, was ich selbst nicht tun konnte... Lang hat das Vergnügen an diesem Beruf nicht gedauert. Es gefiel mir nicht, daß das, was mich vorher freute, nun nichts anderes mehr sein sollte als Stoff zur Beurteilung. Ich habe sicherlich nicht mehr als zehn Theaterkritiken zustande gebracht.«[d]

7 (Rundfunktexte.) (Um 1925 ff.)

»Wenn immer ich um 1925 herum in Deutschland mit meiner Gage als Theaterregisseur nicht auskam, gab es den Rundfunk. Es hatte für mich den Rundfunk von Köln gegeben, von Stuttgart, von Frankfurt, von Elberfeld, überall, wo ich engagiert war, wo ich über meine Verhältnisse lebte.«[e] — In Frankfurt habe ich... den Weg zum Radio gefunden. Ich fing als literarischer Kolumnist an, fand einen eigenen Stil von Zwischen-Vorlesungen von Gedichten, dramatischen Szenen, Romanen, zeitgenössischer und klassischer Literatur, verbunden mit eigenen Improvisationen, Parodien, Betrachtungen... Bald nach meinen ersten Versuchen flog ich, wann immer ich Zeit hatte, in andere Städte, und so gibt es kaum einen Sender, von Königsberg bis in die Schweiz, wo ich nicht 'meinem Affen Zucker gegeben habe', wie die Schauspieler sagen.«[f]

8 *Fips und Stips auf der Weltreise.* Weihnachtsrevue in neun Bildern. Musik von Hans Krieg.

Vervielfältigtes Manuskript, Berlin: Drei-Masken-Verl. (1929). 43 S. Uraufführung in Breslau, Lobe-Theater, 16.12.1928.

»Und dann ging ich nach Breslau. Mein Intendant ... hieß Paul Barnay... Auf seine Anregung habe ich ein Kinderstück geschrieben, das in ganz Mitteleuropa gespielt und in verschiedene Sprachen übersetzt worden ist.«[g]

9 *Murmeln* (Marschlied.) 1929. (Gesungen von Ernst Busch.)

»Einer meiner Songs drang sogar bis nach Rußland, und ich habe Nachrichten, daß man ihn jetzt (1945/46) wieder in Deutschland verlegt. Er war 1929 geschrieben und sagte den zweiten Weltkrieg voraus. Es war ein Marschlied. Es entstand zu der Zeit, als ein kaum bekannter Fliegerhauptmann namens Göring in einer kleinen Parteizeitung behauptete: 'Eines Tages werden wir die Macht übernehmen, und dann rollen Köpfe in den Sand'.«[h]

10 ('Avantgarde'.) In: *Die Scene.* Blätter für Bühnenkunst. Hrsg. von der Vereinigung künstlerischer Bühnenvorstände e.V. Berling. Jahrgang 20, Heft 11, Seite 316-317 (Berlin, 1930). (Umfrage: Theater im Reich und Avantgarde.)

11 (Revuen.) (Um 1930.)[i]

12 (Songtexte.) (Um 1920.)[i]

13 *Langeweile.* (Text für »Die Katakombe«. Berlin um 1930.) Musik: Harry Ralton. Interpret: Rudolf Platte.[j]

14 *'Kämpfer'.* Der Dimitroff-Film »Kämpfer« (Regie: Gustav von Wangenheim). In: *Das Wort.* Literarische Monatsschrift. Jg. 1, Seite 96-98 (Moskau, 1936).[k]

15 *'Einfall und Kontrolle'.* In: Filmforum. Unabhängige Zeitschrift für den guten Film. Jg. 2, Nr. 10 (Juli), Seite 3 (Emsdetten, 1953).

16 'Dichter und Film'. In *Theater und Zeit.* Monatsblätter der Städtischen Bühnen Wuppertal-Solingen. Jg. 1, Nr. 2 (Oktober), Seite 32-33 (Wuppertal, 1953).[l]

17 GOETHE: *Novelle.* (Funkbearbeitung und Regie.) Musik: Karl Sczuka. Baden-Baden: Südwestfunk, April 1954.

18 GOETHE: *Novelle.* (Vorrede zur Funkbearbeitung.) Frankfurt am Main: Hessischer Rundfunk, 1956.

19 GOETHE: *Novelle.* Dramatische Bearbeitung und Inszenierung. Originalproduktion des Südwestfunks. Sprecher: Therese Giehse, Käthe Gold, Erik Schumann, Oskar Werner u.a. Stuttgart: Cotta (um 1959). 30-cm-Langspielplatte, 33 U.

20 *Berta Garlan. Der Roman einer Klavierlehrerin.* Nach Arthur Schnitzler. (Funkbearbeitung und Regie.) Musik: Peter Zwetkoff. Baden-Baden: Südwestfunk, 1956.

21 *(Erfahrungen.)* (Rede.) Hamburg, 15.1.1956.)[m]

22 'Aber in Breslau gab es mehr...' In: *Linien eines Lebens.* Friedrich Bischoff. Gestalt, Wesen und Werk. (Zum 60. Geburtstag von Friedrich Bischoff am 26.1.1956, hrsg. von Ernst Johann.) Seite 86-88 (Tübingen, 1956).[n]

23 'Ein Kapitel über den Film und seine Leute.' In: *Deutsche Zeitung und Wirtschaftszeitung.* Jg. 11, Nr. 26, Seite 4 (Stuttgart, 1956).

24 *Gedanken über den Film.* (Vortrag). Frankfurt am Main: Frankfurter Gesellschaft für Handel, Industrie und Wissenschaft, 1956.

Der Titel des Vortrags sollte auf Vorschlag der Gesellschaft lauten: »Filmschaffen als Aufgabe und Verpflichtung«. Ophüls: »Das war mir zuviel. Diesen Titel habe ich nicht angenommen«.

25 *Gedanken über den Film. Eine Improvisation.* (Hörspiel). Frankfurt am Main: Hessischer Rundfunk. Sendung 28.11.1956, 1. Programm. (Manuskript 51 Seiten, 4°.)

»... ein Experiment, eine Paraphrase... Wir haben um diesen Vortrag (s. Nr. 24) ein Hörspiel zurecht fabuliert...«[n]

26 BEAUMARCHAIS: *Der tolle Tag oder Figaros Hochzeit.* Komödie in 5 Akten. Übersetzung und Bearbeitung. Premiere in Hamburg: Deutsches Schauspielhaus, 5.1.1957.

27 'Regisseur aus unglücklicher Liebe'. Erlebtes und Erlittenes. In: *Bonner Rundschau.* Bonn, 27.3.1957.

28 'Getreide bleibt immer, aber der Film?' Der bekannte Regisseur Max Ophüls plaudert über die Erlebnisse bei der Begutachtung eines neuen Streifens. In: *Der Bote.* Feucht-Nürnberg, 30.3.1957[n].

C. LITERATUR ÜBER AUTOR UND WERK
(Auswahl)

Hier wiederum nur solche Titel, die nicht in den Bibliographien 1 bis 5 verzeichnet sind.

1. Allgemeines; mehrere Filme

29 (HANS-DIETRICH WEISS:) 'Kleines Filmporträt. Max Ophüls.' In: *Der Neue Film*. Fachorgan für die Filmindustrie. Jg. 4, Nr. 49 (4.12.1950), Seite 3 (Wiesbaden, 1950).
Anläßlich der Berliner Premiere des *Reigen*. U.a. Gespräch mit Max Ophüls (Filmstoffe: Krise; Arbeitsbedingungen für Autoren in Hollywood.)

30 BEN EICHSFELDER (i.e. Enno Patalas): 'Kosmopolit der Leinwand. Begegnung mit Max Ophüls.' In: *Filmforum*. Jg. 3, Nr. 3 (Dezember), Seite 5-6 (Emsdetten, 1953). *Madame de...;* Stil, Dekor, Kamera; Pläne.

31 HENRI AGEL: 'Max Ophüls'. In: *Antares*. Französische Hefte für Kunst, Literatur und Wissenschaft. Jg. 3, Nr. 3 (Mai), Seite 79-81 (Baden-Baden, 1955).
U.a. *Liebelei, Reigen, Madame de...*

32 ENNO PATALAS: 'Max Ophüls. Tiefgekühlte Distanz.' (Regisseure. VI.) In: *Kirche und Film*. Ein Informationsdienst. Nr. 5 (Mai). Seite 5-7. (Bethel bei Bielefeld: Evangelischer Pressedienst, 1957).
Biofilmographie.

33 'Max Ophüls.' In: *Retrospektive* (1) Dokumentation zu den filmhistorischen Vorführungen der XVI. Internationalen Filmfestspiele Berlin 1966. Red.: Peter B. Schumann. Seite 42-60 (Berlin, 1966).
Enthält: Peter Ripken: 'Entdeckung eines Verkannten.' Seite 42-48. — Filme der Retrospektive. Seite 49-54. — Bio-Filmographie. Seite 55-60.

34 ELKE KUMMER: 'Alles bewegt sich. Plädoyer für eine Wiederentdeckung Max Ophüls'.' In: *Film*. Jg. 5, Heft 1 (Januar), Seite 25-26 (Velber bei Hannover, 1967).

35 HERBERT LINDER: *Liebelei*. (Verleihprospekt.) Hrsg.: Neue Filmkunst Walter Kirchner. Göttingen (1968.) (Die kleine Filmkunstreihe. H. 67.)
Liebelei; Max Ophüls — Biofilmographie.

36 ENNO PATALAS: 'Eine Zirkusnatur. Max Ophüls — Theather, Film und Publikum.' In: *Die Zeit*. Nr. 18, Hamburg, 3. Mai 1968, Seite 19.

Liebelei, Lola Montez.

37 HANS C. BLUMENBERG: 'Emigration in Babylon. Warum ging Renoir nach Hollywood? Warum ging Max Ophüls nach Hollywood?' In: *Film*. Jg. 7 Heft 7, (Juli), 1969, Seite 14-23 (Velber bei Hannover, 1969).

»Man hat sich daran gewöhnt, die Hollywoodphasen bedeutender (europäischer) Regisseure kurzerhand als Perioden des Niedergangs oder der Verkümmerung abzutun... Am Beispiel Max Ophüls' wird gezeigt, wie die amerikanische Arbeitsweise bestimmte künstlerische Ausdrucksarten erst ermöglicht«.

38 HOWARD KOCH: 'Script to screen with Max Ophuls.' In: *Film Comment*. Vol. 6, No. 4 (Winter 1970-71), Seite 40-43 (New York, 1970).

Persönliche — und Arbeitserinnerungen des Mitautors am Drehbuch von *Letter from an Unknown Woman.*

39 (Max Ophuls.) — In: *Film Comment*. Vol. 7, No. 2, Summer 1971, S. 56-68 (New York, 1971).

Enthält: Andrew Sarris: Max Ophuls. An introduction.' Seite 56-59 — Michael Kerbel: 'Letter from an Unknown Woman.' Seite 60-61. — Gary Carey: 'Caught.' Seite 62-64. — William Paul: 'The Reckless moment.' Seite 65-66. — Foster Hirsch: 'Madame de...' Seite 67-68.

40 ULRICH LAUTERBACH: 'Der große Verzauberer.' (Feature.) Baden-Baden: Südwestfunk, September 1977. (SWF-Reihe: Soiree.)

In dieser mehrstündigen, Max Ophüls gewidmeten Abendsendung: (teils selbst gesprochene) Texte von Ophüls; Zeugnisse von Schauspielern (Quadflieg, Reincke u.a.); Filmkritiken; Musik der Lieblingskomponisten von Ophüls.

41 (Max Ophüls.) — In: *Filmkritik*. Jg. 21, Hefte 11 u. 12 (November u. Dezember), (München, 1977).

Enhält: Jacques Rivette u. François Truffaut: 'Max Ophüls im Gespräch.' Seite 525-544. — Max Ophüls: 'Der letzte Drehtag.' Seite 545-546; 'Aber in Breslau gab es mehr.' Seite 589-590; 'Gedanken über den Film.' Seite 591-606; 'Der Dimitroff-Film 'Kämpfer.' Seite 607-608; 'Getreide bleibt immer, aber der Film?' Seite 609-610. — Peter Nau: 'Die Gegenwart des Vergangenen.' Seite 551-554; 'Notizen zu Max Ophüls Filmen.' Seite 555-562. — Burckhard Schmidt: 'Bibliographie Max Ophüls.' Seite 563-567 u. 611.

42 *'Dossier: le cinéma de Max Ophuls.'* In: Cinématographe. No. 33 (décembre), 1977, Seite 1-22 (Paris, 1977).

Enthält: Louis Audibert: 'Max Ophuls et la mise en scène.' Seite 3-5. — Michel Devillers: 'Ophuls ou la traversée du décor.' Seite 9-11. — Pierre Jouvet: 'Rythmes et masques.' Seite 12-15. — François Cuel: 'L'amour, le désir et autres accessoires.' Seite 16-18 — Jacques Fieschi: 'La femme aux cigarettes.' Seite 19-22.

43 ALAN LARSON WILLIAMS: Max Ophuls and the cinema of desire. Style and spectacle in four films 1948-1955. Buffalo (N.Y.): State University of New York at Buffalo (1977). Univ. thesis. Ph. D. 157 S.

44 PAUL WILLEMEN (Hrsg.): *Ophuls.* London: British Film Institute (1978). 87 S.

Begleitband zu den Ophüls-Retrospektiven beim Edinburgh Film Festival und im Londoner National Film Theater 1978. Enthält: Paul Willemen: 'Familmographic romance' (Chronologie von Leben, Werk und Bibliographie), Seite 1-14. — Jacqes Rivette u. François Truffaut: 'Interview with Max Ophüls.'[o] Seite 15-30. — Max Ophüls« 'The pleasure of seeing.' Seit 31-32; Thoughts on film.[p] Seite 33-50. — Frieda Grafe: 'Theatre, cinema, audience. Liebelei and Lola Montes.' Seite 51-54; 'The bartered brid.' Seite 55-60. — Masao Yamaguchi: 'For an archaeology of Lola Montes.' Seite 61-69. — Paul Willemen: 'The Ophuls text: a thesis.' Seite 70-74. — Stephen Heath: 'The question Oshima.' Seite 75-87.

2. Einzelne Filme

45 *Liebelei* (1932). — Andrew Sarris: 'Liebelei'. (Film Favorites.) In: *Film Comment*. Vol. 9 (March), Seite 50-53 (New York, 1973).

46 *La signora di tutti* (1934). — Andrew Sarris: 'La signora di tutti'. In: *Film Comment*. Vol. 10 (November), Seite 44-46 (New York, 1974).

47 *Letter from an Unknown Woman* (1948). — Forrest Williams: 'The mastery of movement. An appreciation of Max Ophuls'. In: *Film Comment*. Vol. 5, No. 4 (Winter), Seite 70-74 (New York, 1969). — Roger Greenspun: 'Letter from an Unknown Woman.' Reprinted with corrections. In: *Film Comment*, Vol. 11 (January-February), Seite 89-92 (New York, 1975). — Fred Camper: 'Distance and style. The visual rhetoric of Max Ophuls: Letter from an unknown woman.' In: *Monogram*. No. 5, Seite 21-24 (London 1974).

48 *The Reckless Moment* (1949). — 'The Reckless moment.' Seite 17-20. — 'The family in »The Reckless moment«. Seite 21-24. — 'Why Ophuls?' Seite 31-32. In: *Framework*. A film journal. Vol. 11, No. 4 (Autumn), (Coventry, 1976).

49 *Madame de...* (1953). — Enno Patalas: 'Kolportage mit doppeltem Boden. Max Ophüls' Meisterwerk »Madame de...«' In: *Antares*, Jg. 3, Nr. 2 (März), Seite 82-84 (Baden-Baden, 1955).

50 *Lola Montez* (1955). — In: *Der Spiegel*, Jg. 9, Nr. 38, 14.9.1955, Seite 38-42 (Hamburg, 1955). (Produktionsgeschichte.) — Klaus Kreimeier: 'Lola Montez. Barock-Film.' In: *Film*. Jg. 6, Heft 6 (Juni), Seite 34 (Velber bei Hannover, 1968). — Kaare Schmidt: 'Lola Montès' (Favorit film.) In: *Kosmorama*. Filmtidsskrift. Dobbeltnummer 115-116 (August), Seite 280-285 (Kopenhagen, 1973).

3. FUNKBEARBEITUNGEN

51 *Goethe: Novelle* (1954). — Ulrich Lauterbach: 'Essay.' Köln: Westdeutscher Rundfunk. Sendung: 12.7.1976, III. Programm. (Reihe Inszenierte Literatur.) (Gesendet zusammen mit einer Übernahme der SWF-Produktion (s. Nr. 17).) — Eckhart Pohl: 'Max Ophüls Funkbearbeitung der *Novelle* von Johann Wolfgang von Goethe.' Göttingen, 1977. 76 S. (Unveröff. Typoskript.)

52 *Berta Garlan* (1956). — Hermann Naber: 'Berta Garlan. Ein Hörfilm.' Essay. Köln: Westdeutscher Rundfunk. Sendung: 28.2.1975, III. Programm. (Reihe Inszenierte Literatur.) (Gesendet zusammen mit einer Übernahme der SWF-Produktion (s. Nr. 20).)

ANMERKUNGEN

Die vorliegende Arbeit ist eine zweite, erweiterte Fassung der zuerst in der *Filmkritik,* Jg. 21 (1977) H. 11 u. 12. Seite 563-567 u. 611, erschienenen Bibliographie.

a. Siehe Nr. 35, S. 13. »Itinerar: 1. Straßen- und Stationsverzeichnis der römischen Kaiserzeit.
2. Verzeichnis der Wegeaufnahmen bei Forschungsreisen.«

b. Es bedeuten: BZ = Berichtszeit; S = Sprachgebiet; P = Publikationsart; BF = Berichtsform; ô = nicht enthalten; U = Umfang.

c. Die Berichtszeit ist wegen Annenkovs ungenauen Angaben mit Vorsicht zu benutzen.

d. *Spiel im Dasein*. Stuttgart, 1959. S. 45. — Max Ophüls nennt nicht Titel und Erscheinungsort der Zeitung. — In der *Saarbrücker Zeitung* sind im Jahre 1920 vier mit den Initialen »M.O.« gezeichnete Theaterkritiken erschienen. Eine dieser Kritiken bespricht ein Stück *Beaumarchais und Sonnenfels.* Ophüls' letzte Inszenierung war einStück von Beaumarchais. Dennoch bleibt fraglich, ob dieser »M.O.« Max Ophüls ist — Der Chef der politischen Abteilung der Zeitung, in der Ophüls schrieb, hieß Schneider (ebd. S. 46).

e. 'Aber in Breslau gab es mehr.' In: *Linien eines Lebens.* Tübingen, 1956, S. 86.

f. *Spiel,* S. 106.

g. ebd. S. 108/109.

h. ebd. S. 109. — Textabdruck des Liedes S. 109/111. Desgl. in: Klaus Budzinski (Hrsg.): *So weit die scharfe Zunge reicht.* Die Anthologie des deutschsprachigen Cabarets. München, Bern, Wien (1964). S. 207/208.

i. Spiel, S. 109.

j. Rudolf Platte zufolge ist dieser Text der einzige Beitrag von Ophüls für das Berliner Kabarett »Die Katakombe«. (Platte und Ophüls kannten sich aus gemeinsamer Theaterzeit in Elberfeld.)

k. Auch in: *Filmkritik,* 1977 (s. Nr. 41).

l. Laut Beylie geschrieben in »Chevreuse, 5. Sept. 1953.« Allerdings irrt Beylie, wenn er schreibt, daß dieser Text in seiner Ophüls-Monographie (s. Nr. 1) zuerst publiziert wurde.

m. Titel, Ort, Datum und Auszug der Rede in: 'Es ist der Strom der Phantasie' (s. Nr. 5). Auch unter dem Titel: 'Unerfahrenheit ist das Geheimnis' (s. Nr. 3).

n. Auch in: *Filmkritik,* 1977 (s. Nr. 41).

o. Deutsch auch in: *Filmkritik,* 1977 (s. Nr. 41)

p. Deutsch auch in: *Filmkritik,* 1977, (s. Nr. 41).